Edvige Costanzo
Christine Garella
Muriel Molinié

3

Livre du professeur

CLE
INTERNATIONAL

Les auteurs remercient Jacques Pécheur et Jacky Girardet d'avoir veillé activement à ce que la conception, les contenus, la rédaction et l'édition de ce guide pédagogique soient fidèles aux grands principes de *Campus*.

Édition : Christine Grall
Maquette et réalisation : Nicole Sicre
Couverture : Laurence Durandeau

Sommaire

Introduction à *Campus 3*

• ***Campus 3* est une méthode pour l'enseignement du français langue étrangère à des adolescents et à des adultes de niveau intermédiaire avancé et de niveau supérieur**

Dans *Campus 3*, les étudiants pourront à la fois réviser les principales acquisitions du niveau 2, approfondir celles-ci et acquérir un niveau d'expression plus complexe.

Campus 3 prépare ces étudiants à faire face à des situations de communication extrêmement diversifiées, à l'oral et à l'écrit, en compréhension et en production.

Elle est conçue comme une capitalisation de micro savoir-faire communicatifs et culturels.

Ce niveau 3 s'adresse à des étudiants qui ont couvert le programme du niveau 2 (soit environ 200 heures de français) ou qui maîtrisent les connaissances et les compétences suivantes :

1. Ils possèdent déjà un bagage lexical de 2 500 mots appartenant au vocabulaire courant.

2. Ils savent mettre en œuvre, à l'oral et à l'écrit, les temps de l'indicatif, les modes conditionnel et subjonctif, les constructions complexes. Ils maîtrisent les pronoms (pronoms compléments, pronoms interrogatifs et démonstratifs, pronoms possessifs, pronoms relatifs), les principaux connecteurs logiques pour exprimer les relations de cause et de conséquence, succession et opposition, concession, condition et restriction. Ils savent exprimer la durée et situer des événements dans le temps et dans l'espace. Ils ont été sensibilisés aux phénomènes de reprise et d'anaphore.

3. Ils savent déjà réaliser de nombreux actes de parole – exprimer une opinion, parler de ses qualités et défauts, exprimer un manque, un souhait, présenter une information, justifier une action, critiquer, apprécier, négocier etc. –, comprennent le français standard dans les domaines de la vie familiale, relationnelle et sociale. Ils peuvent participer à une conversation sur de grands sujets généraux (les loisirs, l'avenir, l'environnement, l'art, l'économie, l'entreprise, l'éducation, les sciences, le patrimoine, les voyages, etc.) en donnant un avis argumenté.

4. *Campus 3* s'adresse également aux étudiants qui souhaitent préparer l'épreuve A3 du Delf.

• **Une langue bien maîtrisée, au service d'une expression personnelle**

Avec *Campus 3*, les étudiants vont acquérir une bonne maîtrise de la langue.

Pour cela, ils seront exposés à la compréhension d'une large gamme de textes (simples et complexes), comportant des contenus implicites. Ils apprendront à s'exprimer couramment, de façon personnelle, structurée et argumentée, sur leur vie sociale, culturelle, relationnelle, affective, professionnelle ainsi que sur les grands sujets contemporains pour lesquels ils devront formuler leurs points de vue.

• **Organisation et rythme d'apprentissage**

Campus 3 comporte 12 unités qui se terminent chacune par un bilan.

Les 6 premières unités de *Campus 3* concernent notre rapport au monde :

1. Faire des découvertes

2. Se former

3. Innover

4. Travailler

5. Créer

6. Agir

Les 6 unités suivantes concernent le rapport à soi et aux autres :

7. Comprendre

8. Se distraire

9. Partager

10. Imaginer

11. Explorer le passé

12. Voyager

Comme *Campus 1* et *Campus 2*, *Campus 3* se présente comme une suite de leçons centrées chacune sur un objectif particulier. Chaque leçon couvre une double page et représente une séquence d'enseignement de **1 h 30 à 2 h en moyenne**.

Ces leçons sont regroupées par 5 en unités. Chaque unité propose donc 5 objectifs organisés autour d'une grande orientation comportementale et communicative.

Par exemple, l'unité 2 (« Se former »), p. 19, propose les 5 objectifs suivants :

1. Se remettre en question

2. Demander des informations

3. Raconter sa formation

4. Savoir se justifier

5. Valoriser ses compétences

On le voit, ces 5 objectifs forment une « unité » car ils sont reliés les uns aux autres par une orientation comportementale et communicative : *se former*.

• On atteint les 60 objectifs de *Campus 3* grâce à 60 parcours d'apprentissage originaux

Les 60 doubles pages de Campus 3 sont toutes différentes. Chaque leçon propose un parcours original, déterminé par son propre objectif.

Voici quelques exemples montrant la variété des objectifs, des démarches et des supports proposés.

• Pour acquérir la capacité à *caractériser un objet* (unité 5, leçon 3, p. 60-61), le parcours est le suivant. Le point de départ est fourni par l'affirmation du designer P. Starck : « Le populaire est élégant, le rare est vulgaire » et par un texte dans lequel sont décrits les divers objets créés par cet artiste. Après avoir relevé et classé les caractéristiques de ces objets, l'étudiant aborde (mais cette fois-ci, en le complétant) un texte qui raconte quelles ont été les différentes publicités créées pour une boisson célèbre. À ce stade, le tableau des formules nécessaires pour « caractériser » aura donc été utilisé à travers 4 activités et deux supports très différents.

Il restera donc aux étudiants à dresser une liste d'objets et à les caractériser oralement de manière à démontrer si pour eux aussi *ce qui est populaire est élégant et ce qui est rare est vulgaire* ou si, au contraire, *ce qui est populaire est vulgaire et ce qui est rare est élégant* !

• Pour apprendre à *valoriser ses compétences* (unité 2, leçon 5, p. 28-29), on propose à l'étudiant de **réaliser un projet** : créer la page d'accueil d'un site personnel sur Internet. C'est cette création qui justifie les apports lexicaux de la leçon. Dans ce type de parcours, il ne s'agit plus de réutiliser des moyens linguistiques repérés préalablement dans un document mais de satisfaire les besoins linguistiques nécessaires à la réalisation du projet.

• Pour apprendre à *reformuler* (unité 7, leçon 1, p. 80-81), le point de départ est la compréhension orale d'un dialogue dans lequel des amis reformulent les propos de leurs interlocuteurs. On passe ensuite à une série de jeux de rôles afin d'utiliser les techniques de la reformulation dans différentes situations. Pour finir, on propose de lire et de reformuler une histoire courte qui fera alors l'objet de petites mises en scènes.

• Pour *exprimer la possibilité et la probabilité* (unité 11, leçon 4, p. 134-135), on part de portraits de familles anonymes : il s'agit donc de faire des hypothèses sur l'identité et les origines de ces personnages. Au fil des activités de la leçon, on en vient à construire un arbre généalogique et à écrire une biographie familiale. Pour réaliser ces différentes activités, l'expression de la possibilité et de la probabilité est utilisée et réutilisée.

La variété des supports et des démarches est donc un moyen de renforcer la curiosité et la motivation des étudiants. Cette variété permet également d'atteindre chaque objectif de la manière la plus directe et la plus efficace possible.

• Les activités partent de documents variés, écrits, audio et vidéo

Chaque double page s'organise autour d'un document oral ou écrit ou de plusieurs documents courts. Ces documents permettent de saisir les multiples aspects de la vie d'un francophone. On trouve :

1. Des documents écrits

Ces documents ont été choisis en fonction des caractéristiques suivantes :
– ils sont le plus souvent authentiques et proviennent de différentes sources : littérature, presse quotidienne, magazines, revues, textes sociologiques, textes romanesques, dialogues de pièces de théâtre et de films, etc. ;
– ils constituent un échantillon représentatif de l'ensemble des textes présents dans la vie quotidienne d'un francophone.
On trouvera par exemple :
– des dialogues de films (p. 26, 50, 81, 92, 104, 122),
– un texte d'appel (p. 85),
– une enquête sociologique (p. 84),
– des textes publicitaires (p. 40, 72),
– un test psychologique (p. 58),
– de nombreux récits (récit historique, journaux de voyages, biographies, récit de vie, etc.),
– des résumés d'œuvres contemporaines (bandes dessinées, films, livres),
– des extraits d'œuvres littéraires (p. 132),
– des interviews (p. 110, 128),
– des poèmes (p. 68, 125),
– une chanson (p. 149),
– la page d'accueil d'un site Internet (p. 28),
– un forum de discussion (p. 76),
– des cartes de jeu (p. 48),
– des slogans publicitaires (p. 59),
– etc.

2. Des documents iconographiques
1/3 des documents déclencheurs d'activités sont des documents iconographiques.
Ces documents sont des images : photographies, œuvres picturales, photos extraites de films et des dessins.
Elles mettent en valeur l'objectif de chaque leçon. Elles déclenchent des activités dans les 20 leçons suivantes : 1.4. (p. 14), 2.1. (p. 20), 3.5. (p. 40), 4.3. (p. 48-49), 4.5. (p. 52-53), 5.2. (p. 59), 6.1. (p. 69), 6.3. (p. 72), 8.3. (p. 96-97), 8.5. (p. 100), 9.1. (p. 104), 10.2. (p. 118), 10.3. (p. 121), 11.2. (p. 130-131), 11.3. (p. 132-133), 11.4. (p. 134), 11.5. (p. 136-137), 12.1. (p. 140), 12.3. (p. 145), 12.4. (p. 147).
Dans les 40 autres leçons, les images fournissent les références culturelles nécessaires à la mise en place des activités. C'est le cas, par exemple, p. 34, 35, 36, 56, 60, 64, 70, 72, 94, 108-109, 148, 150, etc.
Enfin, les photographies permettent aux étudiants de connaître le visage de personnages publics (par exemple, p. 24, 74, 81, 84, 86, 112, 125, 128).

3. Des documents sonores

• Les reportages : on trouve entre un et quatre reportages audio par unité. Les transcriptions de ces reportages figurent à la fin du livre de l'élève.

• Tous les textes littéraires figurant dans la méthode sont également enregistrés sur les cassettes et CD audio de *Campus 3*.

4. Des documents vidéo

24 portraits ont été sélectionnés dans la série audiovisuelle intitulée « Talents de vie ». Ces 24 portraits prolongent les thèmes abordés dans les 12 unités de *Campus 3*.

En 2 ou 3 minutes, ils montrent le « Talent de vie » d'un(e) francophone.

24 fiches rassemblées dans le guide pédagogique permettent d'exploiter cette cassette vidéo.

5. Une forte imprégnation culturelle intégrée à une démarche interculturelle

Toutes les leçons de *Campus 3* présentent des documents et des activités destinés à enrichir la compétence de communication des étudiants dans sa composante culturelle à travers l'acquisition des savoirs et savoir-faire nécessaires.

Comme dans *Campus 2*, les apports culturels couvrent différents aspects :

– des connaissances partagées par les Français sur l'histoire, les études, la formation, les carrières, l'économie, les arts, etc. ;

– des savoir-faire pratiques : comment écrire une lettre de motivation, préparer un entretien de sélection, faire un compte rendu, etc. ;

– des comportements et des traits de mentalités : dans le travail, les loisirs, la famille, etc.

L'horizon culturel des documents proposés ne se limite pas aux spécificités culturelles françaises (le cinéma, les associations d'intérêt collectif, la bande dessinée, l'humour...), mais il s'élargit :

– à l'Europe : la formation européenne, le pluralisme linguistique... ;

– à la francophonie : littérature, manifestations artistiques... ;

– aux problématiques transversales à l'ensemble de nos sociétés contemporaines (la mondialisation de l'économie, les comportements racistes, l'identité culturelle...).

Tout cela à travers une démarche méthodologique interculturelle qui propose toujours d'accompagner l'acquisition des savoirs culturels d'une réflexion de type comparatif permettant de mettre en relation la France, la Francophonie et les pays d'origine des étudiants. Cela afin de dé-construire les stéréotypes et les jugements ethnocentriques.

Les éléments de *Campus 3*

Le livre de l'élève

- **Tableau des contenus** (p. 4 à 6)
- **12 unités de 5 doubles pages**

Chaque **unité** est organisée autour d'une grande orientation comportementale (Faire des découvertes – Se former – Travailler – Se distraire – Explorer le passé...).

Chaque unité comprend **5 leçons**.

Chaque **leçon** est centrée sur **un objectif**. Elle occupe **une double page** et correspond à **une séquence d'enseignement de 1 h 30 à 2 h.**

- Chaque unité s'ouvre sur **une page de présentation** et se termine par **un bilan-évaluation**.
- **Transcription des activités de compréhension orale** (p. 151 à 157). On trouvera dans ces pages :
  - la transcription des reportages et des interviews ;
  - la transcription des scènes de théâtre ou de cinéma ;
  - la transcription des exercices d'écoute.
- **Amorce des exercices de la rubrique « Prononciation et mécanismes »** (p. 158 à 160)

Ces exercices oraux, à faire avec les cassettes ou CD audio, sont signalés par un numéro dans les leçons.

- **Précis de grammaire** (p. 161 à 170)
- **Tableaux de conjugaison** (p. 171 à 176)

Le cahier d'exercices

- Pour chaque leçon du livre :
  - des exercices de vocabulaire (reprise des mots connus et enrichissement lexical) ;
  - des exercices de grammaire ;
  - des exercices d'expression écrite.
- À la fin de chaque unité : **une double page de préparation au Delf** (Diplôme élémentaire de langue française) : unité A3.
- À la fin du cahier, **la liste du vocabulaire** de l'ensemble du livre de l'élève.

3 cassettes ou 3 CD audio (à usage collectif)

- Une cassette ou CD comportant dans l'ordre d'utilisation **tous les supports d'activités de compréhension orale :**
  - les reportages, les interviews, les scènes de théâtre jouées ;
  - les exercices d'écoute ;
  - les textes littéraires lus.
- 2 cassettes ou CD contenant **les exercices de la rubrique « Prononciation et mécanismes » :**
  - exercices de prononciation de type rythmo-intonatif ;
  - exercices structuraux de grammaire ;
  - exercices de vocabulaire.

La transcription de ces exercices se trouve dans les leçons du livre du professeur et leur amorce, dans le livre de l'élève (p. 158 à 160).

Une cassette vidéo

La vidéo propose 24 portraits extraits de la série audiovisuelle « Talents de vie » à raison de deux mini-séquences par unité.

Un livret de transcriptions accompagne la cassette et, pour l'exploitation de chacune des mini-séquences, on trouvera à la fin du livre du professeur autant de fiches photocopiables, ainsi que le corrigé des activités de ces fiches.

Comme les 24 portraits ne sont pas conçus en fonction de la méthode, le professeur pourra soit exploiter ce type de support en l'intégrant dans l'unité où les portraits sont signalés, soit prévoir une exploitation plus libre.

2 cassettes ou 1 double CD audio (à usage individuel)

Ces enregistrements reprennent les exercices de la rubrique « Prononciation et mécanismes » qui se trouvent dans les cassettes collectives.

Le livre du professeur

• Pour chaque leçon, le professeur trouvera :

– une présentation des objectifs de la leçon ;

– une proposition de déroulement de la classe ;

– les corrigés des exercices ;

– des encadrés d'information portant sur des points de langue, des éléments culturels ou méthodologiques ;

– la transcription des exercices oraux de la rubrique « Prononciation et mécanismes ».

• À la fin de ce livre, on trouvera également des fiches d'activités d'exploitation de la vidéo et leur corrigé.

Ces fiches sont photocopiables et sont destinées aux étudiants. Il en existe une par reportage.

Les éléments d'une leçon

Chaque leçon (durée 1 h 30 à 2 h) réorganise les divers éléments selon un parcours adapté à l'objectif.

L'objectif

L'objectif principal de la leçon figure toujours en haut et à gauche de la double page. La leçon comporte également des objectifs secondaires qui sont répertoriés dans le livre du professeur.

Les supports de la leçon

Un **document** sert généralement de support à la leçon. Ce document peut être :
– **un document écrit** : extrait de scénario de film, texte d'appel, texte publicitaire, test, biographie, extrait d'œuvre littéraire, poème, article de presse, etc. ;
– **un document oral** : anecdote, conversation, interview, reportage, scène de théâtre, texte littéraire, chanson ;
– **un document iconographique** : photographie, œuvre picturale, photo extraite d'un film, dessin.
Remarque : certaines leçons sont organisées autour d'un **projet**. Dans ce cas (voir p. 16, 28, 52, 76, 88, 130), les documents proposés servent de supports aux différentes activités du parcours d'apprentissage qui mène à la réalisation du projet.

La découverte du document

Ce travail de découverte du document propose à l'apprenant :
– de stimuler sa motivation pour entrer dans la leçon ;
– de s'exercer à lire et à écouter une grande diversité de textes et de discours ;
– de mettre en œuvre les stratégies de compréhension orale et écrite adaptées à chaque type de document ;
– d'observer et de s'approprier les matériaux linguistiques et culturels proposés ;
– de mobiliser et de réemployer les savoirs et savoir-faire (linguistiques et culturels) déjà acquis ;
– de découvrir de nouveaux savoirs et de mettre en œuvre de nouveaux savoir-faire.

Les exercices d'écoute

Il s'agit d'activités proposées pour guider ou vérifier la compréhension orale. Ils peuvent être placés selon les besoins à n'importe quel moment de la leçon. On trouvera leur transcription p. 151-157 avec les autres documents sonores.

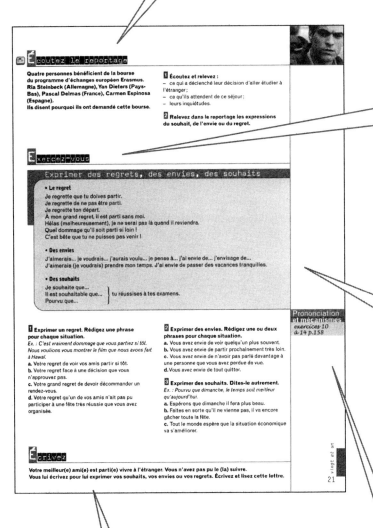

La partie « Exercez-vous »

Elle permet à l'apprenant d'exploiter le document sur le plan grammatical :
– en réutilisant les structures (syntaxe, conjugaison) ;
– en s'appropriant les contraintes sémantiques (emploi des articulateurs logico-argumentatifs, des articulateurs temporels) en phrase et en texte ;
– en enrichissant le lexique.

Les tableaux

Ils mettent les outils linguistiques au service de l'apprenant pour lui permettre de réaliser les activités proposées et d'atteindre ainsi les objectifs de chaque leçon.

« Prononciation et mécanismes »

Cette rubrique n'apparaît que lorsque le contenu de la leçon présente des difficultés de prononciation ou des éléments structuraux qui peuvent être automatisés par répétition.
Les numéros indiqués dans les cadres renvoient aux amorces des exercices des cassettes ou CD audio (p. 158).
Ces exercices de répétition se présentent comme de petits dialogues mis en situation.

Les activités de production

Elles sont nombreuses dans chaque leçon car c'est lorsqu'il produit que l'apprenant est le plus mobilisé sur son apprentissage.

Unité 1
Faire des découvertes

Présentation de l'unité

Cette première unité du niveau III est une « mise en route » qui permet, comme toutes les unités de *Campus 3*, de reprendre les acquisitions grammaticales des niveaux précédents à la fois comme révision et approfondissement. Il en est de même pour les thèmes dont certains (les faits divers, les catastrophes écologiques, le roman policier...) sont présents dans *Campus 1* et *Campus 2* et dont la reprise permet l'enrichissement lexical nécessaire.

La leçon 1(1) permettra aux étudiants de réfléchir sur le plurilinguisme et sur leur attitude vis-à-vis de l'apprentissage des langues. En 1(2) et 1(3), on mènera une réflexion sur les différences existant entre le récit écrit et le récit oral. La leçon 1(5) reprend la démarche de la leçon-projet.

L'ensemble de l'unité donnera à l'enseignant l'occasion de jauger les capacités de ses étudiants en expression orale (1(1), 1(2), 1(4)), en compréhension orale (1(2), 1(3)), en compréhension écrite (1(2), 1(3), 1(4)) et en expression écrite (1(2), 1(4), 1(5)).

Observation collective de la page 7

• Observation et commentaire de la photo

Où a été prise cette photo ? Quel âge a ce garçon ? Qu'est-ce qu'il lit ? Dans quelle langue ? Quelle est son attitude ?

Réponses : la photo a été prise dans le métro (détail de la fenêtre). Le garçon a entre 20 et 25 ans. Il lit un roman, mais le livre pourrait être aussi une biographie, un livre d'histoire... On n'a pas d'éléments pour une réponse sûre, ce qui fait qu'on peut accepter plusieurs hypothèses. Il a l'air très intéressé.

• Commentaire des objectifs de l'unité

→ Remue-méninges *(brain-storming)* : qu'est-ce qu'on peut « découvrir » ?

Parmi les réponses possibles : une nouvelle étoile dans l'univers, un trésor dans une île déserte, un secret de votre plus cher ami, un nouveau virus, l'assassin dans un roman policier...

→ Qu'est-ce que vous avez découvert à travers le français ?

■ Objectifs

Communication
Comprendre une information sur les langues – donner une explication.

Vocabulaire
• le nom des langues
• l'Hexagone – la France métropolitaine – les DOM-TOM

Culture
• Les langues parlées sur le territoire de l'État français
• Le rapport langue-culture
• La Charte européenne des langues

Prononciation
Nominalisation et recherche de la cause.

■ Découverte des documents

Expliquer ce que sont le Conseil de l'Europe et la Charte européenne des langues.

Le Conseil de l'Europe
(à ne pas confondre avec l'Union européenne)

Créé en mai 1949 pour bâtir une Europe en paix fondée sur les valeurs de l'État de droit, du respect des droits de l'homme et de la démocratie pluraliste, le Conseil de l'Europe rassemble tous les pays désireux de coopérer dans les domaines de la culture et de l'éducation dans le but de forger une personnalité européenne riche de la diversité de toutes ses traditions.

45 pays membres du COE
Pays fondateurs : Belgique, Danemark, France, Irlande, Italie, Luxembourg, Norvège, Pays-Bas, Royaume-Uni, Suède.
Pays ayant adhéré : Albanie, Allemagne, Andorre, Arménie, Autriche, Azerbaïdjan, Bosnie-Herzégovine, Bulgarie, Chypre, Croatie, Espagne, Estonie, Finlande, Géorgie, Grèce, Hongrie, Islande, Lettonie, Liechtenstein, Lituanie, ex-Républ. yougoslave de Macédoine, Malte, Moldavie, Pologne, Portugal, Républ. tchèque, Roumanie, Fédération de Russie, Saint-Marin, Serbie-Monténégro, Slovaquie, Slovénie, Suisse, Turquie, Ukraine.

Charte européenne des langues régionales ou minoritaires
Conseil de l'Europe, Strasbourg, 29 juin 1992

Ce traité prévoit la protection et la promotion des langues régionales et minoritaires. Il est justifié par le souci de maintenir et de développer les traditions et le patrimoine culturels européens et par le respect du droit imprescriptible de pratiquer une langue régionale ou minoritaire dans la vie privée et publique.
Il contient des principes que les pays s'engagent à respecter pour toutes les langues régionales ou minoritaires existant sur leur territoire : respect de l'aire géographique de chacune de ces langues, nécessité d'une promotion, encouragement de leur usage oral et écrit dans la vie publique et privée...

(Pour Hexagone et DOM-TOM, voir *Campus 1*, livre du prof., p. 51 et 124.)

1 *L'article est écrit pour informer du fait que dans le territoire de l'État français, à côté du français, on parle beaucoup d'autres langues.*

2 Types de langues :
a. *langues régionales (parlées par des habitants de la France qui constituent un groupe inférieur en nombre au reste de la population de la France) ;*
b. *langues dépourvues de territoire (pratiquées par des habitants de la France, mais qui ne peuvent être associées à un territoire particulier).*
• Exemples pour a. : *le breton, le basque, le catalan, le corse, le flamand... et toutes les langues parlées dans les DOM-TOM citées dans l'encadré au bas de la p. 8 du livre de l'élève ;*
• Exemples pour b. : *le berbère, l'arabe dialectal, le yiddish, le romani chib, l'arménien.*

■ Rechercher les raisons de la diversité des langues

1 Les petits groupes travaillent avec une carte de France et un planisphère.

– *Dialecte allemand d'Alsace et de Moselle : France, régions Alsace et Lorraine*
– *Basque : France, région Aquitaine; Espagne, dans le Nord-Ouest*
– *Breton : France, région Bretagne*
– *Catalan : France, région Languedoc-Roussillon; Espagne, dans le Nord-Est*
– *Corse : île de la Corse*
– *Flamand occidental : France, région Nord-Pas-de-Calais; Belgique flamande*
– *Occitan : France, régions du Sud-Ouest*
– *Langues d'oïl : France, régions Franche-Comté, Picardie et Lorraine*
– *Berbère et arabe dialectal : Afrique du Nord (régions du Maghreb)*
– *Arménien : Arménie*
– *Créoles à base française : La Réunion, Guadeloupe, Martinique, Guyane*
– *Langues kanak : Nouvelle-Calédonie*
– *Nengone : îles Loyauté*
– *Tahitien et marquisien : Polynésie française*
– *Shimaoré : Mayotte*

2 Exemples d'explications complétées :

a. *le berbère et l'arabe dialectal*
b. *le basque, le corse, le breton...*
c. *l'occitan et le catalan*
d. *le berbère, l'arabe dialectal, le yiddish, le romani chib, l'arménien*
e. *le basque, le corse, le breton...*
f. *les langues parlées dans les DOM-TOM*

■ Comprendre une langue inconnue

a. *On reconnaît des mots ou des expressions français écrits selon la prononciation qu'ils ont dans cette langue (ex. sé an lanng = c'est une langue; tala sé lesklavay = tel c'est l'esclavage...).*
b. *Parmi les mots qui se répètent et dont on peut établir plus facilement l'équivalent en français :* voumvap = *catastrophe*; lanng nennen = *langue maternelle*; ki = *qui/que...*

■ Discussion

Expliquer qui est Claude Hagège. Puis les étudiants lisent l'extrait de *L'Homme de paroles* et répondent aux questions.

Claude Hagège

Un des plus grands linguistes contemporains. Amoureux des langues, il a toujours soutenu que la réflexion théorique sur le langage doit toujours s'alimenter d'un contact direct avec les langues les plus diverses. Auteur, entre autres, de : *Le Français et les siècles* (1987), *Le Souffle de la langue* (1992), *L'Enfant aux deux langues* (1996).

1 *On peut aimer les langues : a) pour les associations sons-significations qu'elles établissent; b) pour les phrases qu'on peut former; c) pour les oppositions entre les mots qu'elles peuvent créer; d) pour la culture qu'elles véhiculent.*

2 Les réponses à la question « Pourquoi aimez-vous le français ? » permettront d'engager la discussion sur les représentations que l'on se fait d'une langue et qui en déterminent souvent l'apprentissage.

3 Les réponses aux activités 3 et 4, de type interculturel, permettront d'identifier les stéréotypes dominants dans le groupe classe, de lire les résultats en terme d'attitude plus ou moins positive et de chercher l'origine du stéréotype (contact direct, média, histoire des relations entre pays...).

■ Prononciation et mécanismes

Exercice 1. Voici le verbe, trouvez le substantif.

informer → une information
décrire → une description
proposer → une proposition
raconter → un récit
réclamer → une réclamation
définir → une définition
lister → une liste

Exercice 2. Recherchez les raisons *(parce que...).*

• Pourquoi parle-t-on français ici ? *(coloniser le territoire)*
– Parce que ce territoire a été colonisé.
• Pourquoi pars-tu en voyage ? *(fatigué)*
– Parce que je suis fatigué.
• Pourquoi n'est-elle pas venue avec toi ? *(se disputer)*
– Parce que nous nous sommes disputés.
• Pourquoi travaille-t-il le dimanche ? *(trop de travail)*
– Parce qu'il a trop de travail.
• Pourquoi quittes-tu l'entreprise ? *(vouloir changer de vie)*
– Parce que je veux changer de vie.
• Pourquoi avez-vous choisi Tahiti ? *(le pays de Gauguin)*
– Parce que c'est le pays de Gauguin.

Exercice 3. Recherchez les raisons *(à cause de...).*

• Pourquoi parle-t-on français ? *(la colonisation)*
– À cause de la colonisation.
• Pourquoi laisses-tu tomber le projet ? *(les conditions de travail)*
– À cause des conditions de travail.
• Pourquoi vous ne venez pas au cinéma ? *(les enfants)*
– À cause des enfants.
• Pourquoi avez-vous déménagé ? *(le bruit)*
– À cause du bruit.
• Pourquoi la boutique a-t-elle fermé ? *(la concurrence)*
– À cause de la concurrence.

■ Objectifs

Communication
Différence entre récit écrit et récit oral.

Grammaire
• L'expression du passé à travers le passé composé ou le présent
• Les indicateurs de temps

Vocabulaire
• lexique des petits commerces

• le garage, le moteur, la panne
• basculer, claquer, tomber

Culture
Les petits commerces en France.

Prononciation
Les sons [s] / [z] – Raconter.

■ Découverte de l'article

• Faire commenter l'illustration qui reproduit une enseigne de boulanger. Demander aux étudiants quels types d'enseignes existent dans leurs pays pour signaler les différents magasins.
• Préciser :
– Yonne : département de la région Bourgogne. Chef-lieu : Auxerre. Économie largement agricole, dominée par le blé et le vignoble.
– Auxerre : ville d'origine romaine, profondément marquée au Moyen Âge par le christianisme dont témoignent ses monuments les plus importants : l'abbaye Saint-Germain et la cathédrale Saint-Étienne.

1 **a.** un gros village = *un bourg* – **b.** illégale = *déloyale* – **c.** faire du tort à quelqu'un = *jouer un tour de cochon* – **d.** vente de vieux objets = *un vide-greniers* – **e.** criminel, méchant = *scélérat* – **f.** sans qu'il le sache = *dans son dos* – **g.** pour rien = *pour des prunes* – **h.** rester sans rien faire = *s'asseoir sur quelque chose* – **i.** se mettre en colère = *s'enflammer.*

2 Les étudiants classent les verbes et les moments de l'histoire dans le tableau.

Plus-que-parfait	Passé composé	Présent	Imparfait	Futur
– *L'année dernière, nous avions réalisé…*	– *La concurrence lui a joué un…* – *Dimanche, l'organisme scélérat a vendu…* – *M. Lagache et son épouse ont repris la boulangerie…* – *Ils ont investi.* – *Le comité a vendu ses produits…* – *Nous nous sommes assis sur les nôtres…* – *On a volé…* – *La femme du boulanger s'est enflammée*	– *M. Lagache est depuis lundi…* – *Il proteste contre…* – *Elle dit que…* – *Elle se bat pour…* – *La boulangerie fournit…*		– *La boulangerie gardera porte close…*

Lors de la reprise de la réflexion sur le récit au passé (voir *Campus 2*, livre du prof., p. 15), faire remarquer que ce récit n'utilise pas l'imparfait, se limitant à présenter les faits principaux, sans préciser les circonstances.

3 Chronologie de l'histoire

Il y a deux ans : *M. Lagache et son épouse ont repris…*
L'année dernière : *ils ont réalisé…*
Dimanche : *le comité des fêtes a vendu… ; cet organisme a joué un tour de cochon…*

Lundi : *M. Lagache est en grève... ; il proteste contre... Mme Lagache dit qu'elle se bat pour...*

Faire remarquer que la narration ne suit pas l'ordre chronologique.

■ Différence entre le récit écrit et le récit oral (« Écoutez l'anecdote »)

1 Première écoute pour identifier : qui parle ? *(une femme)*, à qui ? *(à quelqu'un qui n'intervient pas)*, où a lieu la conversation ? *(chez la dame)*, quel en est le sujet ? *(une panne de voiture)*.

2 Deuxième écoute.
• Ordre chronologique des six mots-clés : *la narratrice – les copains – le voyage – le bruit – le moteur – le garagiste.*

• Informations sur chaque mot :
– La narratrice : *elle habitait au Pérou depuis un an, elle n'avait pas besoin de la voiture pour aller au travail.*
– Les copains : *ils étaient en vacances au Pérou; ils avaient besoin d'une voiture pour faire des excursions; ils ne parlaient pas espagnol.*
– Le voyage : *il s'était bien passé jusqu'au retour sur Lima.*
– Le bruit : *il a été très fort.*
– Le moteur : *il s'était cassé et était tombé sur la route.*
– Le garagiste : *il était en prison pour ivresse.*

Lima : capitale du Pérou située à 4 000 mètres d'altitude (la plus haute capitale du monde). Métropole de plus de 7 millions d'habitants.

3 Relevé des temps et classement des faits.

Plus-que-parfait	Passé composé	Présent	Imparfait	Futur
– *Le moteur de la voiture était tombé sur...* – *Un des supports du moteur avait claqué...* – *Le moteur avait basculé...*	– *Ils sont allés dans...*	– *Des amis viennent me voir...* – *Ils me demandent...* – *Je dis bien sûr* – *Y a toujours des copains qui acceptent...* – *Ils partent...* – *Ils entendent un...* – *Quand ils arrivent...*	– *Ça faisait pas...* – *Comme je travaillais, j'en avais pas un besoin...* – *Il était sur la route* – *Aucun des trois... ne parlait l'espagnol...* – *Le garagiste était en prison...*	

Faire comparer l'article et le document oral (ce dernier emploie surtout le présent et l'imparfait, le passé composé étant limité à une seule phrase) : cela montre la différence de « vision » dans le récit au passé.

4 Les particularités de l'oral.
– Répétitions de mots ou de parties de phrases : *ça faisait pas très longtemps... ça faisait un peu plus d'un an.*
– Constructions : *Des amis viennent me voir au Pérou... ça faisait pas très longtemps que j'y étais; Figure-toi que le moteur avait basculé... ; et là pas de chance, quand ils arrivent...*
– Phonétique (phénomènes d'élision) : *y a* au lieu de *il y a.*
– Lexique familier : *trimbaler, claquer, copain...*

■ Production écrite (« Écrivez »)

a. La prise de notes correspond au travail effectué au point 2 de « Écoutez l'anecdote ».
b. Exemples : « Le moteur », « La panne », « Voiture en panne, garagiste en prison ».
c. Pour la rédaction de l'article, rappeler les règles générales d'écriture d'un fait divers (Qui ? Quoi ? Où ? Quand ? Comment ? Pourquoi ?).

■ Production orale (« Jouez la scène »)

Après un temps de préparation (10 min) pour définir les personnages (caractère, âge...), chaque groupe de deux joue la scène qu'il a préparée et les étudiants qui n'ont pas fait le même choix évaluent la performance.

■ Prononciation et mécanismes

Exercice 4. Un emploi du temps très chargé. Racontez.
a. C'est vrai je n'ai pas eu le temps de t'appeler...
• *(avoir beaucoup de rendez-vous pendant la journée)*
... pendant la journée, j'ai eu beaucoup de rendez-vous.
• *(devoir traverser tout Paris deux fois)*
... j'ai dû traverser tout Paris deux fois.
• *(être obligé d'annuler un déjeuner)*
... j'ai été obligé d'annuler un déjeuner.
• *(n'avoir le temps ni de téléphoner ni d'envoyer un mél)*
... je n'ai eu le temps ni de téléphoner ni d'envoyer un mél.

b. Avant cette journée impossible...
• *(assister à une longue réunion de travail)*
... elle avait assisté à une longue réunion de travail.
• *(préparer les dossiers)*
... elle avait préparé les dossiers.

- *(choisir les personnes à inviter)*
… elle avait choisi les personnes à inviter.
- *(confirmer l'heure du rendez-vous)*
… elle avait confirmé l'heure du rendez-vous.

c. La réunion a été ratée, pourtant…
- *(donner les thèmes de discussion à l'avance)*
… nous avions donné les thèmes de discussion à l'avance.
- *(prévenir tous les participants des thèmes retenus)*
… nous avions prévenu tous les participants des thèmes retenus.
- *(convoquer les meilleurs spécialistes)*
… nous avions convoqué les meilleurs spécialistes.

- *(bien répartir le temps de parole de chacun)*
… nous avions bien réparti le temps de parole de chacun.

Exercice 5. Opposition [s]/[z].
Écoutez.
Ils entendent un gros bruit./Ils sont allés dans un petit village.

Distinguez les sons [s] et [z] que vous entendez.
- Ils y sont souvent.
- Ils ont trop souffert.
- Ils savent se servir des instruments.
- Ils ont décidé de sortir.
- Des expositions comme celles-là, je les ai toutes visitées cette semaine.

Unité 1		Comprendre
Pages 12-13	**Leçon 3**	**un récit historique**

■ Objectifs

Communication
Comprendre un récit historique ou littéraire.

Grammaire
- Récit au passé simple
- Indicateurs de temps

Vocabulaire
- la guerre, un chef, une bande, une expédition, une conquête, une forteresse

- la fête, le mariage, un gendre, le beau-père, choisir, introduire

Culture
- La conquête de la Gaule
- Légende sur la fondation de Marseille
- Différence entre histoire et légende

Prononciation
Raconter au passé simple.

■ Découverte du document

Avant de lire le document, faire décrire l'illustration et faire faire des hypothèses sur l'origine de Marseille à partir des éléments repérés.

1 Exemple d'histoire racontée par le guide : « *C'était dans l'Antiquité. Des habitants de Phocée ont traversé la Méditerranée et sont venus ici. Ils ont été séduits par le charme des lieux. Quand ils sont rentrés chez eux, ils ont raconté ce qu'ils avaient vu et beaucoup de jeunes ont demandé à les accompagner pour une nouvelle expédition. Les Phocéens sont donc repartis et, quand ils sont arrivés ici, Simos et Protis, les chefs de la flotte, ont cherché Nannos, le roi des Ségobriges, la population locale, pour lui demander des terres sur lesquelles ils voulaient s'établir.*

Ce jour-là, le roi préparait une fête pour le mariage de sa fille qui, selon les habitudes locales, allait choisir son époux pendant le festin. Quand la jeune fille est entrée dans la salle, son père lui a dit d'offrir de l'eau à celui qu'elle choisirait comme époux. Quand elle a vu les Grecs, sans hésiter, elle a offert la coupe pleine d'eau à Protis qui s'est donc retrouvé gendre du roi et qui a eu comme cadeau le territoire où se trouve aujourd'hui Marseille. »

2 a. *Parce qu'ils avaient été séduits par la beauté des lieux.*
b. *Si, la région était habitée par les Ségobriges.*
c. *Oui, parce que c'était la femme qui choisissait son époux.*

3 Exemple d'histoire : « *Ce n'est pas une bande de jeunes venus de Phocée, mais des commerçants phocéens qui ont exploré les lieux pendant un voyage et les ont trouvés* *excellents pour leur commerce. Ils savaient que la région était habitée par des Gaulois dont le roi était Nannos. Ils l'ont donc rencontré pour acheter des territoires et Nannos, qui faisait déjà du commerce avec les Grecs, a accepté de leur vendre le territoire où se trouve Marseille. »*

4 Les étudiants complètent le tableau ci-dessous.

Passé simple	Plus-que-parfait	Passé antérieur	Imparfait
Des jeunes Phocéens arrivèrent un jour... *De nombreux compagnons acceptèrent...* *Ils vinrent...* *La jeune fille fit alors...* *Son père lui dit...* *Elle se dirigea vers...* *Elle tendit...* *Il reçut...*	*Ce qu'ils avaient vu*	*Ils furent séduits par...* **Quand** *ils furent rentrés...* **et qu'***ils eurent raconté...* **Aussitôt qu'***ils eurent accosté...* **Dès qu'***elle eut remarqué...*	*Les chefs s'appelaient...* *Ils désiraient fonder...* *Le roi était occupé...* *Il allait la donner...* *Il était simple hôte*

5 a. Conjugaison en [ɛ], type « parler » : *ils arrivèrent – ils acceptèrent – ils rentrèrent – ils racontèrent – ils accostèrent – ils remarquèrent – ils désirèrent – ils fondèrent – ils occupèrent – ils donnèrent – ils appelèrent.*
b. Conjugaison en [i], type « finir » : *elle fit – elle tendit – il dit – ils virent.*
c. Conjugaison en [y], type « être » : *il reçut – elle eut – il fut.*
d. Conjugaison en [ɛ̃], type « venir » : *ils vinrent.*
Pour la recherche d'autres verbes appartenant aux quatre conjugaisons indiquées et pour la formation du passé simple, voir les tableaux de grammaire p. 171-176 du livre de l'élève.

■ La partie « Exercez-vous »

Exemple de texte : *« En 56 av. J.-C., quand Jules César eut soumis l'ensemble des peuples gaulois, il rentra en Italie. Il croyait avoir achevé la conquête qu'il avait reprise deux ans avant et que les Romains avaient commencée en 152 av. J.-C. lorsqu'ils avaient occupé le Sud méditerranéen. Mais trois ans plus tard, Vercingétorix, chef des Gaulois d'Auvergne, voulut profiter de l'absence de César pour libérer le pays et appela les autres Gaulois à la révolte.*
Début février 52, aussitôt que Jules César eut appris que les Gaulois s'étaient révoltés, il retourna en Gaule et quelques mois plus tard, il fit le siège de la forteresse d'Alésia où Vercingétorix et ses soldats s'étaient enfermés en pensant que les Romains ne réussiraient pas à la prendre.
Le siège cessa en octobre 52 lorsque Vercingétorix se rendit aux Romains et fut emmené à Rome. Profitant du fait que les Gaulois étaient désorganisés, Jules César put alors achever la conquête de la Gaule. »

■ Différence entre légende et faits historiques (« Écoutez »)

Les étudiants écoutent l'enregistrement et remplissent la grille suivante.

Les origines de la ville de Marseille

Légende	Faits historiques
– Les beaux Grecs qui débarquent et qui séduisent tout le monde – L'histoire de Protis racontée par Justin : on n'a pas de documents qui la prouvent – La ville de Nannos était sur une colline – La fille de Nannos qui choisit Protis comme époux	– Les Grecs de Phocée sont accueillis comme tous les marchands qui faisaient du commerce avec les Gaulois. – Les Phocéens restent parce que, en Asie Mineure, leur région est occupée par les Perses. – L'existence des Ségobriges et du roi Nannos. – Les Grecs sont riches et ils achètent les terrains que les Gaulois ne veulent pas. – Les mariages se font parce que les Grecs deviennent puissants et que les Gaulois ont besoin d'eux.

■ Prononciation et mécanismes

Exercice 6. Racontez au passé simple.

• arriver de Grèce pour fonder la ville
→ Ils arrivèrent de Grèce pour fonder la ville.
• s'installer au bord du Rhône
→ Ils s'installèrent au bord du Rhône.
• se plaire tout de suite à cause du site
→ Ils se plurent tout de suite à cause du site.
• prendre la décision de ne pas aller voir ailleurs
→ Ils prirent la décision de ne pas aller voir ailleurs.
• construire un premier port
→ Ils construisirent un premier port.
• avoir rapidement beaucoup d'échanges
→ Ils eurent rapidement beaucoup d'échanges.
• devenir très vite prospère
→ Ils devinrent très vite prospères.

Exercice 7. Racontez maintenant au passé composé : transformez.

• Ils arrivèrent de Grèce pour fonder la ville.
→ Ils sont arrivés de Grèce pour fonder la ville.
• Ils s'installèrent au bord du Rhône.
→ Ils se sont installés au bord du Rhône.
• Ils se plurent tout de suite à cause du site.
→ Ils se sont tout de suite plu à cause du site.
• Ils prirent la décision de ne pas aller voir ailleurs.
→ Ils ont pris la décision de ne pas aller voir ailleurs.
• Ils construisirent un premier port.
→ Ils ont construit un premier port.
• Ils eurent rapidement beaucoup d'échanges.
→ Ils ont eu rapidement beaucoup d'échanges.
• Ils devinrent très vite prospères.
→ Ils sont devenus très vite prospères.

Unité 1
Pages 14-15 — Leçon 4

Exposer un problème

■ Objectifs

Communication
Présenter un phénomène et ses conséquences.

Grammaire
Rapport cause-conséquence.

Vocabulaire
• vocabulaire des catastrophes
• faune : espèce rare, plongeon, organisme vivant
• littoral : côte, estran, falaise
• repeindre, nettoyer, tuer, recouvrir

Culture
• Catastrophe écologique
• Vignette de Plantu

Prononciation
Exprimer la conséquence.

■ Découverte du document

Avant de faire lire l'article :
– expliquer « falaise » : côte abrupte et très élevée dont la formation est due à l'action d'érosion de la mer. Très connues, celles de Bretagne et de Normandie ;
– hypothèses sur le contenu de l'article à partir du titre : « Pourquoi les falaises ont-elles été repeintes en noir ? » Qui l'a fait ? Comment ?

1 Type d'événement : *naufrage d'un pétrolier*.
Lieu : *au large des côtes de la Bretagne*.
Effets immédiats : *déversement de fuel en mer et marée noire*.

Conséquences sur les côtes : *falaises couvertes de pétrole…* ; sur les animaux : *des milliers d'oiseaux tués, des espèces rares menacées*; sur l'économie : *catastrophe économique car dans certains endroits touristiques, le pétrole a pénétré jusqu'à 40 mètres à l'intérieur des terres*.

• La correction de cette activité permet des mises au point lexicales :
– *plongeon* : grand oiseau aquatique des régions septentrionales.
– *recenser* : compter dans le détail.
– *fuel* [fjul] : anglicisme pour « mazout » [mazut]. Liquide visqueux, dérivé du pétrole, utilisé comme combustible.

– *Belle-Ile* : île de l'Atlantique au sud de la Bretagne. Lieu touristique très réputé.

(Pour l'expression de la cause et de la conséquence, voir encadré p. 87 et 89, livre du prof. *Campus 2*.)

<u>2</u> Observation du dessin de Plantu, p. 14.

• Informations déjà données dans l'article :
Type d'événement : *naufrage d'un pétrolier (on le voit couler en bas à gauche du dessin).*
Lieu : *au large des côtes de la Bretagne (région identifiée par la coiffe bigouden de la femme).*
Effets immédiats : *marée noire (la mer dans laquelle coule le bateau est noire).*
Conséquences sur les côtes : *tout est couvert de pétrole (repeint en noir)* ; sur les animaux : *des milliers d'oiseaux couverts de pétrole, donc en danger de mort*; sur l'économie : *pas évoquées explicitement.*
• Nouvelles informations dues à la nature humoristique du dessin :
– *les deux personnages qui permettent d'identifier le lieu, la Bretagne : la femme à cause de la coiffe, l'homme pour sa casquette de marin;*
– *la référence au film de Hitchcock faite par l'homme. Les oiseaux, juchés par milliers sur les fils des pylônes électriques, comme dans le film, et couverts de fuel, ce qui les rend très lourds, déforment les pylônes eux-mêmes. L'idée qui s'en dégage est sinistre : c'est la mort de la nature tout entière, pas seulement celle que les oiseaux apportent aux hommes, comme dans le film. Cela justifie l'humour noir de la phrase, où le film de Hitchcock, effrayant, est estimé n'être que l'équivalent des BD ou des films de Disney, simples divertissements par rapport à la catastrophe écologique provoquée par la marée noire.*

Expliquer qui est Plantu et ce que représente la coiffe bigouden. Rappeler qui est Hitchcock.

<u>3</u> a. *C'est faux : celui de l'Amoco Cadiz a été beaucoup plus grave.*
b. *Oui, pour le nombre d'oiseaux qu'elle a tués et pour les dégâts causés sur le littoral.*
c. *Non, car le pétrole reste à la surface de l'eau.*
d. *Non, parce que le pétrole a noirci les falaises jusqu'à cinq ou six mètres de haut et qu'il a pénétré en profondeur à l'intérieur des terres. De plus, de nouvelles nappes de fuel atteignent sans arrêt les côtes.*

■ Production écrite (« Écrivez »)

Travail individuel. Exemple de lettre :

Pont-l'Abbé, le 30 déc. 1999

Chère Carmen,
*Tu as dû entendre à la télé les nouvelles du naufrage de l'Erika, mais tu ne peux imaginer **les dégâts que ce pétrolier a causés**. Il est vrai que ce n'est pas le naufrage le plus important, mais les côtes de notre Bretagne ont été envahies par une marée noire terrible qui piège tous les organismes vivants. **La conséquence inévitable**, c'est la*

Jean Plantu (Paris, 1951)

De son vrai nom Jean Plantureux, il débute dans le monde du travail comme vendeur dans un grand magasin et comme dessinateur humoristique. Il entre au journal *Le Monde* en 1972 et passe à la une depuis 1985. Il obtient différents prix : Journaliste de l'année en 1987, Prix de l'humour noir en 1988...

La coiffe bigouden

Coiffe faisant partie du costume traditionnel des femmes de Pont-l'Abbé en Bretagne. Au début, c'était une simple pièce rectangulaire de coton, rehaussée par une pointe surmontant la coiffe – le bigouden – qui finira par désigner la coiffe entière, puis les femmes qui la portent.

Alfred Hitchcock (1899-1980)

Metteur en scène britannique, il commence sa carrière dans le cinéma muet pour passer ensuite au sonore dans les années 30. En 1940, il quitte l'Angleterre, fuyant la guerre, et se rend aux États-Unis, où il deviendra le roi des films à suspense.
Parmi ses films les plus célèbres : *Soupçons, Les Enchaînés, Fenêtre sur cour, Sueurs froides, Psychose* et, enfin, le film qui restera sans doute son plus grand : *Les Oiseaux*, un chef-d'œuvre de suspense.

*mort de dizaines de milliers d'oiseaux et on a peur pour les espèces les plus rares, comme les plongeons qui sont les plus touchés. Et le littoral, quel désastre ! Les falaises sont noires jusqu'à cinq ou six mètres de haut et dans certains endroits, comme à Belle-Ile, le pétrole a pénétré en profondeur à l'intérieur des terres, **d'où la peur** des commerçants qui prévoient une catastrophe touristique. Cela devrait faire réfléchir et inciter les gens à s'engager davantage pour la sauvegarde de l'environnement...*
Gros bisous.

Yan

■ Simulation (« Jouez une séance de conseil municipal »)

La séance de conseil municipal se déroule selon les étapes indiquées :
a. Exemples d'autres points à ajouter à l'ordre du jour :
– la démolition d'une vieille halle de marché au profit d'un parking en plein centre-ville ;

– l'installation de nouvelles toilettes publiques près de l'église ;

– l'ouverture d'un restaurant dans les caves du château ;

– ...

b. Préparation des rôles : bien définir le caractère, l'aspect physique, les comportements (tics ou manies éventuels) de chaque personnage.

c. On joue la scène : les cinq conseillers municipaux discutent des points à l'ordre du jour et les autres évaluent les performances de chacun à l'aide d'une fiche d'observation.

■ Prononciation et mécanismes

Exercice 8. Voici le nom, trouvez le verbe.

la conquête → conquérir

la réussite → réussir

la faim → affamer

l'appel → appeler

le retour → rentrer

l'occupation → occuper

Exercice 9. Exprimez la conséquence. Transformez.

Il a beaucoup plu cet automne-là...

• *(les rivières ont débordé)*

... c'est la raison pour laquelle les rivières ont débordé.

• *(le trafic a été interrompu)*

... c'est la raison pour laquelle le trafic a été interrompu.

• *(les habitants ont dû quitter leur maison)*

... c'est la raison pour laquelle les habitants ont dû quitter leur maison.

• *(on a dû faire appel à l'armée)*

... c'est la raison pour laquelle on a dû faire appel à l'armée.

• *(les enfants n'ont pas pu aller à l'école)*

... c'est la raison pour laquelle les enfants n'ont pas pu aller à l'école.

Unité 1

Pages 16-17 | **Leçon 5**

Faire des recherches

■ Objectifs

Communication
Préparer un scénario de roman policier.

Grammaire
Caractérisation des lieux et des personnes.

Vocabulaire
• lexique du crime et de l'enquête

• poignarder, tuer, assassiner, mourir, découvrir, réunir, construire

Culture
Le roman policier.

La leçon se déroule selon la logique du projet et les étapes prévues (reprise de l'encadré « La pédagogie du projet », p. 25 du livre du prof. *Campus 2*).

■ Rechercher les ingrédients d'un roman policier

Avant de procéder à la lecture des textes p. 16, faire

un petit sondage auprès des étudiants : aimez-vous les romans policiers ? En lisez-vous souvent ? Si oui, quels sont ceux que vous préférez ? Pourquoi ?

1 Lecture individuelle des deux textes et relevé des éléments demandés.

Pourquoi lit-on des romans policiers ?	Extrait d'une interview de Mary Higgins Clark
On y trouve les deux éléments essentiels de la littérature populaire : un décor contemporain allié à une aventure fabuleuse. Le roman policier se nourrit de l'information la plus immédiate (faits divers, événements importants...), mais celle-ci est absorbée par l'aventure dont elle ne sert que de décor, cessant ainsi d'être dangereuse, menaçante.	*Les faits divers qui parlent de crimes. Une arme parfaite. Un alibi parfait : par exemple, accuser son jumeau ou sa jumelle du crime qu'on vient de commettre.*

Les « règles du roman policier »
selon S.S. Van Dine (1928)

1. Le lecteur et l'enquêteur doivent avoir des chances égales de résoudre le problème.
2. Le coupable ne doit jamais être le détective ou un membre de la police.
3. Le coupable doit être déterminé par des déductions et non par accident, par hasard ou par confession spontanée.
4. Un roman policier sans cadavre, cela n'existe pas.
5. Le problème policier doit être résolu à l'aide de moyens réalistes et scientifiques.
6. Dans un roman policier, il doit y avoir un seul enquêteur et un seul coupable.
7. Le coupable doit être une personne qui a joué un rôle important dans l'histoire, quelqu'un que le lecteur connaît et qui l'intéresse.
8. L'auteur ne doit jamais choisir le criminel parmi le personnel domestique, ni parmi les professionnels du crime.
9. Les sociétés secrètes n'ont pas de place dans un roman policier, sinon on tombe dans le roman d'aventures ou d'espionnage.
10. Le motif du crime doit être personnel. Les complots internationaux et les grandes machinations sont à laisser aux romans d'espionnage.

• Expliquer « Bangkok » : port et capitale de la Thaïlande ; plus de 6 millions d'habitants. Cité traversée de canaux, escale du tourisme international.
• Expliquer qui est Mary Higgins Clark.

2 À la fin de la discussion, on peut établir les « dix règles d'or du roman policier » et les comparer aux « règles » données par l'écrivain américain S.S. Van Dine en 1928. On peut alors noter les différences entre les deux listes : à quoi sont-elles dues ? (changements dans le mode de vie, habitude des mélanges de genres due aux séries télévisées...)

■ Imaginer la scène du crime

1 et **2** Les étudiants écoutent les bandes-son et font les activités demandées.

3 En petits groupes, les étudiants imaginent la scène du crime en respectant les contraintes suivantes :
– pour le choix des lieux, éviter les grandes villes et les lieux où les gens restent très peu ;
– donner les raisons pour lesquelles les personnages pourraient se trouver dans ces lieux (raison familiale,

Mary Higgins Clark (New York, 1929)

La « reine du suspense » connaît le succès dès son premier roman, *Où sont les enfants ?*, qu'elle a écrit à l'âge de 31 ans. Depuis, elle ne cesse de publier et ses romans sont traduits dans le monde entier. L'un d'entre eux, *La Nuit du renard*, lui vaut le Grand Prix de la littérature policière (1980).

professionnelle, vacances...) ;
– donner de la réalité au lieu choisi (description du cadre particulier : environnement, bâtiments, intérieurs, mobilier, objets...) ;
– choisir un seul lieu après discussion ou par tirage au sort.

■ Créer les personnages, imaginer leurs relations (« Imaginez l'assassin, la victime, le mobile »)

1 Les étudiants lisent le texte individuellement et font le relevé demandé.

Le tueur	
Les faits et les certitudes	**Ce que Maigret imagine**
– *Une personne l'avait entrevu.* – *Il portait une alliance. Il avait donc une femme.* – *Il avait eu un père et une mère.* – *Il avait été seul contre la police de Paris.* – *Il était sorti du traquenard dans lequel il avait failli rester.* – *Ses crimes lui procuraient un apaisement, voire une certaine euphorie.*	– *Il l'imaginait encore jeune, blond, mélancolique ou amer.* – *Il aurait parié qu'il était de bonne famille, habitué à une vie confortable.* – *Lui aussi, sans doute, avait lu l'article...* – *Avait-il dormi ?* – *Quel effet lui faisait un attentat raté ?*

• Expliquer : – *alliance* : bague qu'on échange dans la cérémonie du mariage.
– *traquenard* : piège tendu à quelqu'un.
• Expliquer qui est G. Simenon.

2 En petits groupes, les étudiants décrivent l'assassin et la victime. On peut se servir de photos découpées dans des journaux. On peut aussi donner des « règles » de composition des personnages :

- Aspect extérieur : démarche, vêtements, langage, défauts physiques ou tics éventuels…
- Caractéristiques : état civil, profession, caractère, habitudes, hobbies, vices cachés…
- Relation entre les deux personnages : rivalité sur le travail, amants jaloux, anciens complices d'un vol de bijoux…

Les groupes choisissent aussi le mobile du crime (voir encadré p. 17) en fonction des personnages et des relations créés.

■ Créer l'enquêteur (« Choisissez votre enquêteur »)

1 En petits groupes, les étudiants font le point sur la méthode d'un enquêteur qu'ils connaissent (on peut donner des indications sur Columbo et Poirot). Suit

une mise en commun des travaux effectués pour dégager les caractéristiques des différentes méthodes et éliminer les redondances.

2 En collectif, on discute, à partir des travaux effectués, pour choisir la méthode la plus efficace ou la plus « scientifique ».

Le lieutenant Columbo

Un imperméable fripé, une vieille voiture, un cigare à la main, voilà le lieutenant Columbo de la police de Los Angeles, héros d'une des séries mythiques de la télévision américaine, reprise dans de nombreux pays.

Incarné par Peter Falk, Columbo est un policier anti-conformiste dont les enquêtes se déroulent dans la bonne société californienne. Il se trouve confronté à des tueurs machiavéliques, persuadés qu'ils ont commis un crime parfait et plutôt méprisants pour ce lieutenant à l'aspect négligé. Mais Columbo réussit toujours à les démasquer…

Georges Simenon

(Liège, 1903 - Lausanne, 1989)

Écrivain belge de langue française, il a débuté dans le monde du travail comme commis de librairie pour passer ensuite au journalisme et arriver enfin au roman policier en 1923. Inventeur du commissaire **Maigret**, il en a fait le héros de la plupart de ses romans (*La Veuve Couderc*, *Le Suspect*, *Maigret revient*, *Maigret a peur*, *Le Revolver de Maigret*, *Le Chat*…) dont on a tiré des films célèbres (*Les Fantômes du chapelier*, *L'Horloger de Saint-Paul*, *L'Étoile du Nord*…).

Hercule Poirot

Pour cet ancien policier d'origine belge, le crime doit être expliqué par la personnalité de la victime et par celle de l'assassin. La recherche de la solution se fait donc par une recherche de mobiles, plus que d'indices. Pour réussir à démasquer l'assassin, Poirot mène une enquête plutôt psychologique : il s'intéresse aux antécédents de la victime, à sa personnalité et fait parler son entourage.

Corrigé du bilan 1

1. Vrai : a. – b. – e. Faux : c. – d.

2. « Figurez-vous que j'étais resté seul dans la voiture. Mon maître, John Lomax, m'avait laissé près de la poste où il s'était garé pour faire des achats et il avait bien mis en évidence le disque de stationnement. Moi, qui adore ce genre de nourriture, j'ai dévoré le disque en quelques minutes. Malheureusement un policier est passé, il n'a pas vu de disque et il a laissé une contravention sur la voiture. Quand mon maître est revenu et qu'il a vu le papier, il a compris ce que j'avais fait et il m'a amené au commissariat où j'ai dû procéder à une démonstration de ma gourmandise pour prouver la bonne foi de mon maître. Un policier m'a offert un vieux disque de stationnement et je l'ai mis

en pièces et dévoré comme l'autre. Les policiers se sont bien amusés et la contravention a été annulée, mais… leur disque de stationnement était vraiment mauvais… »

3. « … le roi d'Albe Numitor **a été détrôné** par son frère Amulius. Ce dernier **a placé** Rhéa Silvia… et il **a régné** en maître sur Albe… Rhéa Silvia **a eu** deux jumeaux qu'elle **a appelés** Romulus et Remus.
Dès qu'il **a appris** l'existence…, Amulius **a fait** enlever le berceau et l'**a abandonné** sur le fleuve Tibre.
… Le fleuve **a rejeté** le berceau… Une louve **a nourri** les nouveau-nés qui **ont été** ensuite **élevés** par un couple de bergers.

➡

... Romulus et Remus **ont appris** leur véritable origine. Quand ils **ont rétabli** leur grand-père Numitor..., ils **ont décidé** de fonder une ville... Ce sera Rome. »

4. • Des inondations catastrophiques dans le sud de la France **ont provoqué** des dizaines de morts. / Inondations catastrophiques dans le sud de la France **à cause du** niveau de certains cours d'eau qui est monté de 10 mètres. / Les inondations dans le sud de la France **ont eu comme conséquence** une catastrophe agricole.
• Plus de 100 000 tonnes de pesticides sont utilisées chaque année, **c'est pourquoi** les fruits n'ont plus de goût. / **La conséquence de** l'emploi de plus de 100 000 tonnes de pesticides chaque année est une augmentation de certaines maladies. / L'emploi de plus de 100 000 tonnes de pesticides chaque année **entraîne** la pollution des eaux.

• En cinquante ans, le nombre des véhicules automobiles immatriculés en France est passé de 1,7 million à 40 millions. **Il en résulte** une circulation de plus en plus dense. / En cinquante ans, le nombre des véhicules automobiles immatriculés en France est passé de 1,7 million à 40 millions, **d'où** une pollution atmosphérique inquiétante. / En cinquante ans, le nombre des véhicules automobiles immatriculés en France est passé de 1,7 million à 40 millions : **c'est la raison pour laquelle** le stationnement en ville devient de plus en plus réglementé.

5. a. Elle **a tué** son mari en le poussant dans le vide d'une fenêtre du dixième étage. Il la **trompait** avec sa meilleure amie.
b. Au cours de la tempête, une branche d'arbre s'est cassée et **a blessé** un passant.
c. Le fils du célèbre chanteur a été **enlevé**. Les ravisseurs demandent **une rançon** de 10 millions d'euros.

Unité 2

Se former

Présentation de l'unité

Avec l'unité 2, on entre dans le domaine de « la formation » à travers **trois comportements** : se connaître (2(1)), connaître (2(2)), se faire reconnaître socialement (2(3)), (2(4)) et (2(5)).

Quatre thèmes culturels constituent la toile de fond de cette unité :
– la mobilité des étudiants en Europe (2(1)) et (2(2)) ;
– la formation d'une historienne au xxe siècle (2(3)) ;
– l'entrée dans le monde du travail (2(4)) ;
– les nouvelles formes de communication (Internet) (2(5)).

Sur ce fond culturel, **cinq situations de communication** sont présentées :
– l'expression des sentiments dans la vie sociale (2 (1)) ;
– la communication par lettre (2 (2)) ;
– le récit de formation (2 (3)) ;
– l'entretien de recrutement (2 (4)) ;
– les pages personnelles sur le Net (2 (5)).

Ces situations de communication sont l'occasion d'acquérir les **cinq actes de parole**, **objectifs** de l'unité 2 :
• Exprimer des regrets, des envies, des souhaits (2 (1))
• Se renseigner par lettres (2 (2))
• Raconter un parcours (2 (3))
• Mettre en valeur une idée pour se justifier (2 (4))
• Parler de ses capacités (2 (5))

Observation collective de la page 19

• **Commentaire de la photo.** Qui est ce jeune homme ? Pourquoi a-t-il l'air inquiet ?
Imaginez qu'il vous croise dans votre rue : qu'est-ce qu'il vous demanderait ?
Quel est le lien entre cette photo et le thème de l'unité 2 ?
Réponses :
C'est sans doute un étudiant qui arrive dans une nouvelle ville pour s'y installer quelque temps et poursuivre ses études.
Il a l'air inquiet parce qu'il arrive dans un univers inconnu dans lequel il est un peu perdu. Il me demanderait sans doute si je peux l'aider à s'orienter, à trouver une résidence universitaire, quel est le bus qui permet de se rendre à telle adresse, etc.
Lien avec l'unité 2 : pour se former, aujourd'hui, de plus en plus de jeunes partent étudier à l'étranger et apprennent ainsi à devenir plus autonomes.

• **Commentaire des objectifs de l'unité.**
Commenter l'objectif de l'unité : « Se former » : à quoi ça sert ?
Où et comment se forme-t-on en langue étrangère ?
En quoi consiste une bonne formation en langue étrangère ?

Unité 2

Pages 20-21 **Leçon 1**

Se remettre en question

■ Objectifs

Communication
Mobiliser ses capacités d'expression des sentiments (regret, envie, souhaits) dans les relations amicales, à l'oral et à l'écrit.

Grammaire
Maîtriser l'emploi et les contraintes syntaxiques imposées par l'expression du regret, de l'envie, du souhait en production orale et écrite.

Vocabulaire
• un co-locataire, une bourse, un emploi du temps, une inquiétude, l'auberge espagnole, la vie de bohème

• admettre, partager, s'éloigner, déclencher, décommander, perdre de vue, faire en sorte, gâcher, s'améliorer, fasciner, motiver, rassurer, obtenir, envisager, changer dans sa tête (fam.)
• inter-européen

Apports culturels
L'Auberge espagnole, un film de Cédric Klapisch.

Prononciation et mécanismes
• L'expression des sentiments
• L'opposition [s] / [ʃ]

Cette leçon repose sur un document visuel, un reportage et un tableau grammatical.
La leçon se déroule en 4 séquences :
– analyse du film ;
– jeu de rôle ;
– compréhension orale du reportage et exercices grammaticaux ;
– expression du souhait, de l'envie et du regret à l'écrit, dans une lettre.

■ Découverte du scénario

1 *Xavier étudie l'économie en France, il a 25 ans. Il a eu l'idée de partir apprendre l'espagnol suite à un entretien avec un ami de son père dans le but d'avoir un emploi au ministère de l'Économie et des Finances. Il a pris cette décision parce qu'il ne savait pas quel métier choisir : peut-être a-t-il pensé qu'une année à l'étranger l'aiderait à réfléchir...*

2 Pour faire imaginer le dialogue de la scène 2, on donnera les explications suivantes : la petite amie française de Xavier vient passer son premier week-end à Barcelone. Elle voit Xavier dans son nouvel environnement. Son fiancé lui explique ses choix.

Dialogue (scène 2)
La petite amie : *Alors, je t'ai manqué ?*
Xavier : *Oui, je pense beaucoup à toi, d'ailleurs je te le dis dans chacune de mes lettres... Tu ne les lis pas ?*
La petite amie : *Bien sûr que si ! Justement, dans ta dernière lettre, tu dis que ce séjour va peut-être changer ta vie... Qu'est-ce que tu veux dire ?*
Xavier : *Oui, j'ai écrit ça... Ça veut dire que je change... Ici, je me sens très loin de Paris, du ministère des*

Finances, des projets que mon père a pour moi...
La petite amie : *Et de moi ?*
Xavier (en riant) : *Non, là, je me sens tout près de toi.*
La petite amie : *Et demain, quand je repartirai ?*
Xavier : *Je t'écrirai pour me sentir près de toi.*

3 Réflexions et réactions (scène 3)
On demandera aux étudiants d'imaginer et d'écrire les pensées des 7 personnages de la photo n° 3.
Il a plutôt l'air sympa ! Il a l'air bizarre... Il a vraiment l'air français !
Il a l'air si gentil ! Il n'a pas l'air très rigolo ! Qu'est-ce qu'il a l'air bête !
Je me demande pourquoi il a l'air si inquiet ?

4 Les pensées de Xavier (scène 4)
« *Cette ville me plaît de plus en plus, les gens, les monuments... et puis, c'est tellement plus animé que Paris. Je me sens d'ici maintenant. Et puis je fais tous les jours des rencontres... Cette femme par exemple, qui est-elle ? Je vais lui demander d'où elle vient, elle a l'air anglaise ou peut-être allemande...* »

■ Partie « Jouez la scène »

1 a. Le portrait du co-locataire idéal
– *Il doit participer au travail domestique : faire le ménage, descendre les poubelles, faire la vaisselle, faire les courses, faire la lessive, faire la cuisine, débarrasser la table.*
– *Il doit être tolérant et aimer la vie en groupe, il ne doit pas être snob.*
– *Il doit être ouvert aux autres et parler quand il y a des problèmes.*

Les questions à lui poser

Combien de temps tu vas rester ici ?

Que feras-tu si tu n'as plus d'argent pour payer le loyer ?

Est-ce que tu as l'habitude de faire les courses, le ménage, la vaisselle, la lessive ?

Qu'est-ce que tu ne supportes pas dans la vie quotidienne ?

Qu'est-ce que tu fais quand tu as un problème avec quelqu'un ?

Est-ce que tu as besoin d'un animal pour vivre ? Si oui, lequel ?

Quels plats est-ce que tu sais préparer ?

b. La scène
– On écrit sur des bouts de papier les noms des étudiants. Chaque sous-groupe tire au sort 2 noms. Les étudiants tirés au sort joueront le rôle des candidats.
– Chaque groupe reçoit ses 2 candidats en même temps pendant 10 minutes et pose les mêmes questions aux deux. Puis, les candidats se retirent.

2 Après discussion, chaque sous-groupe choisit son nouveau co-locataire et explique ses raisons à la classe.

■ Partie « Écoutez le reportage »

1 Demander aux étudiants d'écouter le reportage en prenant des notes comme dans la grille ci-dessous :

	Ria	Yan	Pascal	Carmen
Ce qui a déclenché leur décision	La bourse Erasmus.	Le fait d'être en dernière année d'études.	Le fait d'avoir été rassuré par les étudiants ayant déjà séjourné en Angleterre.	Le fait d'obtenir la bourse Erasmus (sans cela, elle ne serait jamais venue).
Ce qu'ils attendent de ce séjour	Continuer ses études de manière plus intéressante.	Passer une année « dehors ».	Une vie estudiantine animée. Faire des stages.	Se prouver qu'elle peut passer un an loin de chez elle.
Leurs inquiétudes	aucune	aucune	Très grande imprécision sur l'organisation matérielle et les emplois du temps.	Elle est inquiète à l'idée de quitter ses habitudes espagnoles mais, surtout, à l'idée de ne connaître personne et d'être seule à Grenoble.

2 Deuxième écoute :

Souhait	Il fallait le faire maintenant, c'était ma dernière possibilité. C'est la dernière année que je veux passer dehors.
Envie	J'étais toujours fasciné !
Regret	L'organisation matérielle et notre emploi du temps là-bas sont vraiment très imprécis.

■ Prononciation et mécanismes

Exercice 10. Exprimez des regrets avec « Je regrette que… ».
• Partir
→ Je regrette que tu sois partie.
• Ne pas vouloir venir
→ Je regrette que tu ne veuilles pas venir.
• S'en aller si vite
→ Je regrette que tu t'en ailles si vite.
• Ne pas prendre plus de temps pour se reposer
→ Je regrette que tu ne prennes pas plus de temps pour te reposer.
• Interrompre notre collaboration sans prévenir
→ Je regrette que tu interrompes notre collaboration sans prévenir.

Exercice 11. Exprimez des souhaits avec « Pourvu que… ».
• Venir → Pourvu qu'il vienne !
• Pleuvoir → Pourvu qu'il pleuve !
• Faire beau → Pourvu qu'il fasse beau !
• Ne pas avoir de retard → Pourvu qu'il n'ait pas de retard !
• Être à l'heure *(elle)* → Pourvu qu'elle soit à l'heure !

Exercice 12. Exprimez des envies avec « J'aimerais que… ».
• Venir plus souvent *(tu)*
→ J'aimerais que tu viennes plus souvent.
• S'arrêter de travailler *(elle)*
→ J'aimerais qu'elle s'arrête de travailler.
• Prévenir avant de venir *(il)*
→ J'aimerais qu'il prévienne avant de venir.
• Prendre de la distance avec le travail *(vous)*
→ J'aimerais que vous preniez de la distance avec votre travail.
• Partir tous les deux en vacances *(on)*
→ J'aimerais qu'on parte tous les deux en vacances.

Exercice 13. Exprimez…
• un regret → Je regrette…
• un souhait → Je souhaite…
• une envie → J'ai envie de…
• un désir → Je désire…

- une opinion → Je pense…
- une volonté → Je veux…

Exercice 14. Opposition [s]/[ʃ]
Écoutez.
- Comment réagissent vos chers parents ?
– Ils savent que ma chambre sera vide.

Distinguez les sons [s] et [ʃ] que vous entendez.
Ils savent que ça marchera.
Ils pensent que c'est mieux comme ça : chacun chez soi.
Ils sont choqués.
Ils savent que je me sentirai mieux chez moi.

■ Partie « Exercez-vous »

1 Expression du regret
Les étudiants expriment leur regret face à un interlocuteur et ajoutent une phrase d'explication.
a. *Quel dommage que vous partiez si tôt ! Je voulais justement vous proposer quelque chose pour les vacances !*
b. *Je regrette beaucoup votre décision de ne pas participer à cette réunion : je pense que c'est une erreur.*
c. *À mon grand regret, je dois décommander notre rendez-vous. En effet, ce jour-là je serai en déplacement en province.*
d. *Quel dommage que tu ne sois pas venu à notre fête ! Tu as raté un moment inoubliable.*
Remarque : *cf.* expression du regret dans *Campus 2* (Unité 11.2 : *je regrette + conditionnel passé*).

Exprimer une envie
Ce serait bien qu'on se voie demain !
Ce serait sympa que tu passes à la maison dimanche !
Ça nous ferait plaisir que tu viennes dîner un soir.
Qu'est-ce que j'aimerais que tu viennes à mon mariage !
J'apprécierais beaucoup que tu me rendes visite.
Ça me plairait bien de te revoir.
Ce serait tellement bien que tu te libères !

---

2 Expression des envies
a. *J'envisage de passer près de chez toi le week-end prochain. Ce serait bien de déjeuner ensemble. Qu'en penses-tu ?*
b. *Je voudrais me changer les idées. J'apprécierais beaucoup de pouvoir naviguer quelque temps avec vous en Bretagne. Qu'en pensez-vous ?*
c. *Nous ne nous sommes plus reparlé depuis votre élection et je le regrette. J'aimerais beaucoup reprendre le fil de nos échanges au cours des prochains jours. Je vous téléphonerai dans ce but.*
d. *J'aurais bien voulu t'en parler avant mais voilà, je n'ai pas pu… J'envisage très sérieusement de tout quitter, de vendre la maison et de partir sur une île déserte. Je voudrais prendre le temps de vivre. Tu comprends ?*

3 Expression des souhaits
On proposera aux étudiants d'exprimer un souhait à l'oral en réutilisant « pourvu que » : *Pourvu qu'il fasse beau dimanche !… qu'il ne vienne pas à ma fête !… que la situation économique s'améliore !*

■ Partie « Écrivez »

Avant d'écrire, les étudiants préciseront : le pays et la ville dans lequel l'ami(e) est parti(e) vivre, son activité, les raisons pour lesquelles on n'a pas pu le/la suivre.

Mon bien cher,
Voici deux semaines que tu es parti pour prendre ton poste à l'ambassade de Singapour et **malheureusement,** *je n'ai pas pu te rejoindre là-bas comme nous le souhaitions tous les deux. Quand* **je pense à** *tous les rêves que j'avais faits !* **Quel gâchis !**
Ce serait tellement bien que *je puisse te rejoindre…* **Pourvu qu'on puisse réaliser** *notre projet un jour !*
Bises de ta sœur Ninette

Demander des informations

■ Objectifs

Communication
Se renseigner.

Grammaire
Maîtriser les formules de demande de renseignement à l'oral et à l'écrit.

Vocabulaire
- un traducteur, une bourse d'études, un disjoncteur, un garde du corps
- rémunéré, distingué, chouette *(fam.)*, temporaire, détaillé
- se permettre, solliciter, bénéficier

Apport culturel
La demande d'information par lettre et par téléphone.

Prononciation
Les formules de salutations.

Cette leçon repose sur deux messages écrits (une lettre, une télécopie) et le tableau « Pour se renseigner par lettre ». Un temps suffisant sera donc accordé pour que les étudiants puissent accomplir l'objectif de la leçon : écrire une lettre de demande d'information.

■ Découverte des documents

1 Les étudiants pourront répondre aux questions dans un tableau identique à celui-ci :

	Lettre	Télécopie
a. Qui écrit	*Isabel Garcia de Cruz*	*Marinette Vassal*
b. Dans quel but ?	*Obtenir des informations au sujet : – des écoles de traduction qui accueillent des étudiants étrangers, – des bourses d'études, – des emplois en France.*	*Obtenir des indications pratiques au sujet du chauffage et du bois.*
c. À qui ?	*Mme Chantal Montagne*	*Gustave Flamelin*
d. Dans quel style ?	*En style standard*	*En style familier (ex. : chouette, comment on met, bises)*

2 Formules de demande d'informations :
Isabel : *Je souhaiterais obtenir des informations sur les points suivants...*
Marinette : *As-tu un petit moment [...] pour nous faxer quelques indications pratiques ?*

3 Pour préparer ces deux entretiens téléphoniques, on fera faire l'exercice 15 de prononciation ci-dessous.

■ Prononciation et mécanismes
Exercice 15. Salutations.

Vous rencontrez... → Vous saluez, vous dites...
• Le président de la société qui vous emploie
→Bonjour, monsieur le Président
• Le directeur de l'entreprise
→Bonjour, monsieur le Directeur
• Votre collègue de bureau, Pierre Boudard
→Bonjour, Pierre
• Vos interlocuteurs dans une négociation,
Vous ne connaissez pas leur nom
→Bonjour, messieurs
• Quelqu'un que vous avez vu plusieurs fois,
Vous ne vous souvenez pas de son nom,
Vous voulez lui témoigner que vous l'estimez
→Bonjour, cher ami...

On demandera à un(e) étudiant(e) de jouer le rôle de la standardiste qui demande « de quoi il s'agit » avant d'orienter les appels vers la personne demandée.

• Au téléphone : Isabel et Mme Montagne
Isabel (à l'accueil de l'ambassade de France) : *Allô, bonjour, madame, pourrais-je parler à Mme Montagne, je vous prie ?*
La standardiste : *C'est à quel sujet ?*
Isabel : *C'est pour une demande d'information concernant un séjour d'études en France.*
La standardiste : *Ne quittez pas un instant, je vous la passe...*
Mme Montagne : *Allô !*
Isabel : *Bonjour, madame, je suis Isabel Garcia de Cruz, je vous appelle de la part de Mme Delbourg. Voilà, j'ai l'intention de devenir traductrice et je voudrais suivre des études de traduction en France. Pouvez-vous m'indiquer quelles sont les écoles qui pourront m'accueillir l'année prochaine ?*
Mme Montagne : *Écoutez, là je n'ai pas beaucoup de temps... Faites-moi un petit mail pour me préciser tout cela à montagne@diplo.fr Je vous répondrai immédiatement.*
Isabel : *Entendu... je note, merci, madame Montagne.*

• Au téléphone : Marinette et Gustave
Gustave : *Allô, Marinette ? Ça va ? Tu es bien arrivée ?*
Marinette : *Oui oui, tout va très bien, j'ai juste deux petites choses à te demander... Tu as deux minutes ?*
– Oui, je t'écoute.
– Voilà le plus urgent... (cf. télécopie de Marinette p. 22 du manuel)
– C'est très simple : le disjoncteur est caché sous un rideau à gauche de la cheminée. Tu appuies sur le bouton rouge et le chauffage électrique se met en marche automatiquement. Pour le bois, il faut demander au voisin, c'est lui qui l'a coupé. Bon, il faut que je te quitte !
– Merci Gustave, on t'embrasse !

■ Partie « Exercez-vous »

1 Les étudiants utiliseront le tableau « Pour se renseigner par lettre » :
– *Veuillez agréer, cher ami, l'expression de mes salutations les plus cordiales.*
– *Veuillez agréer, Monsieur le Président, l'expression de mes salutations respectueuses.*
– *Veuillez agréer, Madame la Directrice, l'expression de mes salutations distinguées.*
– *Veuillez agréer, Messieurs, l'expression de mon profond respect.*

2 a. *Pourriez-vous, je vous prie, m'indiquer si j'ai été reçu à mon examen de 3ᵉ année « Tourisme dans les pays francophones » ?*
b. *Auriez-vous l'amabilité de répondre prochainement par téléphone à mes questions concernant le poste que vous allez quitter chez Renault ?*

c. (par courrier ou par téléphone) *Pourriez-vous me dire si ma candidature a été retenue sur le poste de standardiste pour l'été prochain ?*

3 Autres demandes d'informations par téléphone auprès : *d'un Festival pour connaître le programme; d'une auto-école; d'une entreprise pour demander un stage; des Gîtes de France pour une location, etc.*

■ Partie « Écrivez »

Les étudiants choisiront l'une de ces adresses pour écrire leur lettre :

a. Institut Hercule Poirot
Bierbeekstraat 31
3001 HEVERLEE – Belgique

b. Association des gourmets du Grand Sud-Ouest
71, rue Lombard – 33300 BORDEAUX

c. Association des villageois de Tambacouta
Route de Keur Saloum – BP 1006
TAMBACOUTA – Sénégal

Unité 2	
Pages 24-25	Leçon 3

Raconter sa formation

■ Objectifs

Communication
Raconter un parcours de formation de façon cohérente en mettant en valeur : les influences reçues, les choix d'orientation, les efforts fournis et les résultats obtenus.

Grammaire
Maîtriser l'organisation logique du récit de parcours de formation.

Vocabulaire
• un historien, un militant, un engagement, la IIIe République, le service militaire, un inspecteur, un impôt, une mutation, l'agrégation, la philosophie, un recrutement, une conviction,

une croyance, une influence, une filière, un compromis, un débouché, une mention, un cursus
• républicain, patriote, savoyard, discipliné, minable, décisif, contrarié, exemplaire
• être issu, déménager, éclater, imposer, tenir compte
• bouche bée.

Apports culturels
Madeleine Rebérioux et le XXe siècle.

Prononciation et mécanismes
La nominalisation et l'opposition [œ] / [ø] / [ɛ] / [o].

Cette leçon repose sur deux récits de parcours : le premier doit être lu, le second doit être écouté et mis en relation avec le tableau de la p. 25. Les éléments de ce tableau seront librement mis en pratique au cours d'un bref échange de points de vue puis, réutilisés dans le travail d'écriture qui termine la leçon.

■ Découverte du document

1 Ce « récit d'une formation » montre comment Mme Rebérioux est devenue une militante, intellectuelle, historienne et écrivain engagée depuis 60 ans.

3 Réponses aux questions du journaliste :
Je suis issue de la petite-bourgeoisie savoyarde, mon père était inspecteur des impôts, ma mère nous élevait.
Je suis patriote, républicaine et sans croyance religieuse.
Mon père et ma mère m'ont influencée : le premier parce que je l'adorais, la seconde parce qu'elle m'a appris à lire et à écrire. Durant mes études supérieures, un professeur m'a également influencée : il m'a incitée à choisir l'agrégation d'histoire.
Un événement personnel a compté sans doute : j'ai décroché le premier prix au concours général en histoire.
Le tournant historique qui a déterminé mon parcours,

La IIIᵉ République

Gouvernement de la France de 1870 à 1940

Époque marquée par trois guerres, des innovations technologiques (radio, automobile, avion) et une croissance économique.

– Guerre franco-allemande de 1870-1871.

– Répression de la Commune de Paris par le gouvernement.

– Instauration d'une république laïque, démocratique et parlementaire : réforme de l'instruction publique (Jules Ferry), expansion coloniale, laïcisation de l'État après l'affaire Dreyfus (1896-1899) ;

– Première Guerre mondiale (1914-1918). La France retrouve l'Alsace et la Lorraine.

– Crise économique (1929) et montée du fascisme en Europe ; opposition entre extrême droite et forces de gauche réunies dans le « Front populaire » (1935).

– Victoire de ce « Front » (1936-1938) aux élections de 1936 (Léon Blum).

– 1939 : entrée en guerre de la France contre l'Allemagne nazie. L'armée française est vaincue en huit mois.

– L'Assemblée nationale vote les pleins pouvoirs à Pétain mettant fin à la IIIᵉ République.

Le parcours de Charles de Gaulle, écrivain et homme d'État

(Lille, 1890 - Colombey-les-deux-Églises, 1970)

– Famille : catholique, bourgeoise, cultivée.

– Influences : Charles Péguy (écrivain, mort au front, en 1914), Henri Bergson (philosophe très influent jusqu'en 1945).

– Œuvre littéraire : à partir de 1924 et jusqu'à la fin de sa vie, publie des essais d'histoire et de philosophie de l'histoire, de stratégie militaire. Persuadé de devoir accomplir une mission historique pour la France.

– Orientation : école de Saint-Cyr puis carrière militaire qui commence pendant la guerre de 14-18.

Juin 1940 : déterminé à poursuivre la guerre contre l'occupant, il lance depuis Londres son « Appel du 18 juin » et organise la lutte contre l'Allemagne nazie.

---

c'est la Seconde Guerre mondiale qui marque le début de mon engagement politique.

4 La 4ᵉ de couverture d'un livre sur Madeleine Rebérioux.

Titre du livre : *Une historienne engagée dans la France contemporaine.*

Résumé : *Ce livre raconte comment Madeleine Rebérioux, issue de la petite-bourgeoisie savoyarde, patriote et républicaine, est devenue une historienne et une femme engagée depuis 60 ans : comment elle a choisi l'agrégation d'histoire et non de philosophie et comment la Seconde Guerre mondiale a durablement déclenché son engagement politique (48 mots).*

5 Discussion en petits groupes.

a. Ce que Madeleine a appris au cours de sa vie : *elle a hérité de valeurs (le patriotisme républicain, les droits de l'homme) et a acquis des savoirs en sciences humaines ; elle a acquis des capacités pour enseigner, militer, défendre les droits de l'homme, mener des actions politiques, etc.*

b. Ce qui a fait d'elle….

– une historienne → *son 1ᵉʳ prix d'histoire au concours général ;*

– une militante → *son engagement dans la résistance contre le fascisme ;*

– une intellectuelle → *l'influence de son professeur d'histoire.*

■ Partie « Découvrez le reportage »

*1. **a.** normal, 2. **a.** sa mère, 3. **b.** économique, 4. **c.** un compromis*

■ Partie « Exercez-vous »

1 a. Les formules utilisées par Audrey pour raconter son parcours :

*En 6ᵉ, j'ai **fait de** l'anglais… En **passant** au lycée, j'ai **gardé** cette option, je devais **suivre** la filière littéraire, nous **avons trouvé un terrain d'entente**, j'ai **abandonné** l'option latin, j'ai **réussi à obtenir** mon bac.*

b. *Audrey **était prédestinée** à faire des études longues et, si possible, scientifiques. **Subissant l'influence** de sa mère, elle a fait du latin pour être dans les meilleures classes au collège et au lycée. Elle souhaitait **s'orienter** vers une filière littéraire mais, comme sa mère était contre, elle a finalement **opté** pour les « sciences économiques et sociales » et a **décroché** son bac avec mention « bien ».*

2 f, g, b, c, d, a, e **ou** f, g, b, c, a, d, e.

■ Prononciation et mécanismes

Exercice 16. Voici le verbe, donnez le nom.

influencer → l'influence

transmettre → la transmission

hériter → l'héritage

orienter → l'orientation

opter → l'option

atteindre → le but

Exercice 17. Opposition [œ] / [ø] / [ɛ] / [ɔ]. Écoutez.

D'abord ma mère a toujours voulu que je sois la meilleure.

Distinguez les sons [œ] / [ø] / [ɛ] / [ɔ] que vous entendez.

• D'abord ce que ma mère veut, c'est que je veuille comme elle.
• À tort, elle avait peur pour moi.
• Ou alors elle décide seule de mon sort.

■ Partie « Échangez vos points de vue »

Cette activité doit être menée de manière à préparer l'activité « Présentez un parcours ».
Pour répondre à la question « Les parents doivent-ils influencer les choix de leurs enfants ? », les étudiants prendront des exemples dans leur entourage et dans leur propre parcours.

■ Partie « Présentez un parcours de formation »

On laissera le choix à l'étudiant de présenter son propre parcours ou celui d'un personnage célèbre.

1 Il ne s'agit pas d'écrire une biographie générale mais d'examiner ce qui a **formé** une personne à travers ses influences, ses orientations, ses efforts et ses résultats (*cf.* tableau « Raconter un parcours »).

2 La présentation orale doit être **exposée** plutôt que lue.

Unité 2	
Pages 26-27	Leçon 4

Savoir se justifier

■ Objectifs

Communication
Communiquer en situation d'entretien de recrutement.

Grammaire
Utiliser la structure de la mise en valeur d'une idée.

Vocabulaire
• une ressource, un stagiaire, le management, un cadre, une réforme, un licenciement, un comité d'entreprise, la compétitivité, la motivation, la personnalité, un recruteur, une aspiration, le marketing, l'autonomie, l'entourage, une compétence, une alternance, une insertion
• remarquable, précaire, dépassé, partiel, idéaliste, cordial, relationnel, méticuleux, opérationnel
• flatter, symboliser, nuire, concilier
• un coup dur, de gaieté de cœur

Apport culturel
Le monde du travail vu par Laurent Cantet, réalisateur du film *Ressources humaines*.

Prononciation
Mettre en valeur une idée.

Cette leçon est essentiellement orale. Elle repose sur un extrait du film de Laurent Cantet : *Ressources humaines*, avec dans le rôle principal Jalil Lespert. La leçon sera menée en 2 temps :
– la découverte du document est suivie d'une série d'activités (« Racontez » ; « Exercez-vous ») permettant d'exploiter le tableau de la p. 27 et de réutiliser les éléments vus à la leçon précédente (2(3)) ;
– la mise en place du jeu de rôles permet une appropriation créative de ces divers éléments.

■ Découverte du document

1 Après avoir lu le résumé du film, on expliquera l'expression de Franck sur la photographie en se demandant de quoi « *il a l'air* » (formule déjà vue pour la photo de la p. 19).
Prise à la fin du film, alors que Franck a été mis dehors (il s'est battu aux côtés des grévistes contre le patron), cette photo le montre inquiet, méfiant, plein de doutes et d'interrogations sur son propre avenir professionnel.

2 a. V ; **b.** F ; **c.** V ; **d.** V ; **e.** F ; **f.** V ; **g.** F.

3 L'entreprise :
– *vue de l'extérieur par un enfant : une usine bienfaisante, généreuse et protectrice ;*
– *vue de l'intérieur par le DRH : une usine qui, pour rester compétitive, doit licencier des employés.*

4 La vision de Franck est :
– *enfantine : car c'est la vision qu'il avait lorsqu'il était enfant ;*
– *dépassée : oui, car le monde du travail est devenu « beaucoup moins rose que ça » ;*
– *partielle : oui, car il ne voyait qu'une petite partie de la réalité ;*
– *dangereuse : non, car Franck n'a aucun pouvoir ;*
– *idéaliste : oui, comme toute illusion.*

■ Partie « Racontez »

1 Les étudiants doivent imaginer pourquoi le DRH est si admiratif devant le parcours de Franck :
Issu d'une famille d'ouvriers, titulaire d'un bac scientifique avec mention Très bien, Franck fait de brillantes études dans une école de commerce réputée dans le but de décrocher un diplôme en management des ressources humaines. Depuis plusieurs étés, il a travaillé dans de nombreuses entreprises où il a toujours donné satisfaction.

2 Questions/réponses par binômes :
Le patron : *Pourquoi voulez-vous faire un stage chez nous ?*
Franck : *Parce que je suis très attaché à cette usine et que je lui dois quelque chose…*
Le patron : *Pourquoi un stage en management des ressources humaines ?*
Franck : *Pour apprendre le métier de DRH.*
Le patron : *Qu'est-ce que vous attendez de votre stage ?*
Franck : *J'espère que ce sera une expérience marquante.*

■ Partie « Exercez-vous »

2 La formule utilisée dans le dialogue pour mettre une idée en valeur :
C'est pour cette raison que j'ai choisi de faire mon stage ici.

3 a. *Ma lettre, […] je l'ai envoyée <u>aujourd'hui</u>.*
b. *Ce que je lis en priorité, ce sont des <u>romans d'aventures</u>.*
c. *Ce qui est le plus difficile, c'est <u>l'exercice des responsabilités</u>.*
d. *Mes collègues, […] ils <u>m'apprécient</u> vraiment.*
e. *L'exercice des responsabilités, c'est <u>le plus difficile</u>.*

■ Prononciation et mécanismes

Exercice 18. Mettre en valeur.
• Mon sens des responsabilités est apprécié par mes collègues.

→ Ce que mes collègues apprécient, c'est mon sens des responsabilités.
• Le dimanche, j'aime surtout me retrouver avec des amis.
→ Ce que j'aime surtout le dimanche, c'est de me retrouver avec des amis.
• Attendre des heures, je trouve ça très difficile.
→ Ce que je trouve très difficile, c'est d'attendre des heures.
• Arriver en retard au spectacle me met très en colère.
→ Ce qui me met très en colère, c'est d'arriver en retard au spectacle.
• Le regard des autres hommes sur elle me rend très jaloux.
→ Ce qui me rend très jaloux, c'est le regard des autres hommes sur elle.
• Travailler en équipe a ma préférence.
→ Ce que je préfère, c'est travailler en équipe.

■ Jeu de rôles

1 Les questions que pose le recruteur au candidat
a. Sur son expérience, sa formation, ses aspirations
– *Parlez-moi de vous et de votre parcours.*
– *Quels emplois ou activités bénévoles avez-vous exercés jusqu'ici ?*
– *Comment est-ce que vous vous imaginez dans 2 ans ?*

b. Sur sa personnalité
– *Comment occupez-vous votre temps libre ?*
– *Qu'est-ce qui vous met hors de vous ?*
– *Avez-vous des regrets ?*
– *Êtes-vous un meneur ?*
– *Quelles sont vos lectures préférées ?*
– *Êtes-vous créatif ?*
– *Comment vivez-vous le stress ?*
– *Quels sont vos points faibles, vos limites ?*
– *Quel a été votre échec le plus pénible ?*
– *Quelle a été votre pire journée ?*
– *Quel genre de décision aimez-vous le moins prendre ?*

c. Sur ses capacités à intégrer l'entreprise
– *Comment connaissez-vous notre entreprise ?*
– *Pensez-vous avoir le profil pour le poste ?*
– *Qu'est-ce qui vous intéresse le plus dans ce stage (ou dans ce poste) ?*
– *Comment définissez-vous le métier de… ?*
– *Qu'est-ce qui est le plus difficile pour un responsable ?*
– *Avez-vous déjà été en désaccord avec une autorité ? Pourquoi ?*

d. Sur ce qu'il souhaite gagner
– *Quel salaire souhaitez-vous gagner ?*

2 Questions
a. Quel a été votre échec le plus pénible ?
b. Qu'est-ce que vous supportez mal dans votre travail ?
c. Comment connaissez-vous notre entreprise ?
d. Que pense-t-on de vous dans votre entourage ?
e. Quelles sont les qualités nécessaires pour ce poste ?
f. Quel est le salaire que vous souhaitez gagner ?

3 Pour préparer le jeu de rôle :
– décider si l'on recherche un stagiaire ou un salarié ;
– choisir un domaine d'activité (la culture, l'éducation, les ressources humaines, le marketing, l'industrie, le tourisme, etc.), le type d'entreprise et le poste ou le stage à pourvoir (chargé de missions, DRH, secrétaire, hôtesse de l'air, etc.) et rédiger l'annonce ;
– tirer au sort les étudiants qui joueront les rôles (un candidat est reçu par deux recruteurs).

L'ÉCOLE DE LANGUES DE NICE
RECHERCHE
UN(E) STAGIAIRE RELATIONS PUBLIQUES

Mission : organiser des cours d'été de langues étrangères (anglais, français, japonais, espagnol, allemand) pour des publics internationaux.
Profil et qualités requises : bonne connaissance de 2 langues, grande disponibilité, expérience des relations internationales et des voyages.

Envoyer CV, lettre et photo à M. Garcia, 15, rue de la Gare – 06200 NICE
ou par e-mail : garcia@nice.recrutement.fr

Unité 2
Pages 28-29 | **Leçon 5**

Valoriser ses compétences

■ Objectifs

Communication
Décrire et valoriser ses compétences dans la communication professionnelle.

Grammaire
Les adjectifs permettant la description de ses qualités, capacités et savoir-faire.

Vocabulaire
• un fondateur, une compagnie, la comptabilité, la bureautique, une subvention, un sponsor, le conseil général, un conservatoire, la gestion, les relations publiques, la mise en scène, la programmation, une candidature spontanée, une image professionnelle, une abréviation, un logo

• programmer, administrer, trouver ses repères, négocier, gérer, sélectionner, aller droit au but
• nettement mieux

Apport culturel
Création d'image professionnelle sur Internet (sites et lettres-CV par mél).

Prononciation
• Formation d'adjectifs
• Objection / exclamation
• Opposition [õ] / [ã]

Cette leçon est organisée de manière que les étudiants réalisent la maquette d'une page d'accueil sur Internet.

■ Découverte de la page Web
a. *Le but de ce site est de faire connaître Caroline Delmas dans un vaste réseau professionnel dans le cadre de sa recherche d'emploi.*

b. *On trouve des informations sur son activité professionnelle (« Qui je suis ? » est une sorte de carte de visite), sur la formation qu'elle a reçue à l'ENSATT, sur son parcours professionnel et sur ce qu'elle souhaite développer.*

■ Partie « Écoutez le reportage »
a. *Avantages : nouveauté et effet de surprise.*
b. *Conseils*

- *Présentation : deux parties séparées par un repère visuel.*
- *Rédaction : soignée, pas de fautes d'orthographe.*
- *Style : standard et synthétique, soigné, pas d'abréviation, pas de smileys.*
- *Plan type :* covering lettre
- *– 1ʳᵉ partie : un condensé de la lettre de motivation, motivations par rapport à cette entreprise ;*
- *– 2ᵉ partie : un bref CV adapté à l'interlocuteur et qui incite à vous sélectionner.*

■ Partie « Exercez-vous »

2 a. *tenace, persévérant*
b. *innovateur*
c. *ambitieux*
d. *autonome*
e. *rapide, débrouillard*
f. *disponible, ouvert, dynamique, mobile.*

3 Utiliser la colonne « capacités » et « savoir-faire » du tableau.
a. *Le candidat **aura le sens de** la négociation internationale et **fera preuve de** mobilité.*
b. *Le candidat **sera capable** d'autonomie et de courage, il sera sûr de lui.*
c. *Il saura **s'investir et mettre en œuvre** un projet hors du commun.*

4 Si l'on ne connaît pas l'adjectif contraire, on peut la plupart du temps exprimer l'idée opposée avec « sans » (il est sans ambition) ou avec « manque de » (il manque d'ambition).

ambitieux	sans ambition, → il manque d'ambition	résigné
attentif	sans attention, → il manque d'attention	distrait
autonome	→ il manque d'autonomie	dépendant
calme	→ il manque de calme	agité
confiant	→ il manque de confiance	méfiant
consciencieux		bâclé
constructif		destructeur
courageux	→ il manque de courage	peureux
débrouillard		empoté, gauche
détendu		tendu
diplomate	→ il manque de diplomatie	maladroit, grossier
direct		tordu, tortueux
disponible		occupé
dynamique	→ il manque de dynamisme	mou
efficace	→ il manque d'efficacité	inefficace
enthousiaste	→ il manque d'enthousiasme	blasé, froid
exigeant	→ il manque d'exigence	arrangeant, accommodant
imaginatif	sans imagination, → il manque d'imagination	borné
indépendant		dépendant
innovateur		routinier
intuitif	sans intuition, → il manque d'intuition	déductif
méthodique	sans méthode, → il manque de méthode	brouillon
minutieux	→ il manque de minutie	négligent
mobile		sédentaire, casanier
optimiste	→ il manque d'optimisme	pessimiste
organisé	→ il manque d'organisation	désorganisé
ouvert		fermé
patient	→ il manque de patience	impatient
persévérant	→ il manque de persévérance	changeant, versatile
posé		étourdi, fougueux
positif		négatif
pragmatique	→ il manque de pragmatisme	rêveur
précis	→ il manque de précision	imprécis
rapide	→ il manque de rapidité	lent
réaliste	→ il manque de réalisme	rêveur, utopique
réservé	→ il manque de réserve	expressif, familier
responsable		irresponsable
rigoureux	sans rigueur, → il manque de rigueur	approximatif
solide		faible

⇨

stable	→ il manque de stabilité	instable
sûr de soi	→ il manque de confiance en lui	incertain
tenace	→ il manque de ténacité	changeant
travailleur		faignant, paresseux

■ Prononciation et mécanismes

Exercice 19. Complétez avec les adjectifs qui correspondent.

• Elle a beaucoup d'imagination.
→ Elle est imaginative.
• Elle ne renonce jamais.
→ Elle est tenace.
• Il pense qu'il y a toujours une solution.
→ Il est optimiste.
• Il a vraiment envie de réussir, il a tout fait pour cela.
→ Il est ambitieux.
• Elle a une approche très pratique des choses.
→ Elle est pragmatique.
• Il n'aime pas qu'on laisse des questions sans réponses.
→ Il est rigoureux.

Exercice 20. Objection/exclamation.
Écoutez.
C'est quand même votre avenir professionnel qui est en jeu !

Répétez.
• C'est quand même lui qui a commencé !
• C'est quand même elle qui est partie !
• C'est quand même eux qui sont venus nous chercher !
• C'est quand même nous qui avons fait la meilleure proposition !

Exercice 21. Opposition [õ] / [ã].
Écoutez.
Ce qu'on peut tirer de notre expérience ? Allez droit au but.

Répétez
Comment ?
En soignant la rédaction.
En pensant à la sélection.
En condensant l'information.
En prenant en compte le temps d'attention.

■ Partie « Discutez »

Pour compléter cette activité, chaque étudiant formulera sur lui-même quelques-uns de ses manques :
→ *Parfois, je manque de patience, etc.*

■ Partie « Créez votre page d'accueil »

1 Objectif : les étudiants devront choisir dans quel(s) réseau(x) ils souhaitent se faire connaître : touristique, professionnel, social, humanitaire, sportif, etc., et dans quel(s) but(s) : pour trouver du travail, rencontrer des gens, échanger sa maison pour l'été, etc.

2 Chacun crée un **titre** qui exprime le thème de son site :
maisondile@cocobleu.org
mesinventions@innovation.fr
avenir@benevolat.inter

3 La page d'accueil

---

chez nous
comme chez vous

BIENVENUE CHEZ NOUS
Notre offre :
Nous souhaitons échanger notre maison contre la vôtre pendant 2 semaines en août.

• **Portrait de notre maison**
C'est une maison créole sur 2 étages, avec vue sur mer et grand jardin, une grande terrasse, 3 chambres, une salle de bain, une petite cuisine, une petite piscine.
Nous mettons à votre disposition une voiture et un scooter.
• **Les environs**
La maison est située dans un quartier très calme. Le village le plus proche est à 2 km, la plage est à 800 m, la capitale est à 40 km. Autour il y a des cascades et la montagne. Les voisins sont aimables.
• **Comment y arriver**
Avion ou bateau + voiture.

Pour regarder des photos de notre maison, cliquez ici.

Vous allez peut-être nous recevoir chez vous, dans votre maison et vous voulez savoir qui nous sommes ?
Voici quelques mots sur notre parcours et nos activités...
Nous avons toujours vécu et travaillé ici en Guadeloupe, nos enfants sont grands et nous souhaitons maintenant découvrir d'autres îles dans le monde. Nous tenons un restaurant à 15 km de chez nous et, par ailleurs, nous avons de nombreuses activités avec la mairie de la commune. Nous souhaitons d'ailleurs profiter de notre voyage chez vous pour prendre des contacts dans votre région pour élargir notre réseau.

Pour en savoir plus sur nos activités cliquez ici ◆ *et contactez-nous au 05 90 26 32 19 ou sur notre adresse électronique :*
Cocody@wanadoo.fr

À bientôt !
Charles et Hélène Cocody

Corrigé du bilan 2

1. De : Camille Sitbon « camisit@wanadoo.fr »
A : «Fouzia Ruiz» <fouziaruiz@wanadoo.fr>
Objet : Re-Nouvelle adresse
Date : vendredi 24 mai 2002 8 :30

Chère Fouzia,
Merci pour ces bonnes nouvelles. Je cherche moi-même à changer de ville, de quartier, de milieu professionnel, etc. C'est pourquoi j'aimerais en savoir plus sur ta nouvelle vie ! Pour commencer, peux-tu me **décrire** ton nouvel appartement et ton nouveau quartier ? Peux-tu également me **raconter** comment **s'est passé** ton recrutement dans cette école de langues ? Je suis très curieuse de savoir comment **se déroule** un entretien de recrutement dans ce milieu. Enfin, j'ai envie que tu me **donnes des détails** sur ta rencontre avec « quelqu'un de bien »... Que fait-il dans la vie ?
PS. Puis-je **communiquer** tes nouvelles coordonnées à ma sœur qui souhaite proposer quelque chose à Agathe ?

2. Notice biograhique
Martha Kasparian est née pendant la Seconde Guerre mondiale de parents commerçants. Elle est issue d'une famille de 6 enfants. La famille a souvent déménagé, changeant fréquemment de pays. En 1950, les six enfants Kasparian se retrouvent à Marseille et sont inscrits au collège. En 1968, Martha entre aux Beaux-Arts où elle est bouche bée devant la peinture, la musique et... la révolution. Elle avale tout. En 1972, elle décroche sa première exposition. Ses sculptures sont profondément marquées par la guerre. En 1975, elle se marie avec un écrivain qui lui fait découvrir la poésie. De 1990 à 2003, elle choisit une carrière d'enseignement. Son goût pour l'éducation la conduit à créer son école. Elle a l'ambition de devenir une référence pour les nouvelles générations.

3.
1. a. C'est pour retrouver un équilibre que je pars en voyage.
b. C'est de votre motivation que dépendra votre réussite dans ce poste.
c. C'est de vos qualités de manager que dépendra la réussite de votre équipe.

2. a. Il est totalement atypique, votre parcours professionnel !
b. Elle est reconnue par tous, notre compétitivité !
c. Ils sont complètement dépassés, vos principes !

3. a. Ce que le comité d'entreprise a pour mission de satisfaire, c'est votre aspiration aux loisirs culturels.
b. Ce qu'un cadre doit savoir créer, c'est un esprit d'équipe.
c. Ce que j'apprécie, c'est votre sens des relations humaines.

4. Vous devez :
a. avoir le sens de la diplomatie, être capable de diplomatie, avoir l'esprit diplomate ;
b. être capable d'ambition ;
c. être capable de mobilité ;
d. avoir l'esprit indépendant ;
e. être capable de réalisme, avoir l'esprit réaliste.

present tense - vivid present

Unité 3

Innover

Présentation de l'unité

L'unité 3 propose une ouverture culturelle sur de nouvelles pratiques sociales émergentes dans la société française dans les domaines :
– scientifique (3(1)),
– sportif (3(2)),
– amoureux (3(3)),
– communicationnel (3(4),
– ou encore dans le domaine de l'action citoyenne (3(5)).
Sur ce fond culturel, **cinq apprentissages** sont proposés :
– exprimer la durée (3(1)),
– résoudre un problème (3(2)),
– parler de soi et de l'autre (3(3)),
– construire une argumentation (3(4)),
– mettre en valeur l'objet de l'action (3(5)).

Observation collective de la page 31

• Commentaire de la photo
Connaissez-vous cette fleur ?
→ Réponse : Il s'agit du colza.
Savez-vous ce que l'on peut fabriquer avec ?
→ Réponse : une huile végétale pour la cuisine.
Qu'est-ce qui vous surprend chez cet homme ? Pourquoi est-il habillé comme ça ? Quel est d'après vous son métier ? Pourquoi prélève-t-il l'une de ces fleurs ?
Quel est le lien entre cette photo et le thème de l'unité 3 ?

• Commentaire du titre de l'unité
Faites faire une liste d'innovations anciennes ou récentes dans les domaines scientifiques, sportifs, civiques, culinaires, professionnels, sociaux, culturels, etc., dans votre pays et dans le monde.

■ Objectifs

Communication
Exprimer des craintes, des angoisses et des espoirs.

Grammaire
Exprimer la durée.

Prononciation
• Exprimer la durée avec d'*ici, en, dans, jusqu'en*.
• Exprimer des craintes.

Vocabulaire
• une application, un besoin, un biologiste, une bombe, un brevet, la circulation, un découvreur, un domaine, un laboratoire, un mathématicien, un physicien, la radioactivité, la transformation, une invasion
• afficher, concevoir, se connecter, déposer, disposer, s'effacer, exister, s'inquiéter, inventer, prétendre, se venger
• étranger, étroit, imprévisible

Apports culturels
• Les physicien(ne)s : Pierre et Marie Curie, Irène et Frédéric Joliot-Curie, Enrico Fermi.
• *2001, Odyssée de l'espace*, un film culte de Stanley Kubrick (1968).

Quelles craintes et quels espoirs peut-on exprimer face aux progrès scientifiques et techniques qui ont ponctué notre histoire ? Cette question constitue le fil conducteur de cette leçon depuis le texte de la page 32 jusqu'à l'exercice final.

■ Découverte du document

1 *Le découvreur observe, comprend et explique : Christophe Colomb, Georges Friedel, Pierre et Marie Curie, Frédéric et Irène Joliot-Curie.*
L'inventeur conçoit et construit quelque chose de nouveau : ainsi, Enrico Fermi construit la première pile atomique.

2 Les applications de ces découvertes
– *Les cristaux liquides sont utilisés pour les systèmes optiques d'affichage public.*
– *La fission nucléaire est à la base de la pile et de la bombe atomiques.*
– *Les semi-conducteurs sont les électrons qui fondent tous les systèmes électroniques.*

3 Ils s'apportent mutuellement de nouveaux sujets d'étude, ils s'inspirent les uns des autres.

4 Sujets de science et technologie
– *le patrimoine génétique (le génome humain),*
– *les maladies génétiquement transmissibles,*
– *le stockage et le traitement des déchets nucléaires,*
– *le contrôle des aliments,*
– *les puces électroniques,*
– *le réchauffement de la planète,*
– *le repérage des météorites, etc.*

Cinq grand(e)s physicien(ne)s du XXᵉ siècle

Pierre Curie (1859-1906)
Physicien français, il travailla sur la radioactivité avec sa femme, Marie, et découvrit le dégagement de chaleur très important produit par le radium. Prix Nobel de physique en 1903.

Marie Curie (née Sklodowska) (1867-1934)
Physicienne française d'origine polonaise. Intéressée par le phénomène de radioactivité (auquel elle donna ce nom), elle entreprit des recherches qui la conduisirent avec Pierre Curie à la découverte du polonium et du radium (1898). Elle fut la première femme à être nommée professeur à la Sorbonne. Prix Nobel de physique (1903), prix Nobel de chimie (1911).

Irène (1897-1956) et Frédéric Joliot-Curie (1900-1958)
Physicienne française, fille de Pierre et de Marie Curie, et physicien français, mari d'Irène.
Ils effectuèrent de nombreuses recherches en physique atomique. Irène fut sous-secrétaire d'État à la Recherche scientifique (1936) et directrice de l'Institut du radium (1946). Tous deux furent prix Nobel de chimie (1935).

Enrico Fermi (1901-1954)
Physicien italien, spécialiste de physique nucléaire. Opposé à Mussolini, il part pour les États-Unis en 1939 et s'installe à Chicago. Prix Nobel de physique (1938).

■ Partie « Exercez-vous »

2 *Les futurologues pensaient que les trains circuleraient à très grande vitesse sur des monorails, que les avions ressembleraient à des fusées, que les populations seraient accueillies sur la Lune, que la maison serait envahie par des robots, que les lasers seraient transformés en armes.*

3 *En 1888, en 1922, il faudra attendre 1960, aujourd'hui, à la fin de la décennie 1930, dès 1942, le 6 août 1945, dans les années 1920, pendant la Seconde Guerre mondiale.*

4 *a. d'ici à 10 ans ou dans 10 ans.*
b. qu'à la fin des années 2010
c. désormais
d. au cours de

■ Prononciation et mécanismes

Exercice 22. Exprimez la durée avec *d'ici, en, dans, jusqu'à*.

• Quand partiras-tu ? *(15 jours)*
– Dans 15 jours.
• Quand le travail sera-t-il terminé ? *(3 mois)*
– Dans 3 mois.
• À partir d'aujourd'hui, vous pouvez dire quand sera livrée la marchandise ? *(10 jours)*
– D'ici à 10 jours.
• Quand pensez-vous qu'on pourra généraliser le procédé ? *(2 ans)*
– Dans 2 ans.
• Vous vous souvenez quand on a commencé à travailler sur le projet ? *(1998)*
– En 1998.
• Tu penses travailler jusqu'à quand ? *(la retraite)*
– Jusqu'à la retraite.

Exercice 23. Exprimer des craintes.

• Exprimer sa peur de l'avenir
→ J'ai peur de l'avenir.
• Exprimer sa préoccupation à propos de la situation internationale
→ Je suis préoccupé par la situation internationale.
• Exprimer son embarras à propos de la réponse à donner
→ Je suis très embarrassé par la réponse à donner.
• Exprimer de la crainte pour la santé des enfants
→ Je crains pour la santé des enfants.
• Exprimer son attention à l'environnement
→ Je suis très attentif à l'environnement.
• Exprimer sa grande inquiétude face aux risques de guerre
→ Je suis très inquiet face aux risques de guerre.

■ Partie « Craintes et angoisses »

– *Je suis très préoccupé par Cal. Il faut faire attention à lui sans qu'il s'en aperçoive.*
– *Je crains qu'il remarque notre inquiétude et qu'il devienne imprévisible.*
– *Tu n'as pas peur qu'il nous entende ici ?*
– *Non, on n'a rien à craindre, ici on est hors du système.*
– *Ah bon ! parce que je redoute sa réaction, il se vengerait.*

Remarque : les deux astronautes ont raison d'avoir peur. En effet, Cal va comprendre cette conversation en lisant sur leurs lèvres et réussira au cours des heures suivantes à éjecter l'un des astronautes du vaisseau spatial.

■ Partie « Exprimer ses craintes et ses espoirs »

Liste de mes craintes	Liste de mes espoirs
Je crains :	*J'espère :*
Un accident nucléaire	*Une vie prospère*
Le chômage	*Un travail passionnant*
Tomber malade	*Un univers en paix*
Une guerre mondiale	*Un univers de beauté*
Une catastrophe écologique	*L'égalité entre hommes et femmes*
La pauvreté	*La sécurité de la famille*
La pollution dans les grandes villes	*L'amitié véritable*
L'intolérance	*Du travail pour tous*
Le fanatisme religieux	*Plus de temps pour les loisirs*
Le règne de l'argent	*Visiter la Lune*
Etc.	*Etc.*

Unité 3

Pages 34-35 | **Leçon 2**

Résoudre un problème

■ Objectifs

Communication
Mettre en relation le passé et le présent à travers des objets et des modes de vie.

Grammaire
Résoudre un problème.

Prononciation
• Exprimer un constat, une préoccupation, une nécessité.
• Opposition [e] / [ɛ] / [ə]

Vocabulaire
• un adepte, l'authenticité, le concours, l'élégance,

une invention, une sensation, une silhouette, une solution, un virage
• émerger, entourer, préfigurer, ralentir, réaliser, renaître de ses cendres, tomber dans l'oubli
• alpin, gratifiant

Apports culturels
• Romans : *Les Trois Mousquetaires* d'Alexandre Dumas, *Les Misérables* de Victor Hugo.
• Films : *Trois Hommes et un couffin* de Coline Serreau.
• Grands couturiers : Yves Saint Laurent, Jean-Paul Gaultier.

■ Découverte du document

1

L'époque	Le lieu	L'événement
milieu du XIXᵉ siècle	*En Norvège, dans la province de Télémark*	*Sondre Norheim, un paysan norvégien, cherche à descendre les pentes enneigées et invente un nouveau ski.*
1868	*Iverslokken*	*Il gagne toutes les épreuves au concours de ski.*
fin du XIXᵉ	*Alpes*	*Émergence des « virages parallèles ».*
années 1930		*Le télémark tombe dans l'oubli.*
1970		*Il renaît de ses cendres.*
1987		*Premiers championnats du monde.*
aujourd'hui		*Augmentation du nombre de pratiquants.*

2 a. vrai – b. faux – c. vrai – d. vrai.

■ Partie « Exercez-vous »

1 *tout commence, cherche une solution, il invente, il gagne, fait le tour du monde, part à la conquête, émergent, il renaît de ses cendres, ne cesse d'augmenter.*

2 *J'ai constaté que ma tarte aux pommes est soit trop cuite, soit pas assez cuite. Je me suis donc ingéniée à comprendre cet échec sans parvenir à trouver une solution. Plusieurs fois, j'ai voulu laisser tomber ! J'ai même envisagé de changer de four ! En fait, le problème vient du fait que le temps de cuisson de la pâte et des fruits n'est pas le même. C'est en tout cas mon hypothèse ! J'ai donc inventé*

une nouvelle manière de faire : je commence à faire cuire la pâte seule et, au bout de 10 minutes, j'ajoute les fruits.

■ Partie « Écoutez le reportage »

1 *travail, argent, musique, fête.*

2 *années → heureuses ; musique → gaie ; les vêtements, le mobilier, la vie → colorés ; le monde → proche ; idée → folle.*

3 Mes années préférées
Ce sont les années 1989-1990.
Avec la chute du Mur de Berlin, durant ces deux années, une nouvelle utopie est en train de naître, celle d'un

• 44 •

monde réuni autour de valeurs communes, celle d'un monde où il n'y aura plus de guerre.

4 Le destin de la personne interviewée

Cette personne est devenue ingénieur sans frontière. Cet homme a donc continué à voyager à travers le monde entier et il intervient sur les problèmes de l'eau : construction de puits, de barrages, de canaux, etc. Il est resté fidèle à sa véritable passion : son amour de la planète.

■ Prononciation et mécanismes

Exercice 24. Exprimez :

- un constat : la difficulté de réaliser un voyage
→ Je constate qu'il est difficile de réaliser ce voyage.
- une préoccupation : les obstacles rencontrés
→ Je suis préoccupé par les obstacles rencontrés.
- une nécessité : examiner ensemble les différentes solutions
→ Nous devons examiner ensemble les différentes solutions.
- le constat d'une nécessité : envisager d'autres pistes de recherches
→ Il faut envisager d'autres pistes de recherches.

Exercice 25. Opposition [e] / [ɛ] / [ə].
Écoutez.
C'était comme dans *Hair*, il fallait laisser briller le soleil.

Répétez.
- La quête, c'était celle de la vraie vie.
- Dans ces années-là tout était gai ou pouvait l'être.
- Et la vraie vie, c'était de changer la vie.

■ Racontez

Références :
- *Les Trois Mousquetaires* : roman d'Alexandre Dumas.
- *Les Misérables* : roman de Victor Hugo. La plus célèbre adaptation est la comédie musicale.
- *Trois Hommes et un couffin* : film de Coline Serreau avec André Dussollier, Michel Boujenah, Roland Giraud.

- *Yves Saint Laurent* : couturier français très attentif à la géométrie du vêtement.
- *Jean-Paul Gaultier* : couturier français, créateur de mode. La rue est sa principale source d'inspiration.

Idées pour faire du neuf avec du vieux

Musique
- Le célèbre chanteur populaire Patrick Bruel vient de sortir un double album dans lequel il réinterprète une vingtaine de chansons françaises des années 1930. Un nouvel accompagnement musical renouvelle complètement ces vieux airs en leur donnant un doux parfum romantique.
- La chanson de Jacques Brel « Ne me quitte pas » a été interprétée sur un air de jazz par la musicienne et chanteuse américaine Nina Simone et sur un air de salsa par le musicien et chanteur colombien Yuri Buenaventura. Ces interprétations dans deux registres musicaux très différents permettent à la chanson de Brel de toucher de nouveaux publics dans le monde entier.

Cinéma
- Le cinéaste Alain Chabat a porté à l'écran la célèbre bande dessinée « Astérix et Cléopâtre » de Goscinny et Uderzo. Pour rester fidèle à l'esprit de l'album, il a modernisé les décalages historiques en utilisant des références d'aujourd'hui.

Mode
- Les talons aiguille que portaient les femmes dans les années 1950 avaient totalement disparu au profit des talons plats et des chaussures de sport pendant près de 30 ans. Au XXIe siècle, les chaussures à talons aiguille reviennent à la mode, surtout auprès des femmes jeunes.

Design
- Si l'on récupère et si l'on coud ensemble de vieux bouts de tissus colorés, on fabrique une couverture en patchwork.
- Si on récupère, si on casse, assemble et colle de vieux carreaux qui ne servent à rien, on fabrique une mosaïque qui décorera une table.
- On peut découper dans de vieux pneus usés des semelles pour fabriquer des sandales pour la plage, etc.

Se rencontrer

■ Objectifs

Communication et grammaire
Parler de soi et de l'autre.

Grammaire
Résoudre un problème.

Prononciation
• Parler de soi et de l'autre (utiliser *y* et *en*).
• Intonation interrogative : prendre à témoin.

Vocabulaire
• une avalanche, un annuaire, une base de données,
une citrouille, l'encadrement, un tourteau,
un internaute, un secteur
• mettre en doute, provoquer, se retirer
• déçu, divorcé, improbable, marrant, prestigieux

Apports culturels
Les nouvelles manières de se rencontrer sur sites
Internet.

■ Découverte du document

1 Portraits de couples

	Âge	Lieu d'origine	Situation personnelle	Première rencontre
Chantal/Thierry	50 ans	Belgique	divorcés	chez Thierry
Tom/Amy	30 ans	Paris	célibataires	dans un bar
Patrick/Diana	46 et 20 ans	Normandie et Gabon	boulanger divorcé et étudiante célibataire	au Gabon
Catherine/Christian	40 ans	Paris et Béziers	divorcés	le jour d'Halloween

2 Messages électroniques

Message de Diana à Patrick

Bonjour Patrick,
J'ai lu votre message d'annonce et je vous écris depuis
Libreville, la capitale du Gabon car je souhaite avoir une
correspondance suivie avec vous. Vous et moi, malgré nos
différences, nous avons des vies qui se ressemblent peut-
être un peu ! Je suis très entourée par ma famille (j'ai 5
frères et sœurs et beaucoup de neveux et cousins) et je
m'occupe beaucoup de mes parents qui sont très âgés.
Leur santé m'inquiète un peu depuis quelque temps. Et
vous ? Êtes-vous très entouré par votre famille ?
Répondez-moi !
Diana

■ Partie « Exercez-vous »

1 *Je suis sensible à la façon dont la personne s'exprime. Je*
fais attention à sa manière de me regarder. Je m'efforce de
paraître détendu. Je me préoccupe beaucoup des petits
détails : est-ce que sa chemise est propre, ses vêtements
soignés, etc. Je m'oblige à me souvenir des moindres
détails de la conversation. Je suis attentif aux mots qu'elle
utilise pour parler de sa vie.

Les lieux de rencontre

16 % des couples mariés se sont rencontrés dans
un bal,
13 % dans un lieu public,
12 % au travail,
9 % chez des particuliers,
8 % dans des associations,
8 % pendant leurs études,
7 % au cours d'une fête entre amis,
5 % à l'occasion d'une sortie ou d'un spectacle,
5 % sur un lieu de vacances,
4 % dans une discothèque,
3 % par connaissances anciennes ou relation de voi-
sinage,
3 % dans une fête publique,
1 % par l'intermédiaire d'une annonce ou d'une
agence.

(Francoscopie, Larousse, 1999)

■ Objectifs

Communication
Se faire préciser, interpréter, expliquer dans le but de discuter.

Grammaire
Construire une argumentation.

Prononciation
Mettre en valeur l'objet de l'action.

Vocabulaire
• un citoyen, la concertation, la consommation, un contrat, la coopérative, une dégradation, une denrée, le développement, l'exploitation, la grève, le partenariat, un pseudonyme, la rémunération, un salarié, le sort
• accueillir, concerner, constater, craindre, dénoncer, menacer, inquiéter, s'interroger, inviter, participer
• alimentaire, artisanal, bénévole, civil, décent, solidaire, local

Apports culturels
Les tendances altermondialistes : le commerce équitable, Artisans du monde, Médecins sans frontières.

■ Découverte des documents

1 Leurs domaines.

• Doc. 1 : *Aide et Action s'intéresse à l'éducation des enfants (les écoliers sont les enfants qui vont à l'école) dans le monde entier.*
• Doc. 2 : *Artisans du Monde s'intéresse aux produits fabriqués par les artisans et aux produits agricoles non industriels.*
• Doc. 3 : *MSF intervient dans les situations de crise (guerres, épidémies, etc.) pour soigner les populations touchées par ces tragédies humaines.*
• Doc. 4 : *Le commerce équitable fait vendre dans le Nord les objets fabriqués par les artisans du Sud de manière à permettre à ces artisans de vivre dignement de leur travail.*

2 Leurs objectifs.

• Doc. 1 : *éduquer les enfants en soutenant leur scolarité.*
• Doc. 2 : *faire acheter des produits non industriels.*
• Doc. 3 : *soigner les êtres humains les plus fragiles face à la maladie et à la souffrance.*
• Doc. 4 : *promouvoir dans le Nord un commerce respectueux du travail effectué dans le Sud.*

3 L'exercice peut être étendu par groupe à tous les documents.

Relevé des expressions qui, dans chaque document, révèlent :
• un esprit mondialiste :
– Doc. 1 : *du monde*
– Doc. 2 : *du monde, Planet'ère*
– Doc. 3 : *sans frontières*

Aide et Action

Cette association a été créée en 1981.
Son objectif est d'aider les pays en développement à prendre en charge leur propre développement.
Pour cela, l'association accorde une priorité à l'enseignement dans ces pays, en particulier à l'enseignement primaire et à l'éducation de base, de façon que les communautés acquièrent les bases indispensables leur permettant progressivement d'exercer cette prise en charge.
La sensibilisation du public à ces objectifs est faite par tous les moyens autorisés par la loi, notamment par différentes formules de parrainage.
L'activité de l'association est libre de toute attache politique et religieuse. L'association s'interdit toute activité dans ce domaine.
Pays d'intervention : Bénin, Guinée, Niger, Sénégal, Togo, Inde, Haïti, Madagascar, Rwanda, Tanzanie, Burkina Faso, Cambodge.
Projets : Projets éducatifs au : Bénin, Guinée, Niger, Sénégal, Togo, Inde, Haïti, Madagascar, Rwanda, Tanzanie, Burkina Faso, Cambodge.

– Doc. 4 : *développement des pays du Sud*
• une autre relation entre producteurs et consommateurs :
– Doc. 1 : *Aide et action*
– Doc. 2 : *fête, journée festive*
– Doc. 4 : *consommation citoyenne et solidaire*

Artisans du Monde

ADM est une association qui agit depuis 1974 pour un développement durable par la promotion d'un commerce équitable entre pays du Nord et du Sud. Répartis sur l'ensemble de la France, les 115 associations locales ADM et les 15 membres associés vendent des produits artisanaux et alimentaires venant d'Afrique, d'Asie et d'Amérique latine, permettant à des dizaines de milliers de paysans de vivre dignement de leur travail. En 2002, le réseau a réalisé un chiffre d'affaire de 6,3 millions d'euros.

Médecins sans frontières

MSF est une organisation humanitaire médicale d'urgence créée en 1971 à Paris par des médecins et des journalistes. Devenue depuis un mouvement international, l'association s'est donné pour mission de venir en aide à des populations en détresse.
MSF apporte une assistance médicale aux populations qui subissent une crise. Au-delà des interventions en urgence, MSF mène des programmes d'accès aux soins et de lutte contre les maladies infectieuses.
La liberté d'action de MSF s'appuie sur son indépendance financière obtenue grâce à des fonds privés recueillis auprès de ses donateurs.

Qu'est-ce que le commerce équitable ?

C'est un partenariat commercial, fondé sur le dialogue, dont l'objectif est de parvenir à une plus grande équité dans le commerce mondial. Il contribue au développement durable en offrant de meilleures conditions commerciales et en garantissant les droits des producteurs et travailleurs marginalisés, tout particulièrement dans le Sud de la planète.
Les organisations du commerce équitable s'engagent activement à soutenir les producteurs, sensibiliser l'opinion et mener campagne en faveur des changements dans les règles et pratiques du commerce international conventionnel.

• la promotion de produits non industriels :
– Doc. 2 : *produits du terroir, marché paysan et bio, « de la terre à la table »*
– Doc. 4 : *denrées artisanales, petits producteurs, coopératives de producteurs*
• la volonté d'éduquer le consommateur :
– Doc. 2 : *pour une information, « consommons autrement »*

– Doc. 4 : *vous participez au développement des pays du Sud*

■ Partie « Donnez votre point de vue »

Ces 3 questions peuvent donner lieu :
– soit à une série d'interviews dans la classe : chaque élève interviewe 2 ou 3 camarades. Les réponses obtenues sont ensuite présentées à la classe par les interviewers ;
– soit à une activité en groupes de 3. Les réponses sont retransmises oralement à la classe par un porte-parole de chaque sous-groupe.

■ Partie « Exercez-vous »

1 Complétez.
a. protester
b. constater
c. s'inquiéter
d. dénoncer
e. menacer
f. s'interroger
g. craindre

2 Choisissez un domaine.
Domaine : la pollution
*Je **proteste** depuis 10 ans **contre** la pollution des eaux de rivière. En effet je **m'inquiète** beaucoup **pour** la vie aquatique : la flore et la faune. Des centaines d'espèces sont **menacées**. On **constate** une dégradation continue de notre patrimoine naturel. Je **crains** que cette dégradation nous prive de nos ressources en eau douce. Je **dénonce** ce manque de clairvoyance et je **m'interroge sur** l'intelligence de nos gouvernements.*

3 Mettez en valeur.
– *Pour assurer un développement durable, il faut préserver les sols.*
– *Il est nécessaire de garantir des prix décents aux pays du Sud.*
– *Il convient de préférer une consommation citoyenne et solidaire.*
– *Il est important de favoriser le développement local.*
– *Il est souhaitable de mettre en place une concertation internationale.*

■ Prononciation et mécanismes

Exercice 30. Mettre en valeur l'objet de l'action.
• Garantir une juste rémunération
→ Il faut garantir une juste rémunération.
• Prendre soin de l'environnement
→ Il faut prendre soin de l'environnement.
• S'occuper des conditions de production
→ Il faut s'occuper des conditions de production.
• Mettre en place des partenariats
→ Il faut mettre en place des partenariats.

- Dénoncer le travail des enfants
→ Il faut dénoncer le travail des enfants.
- Interpeller les pays riches
→ Il faut interpeller les pays riches.

■ **Partie « Engagez-vous »**

1 Pour revoir la « lettre de demande d'information », on pourra se reporter aux pages 22 et 23 du livre de l'élève.

Ben Altermont
Faubourg du Lac 99
Case postale 128
2501 Biel/Bienne
Suisse

Artisans du Monde
Maison de la vie associative
2, boulevard Joliot-Curie
01006 Bourg-en-Bresse

Objet : en savoir plus

Bienne, le 23 octobre 2003

Chers Artisans du Monde,

Une amie française m'a transmis vos coordonnées à Bourg-en-Bresse et je vous écris car votre association m'intéresse. En effet, je m'inquiète beaucoup de la pauvreté dans les pays situés au Sud de notre planète et, surtout, je constate que les inégalités entre le Nord et le Sud augmentent chaque jour. Je m'interroge donc sur les actions que je peux mener et souhaite en savoir plus sur votre association.

Très cordialement,
Ben

---

2 La lettre d'invitation.

Collectif « Tous solidaires »
1, place du marché
Pointe-à-Pitre
Guadeloupe 97000.

Artisans du Monde
Maison de la vie associative
2, boulevard Joliot-Curie
01006 Bourg-en-Bresse

Objet : Invitation

Pointe-à-Pitre, le 2 octobre 2003

Chers Artisans du Monde,

Nous sommes un groupe de lycéens de Terminale (vous trouverez ci-joint le journal que nous réalisons dans notre lycée), et serions heureux de vous accueillir les 12 et 13 février prochains à l'occasion de la journée « Tous solidaires » que nous organisons avec le soutien des Affaires culturelles et du Service Jeunesse de Pointe-à-Pitre.

Au cours de ces deux journées, placées en pleine période de Carnaval, nous souhaitons convaincre les jeunes, les habitants et les touristes de l'intérêt de votre action.

Nous ferons tout ce qui est possible pour vous assurer le meilleur accueil : hébergement, restauration, contacts avec la radio et la télévision, défilés, etc.

Nous attendons votre réponse et vous donnerons plus de détails sur notre projet dans les prochaines semaines.

Dans cette attente, nous vous prions d'agréer, chers Artisans du Monde, l'assurance de nos salutations les plus solidaires.

Le groupe « Tous solidaires »

Corrigé du bilan 3

1. a. Dans
b. Au cours des ; en
c. En ; À partir des
d. Depuis

2. a. Je suis préoccupé par…
b. J'ai peur de… ; Je crains…
c. Il faut faire attention à… ; Je redoute…

3. f. – **c.** – **e.** – **b.** – **d.** – **a.**

4. a. Oui, je m'en préoccupe.
b. Oui, j'y suis attentif.
c. Oui, je m'y efforce.

d. Oui, j'y suis sensible.
e. Oui, je m'y oblige.

5. a. faux – **b.** vrai – **c.** vrai – **d.** faux – **e.** vrai –
f. faux.

6. a. Les besoins de la population ont largement
été sous-estimés par ceux qui ont construit le
réservoir d'eau.
b. Il est absolument nécessaire que nous construi-
sions un nouveau réservoir.
c. Il est urgent d'utiliser les techniques les plus
modernes afin d'aller vite.
d. Il faudra passer par un contrat de partenariat
avec une société locale.

Unité 4

Travailler

Présentation de l'unité

Avec l'unité 4, on entre dans le « monde du travail » et le problème de la cohérence entre :
• projet de vie et projet professionnel (4(1) ; 4(2)) ;
• choix d'un métier et personnalité individuelle (4(3)) ;
• intérêt individuel et intérêt collectif (4(4) ; 4(5)).
Au fil des leçons, ce thème est mis en scène dans diverses situations de communication dans lesquelles différents actes de parole sont proposés :
• en situation d'entretien de recrutement : exprimer son aspiration au changement, sa satisfaction et ses insatisfactions (4(1)) ;
• en situation de rencontre : exprimer des avis et donner des conseils (4(2)) ;
• en situation de jeu de société : parler de ses activités et de son comportement (4(3)) ;
• en situation de débat contradictoire : envisager des conséquences et exprimer une opposition (4(4)) ;
• en situation de conception de projet : diagnostiquer et résoudre des problèmes d'organisation du temps (4(5)).

Observation collective de la page 43

• Commentaire de la photo
• Quels sont les mots que vous associez à cette image ? (Notez tous les mots qui vous viennent à l'esprit pendant 2 minutes.)
Les étudiants énumèrent les mots qu'ils ont trouvés.
On les classe en :
– mots concrets : moto, femme, casque, circulation, éviter les bouchons... ;
– idées : force, volonté, virilité/féminité, rapidité, ne pas perdre de temps, autonomie, Amazone ;
– sentiments vis-à-vis de la photo : envie, rejet, admiration, identification.
• Quelles évolutions culturelles sont exprimées par cette photo ?
→ La moto a longtemps été réservée aux hommes, les femmes montant à l'arrière. Aujourd'hui, les femmes doivent prendre les choses en main, décider, se déplacer aussi vite que les hommes. Cette photo symbolise le fait que les femmes sont autonomes.
• Quel est le lien entre cette photo et le thème de l'unité 4 ?
→ Travailler aujourd'hui, c'est synonyme d'initiative, de rapidité, de réactivité, de déplacement...

• Commentaire des objectifs de l'unité
Que signifie « travailler » pour vous ? Où commence et où finit le travail ?
Quel est le travail idéal ?
Quelle place a le travail dans votre vie ?
Quelle place a l'étude du français dans vos projets professionnels ?

Décrire un changement

■ Objectifs

Communication
Décrire un changement de vie professionnelle et une aspiration à une meilleure qualité de vie.

Grammaire
Exprimer son insatisfaction, ses aspirations et sa satisfaction en situation d'entretien.

Prononciation
• Les noms de métier
• Exprimer sa satisfaction ou son ras-le-bol
• Exprimer le refus

Vocabulaire
• un ouvrier, une chaîne, un rythme, une zone, une implantation, la plomberie, l'ardeur, une sélection, un fondateur, la détermination, la pondération, un coup de tête, la comptabilité, la chorale, un accompagnateur, un circuit touristique, une assistante sociale, un employé de la poste, un moniteur de ski, un architecte d'intérieur, une aspiration, un tournant, un parcours du combattant, en dents de scie, l'Agence nationale pour l'emploi, la langue de bois
• rural, artisanal, comparable, sociable
• se détraquer, se crever (fam.), franchir, tenter, décider, freiner, se planter, plaquer (fam.), saturer, redémarrer, se réaliser, être comblé, prendre la clé des champs, poser ses valises, se remettre à niveau, faire le tour d'une profession, en avoir « ras le bol », en avoir marre, faire le point, faire quelque chose de sa vie, trouver sa voie

Apport culturel
Mutations du travail et choix de vie.

Dans cette leçon, on répartira le temps entre la compréhension écrite (de l'article), la compréhension orale (du reportage) et la production orale (le jeu de rôles). C'est dans le cadre du jeu de rôles que les étudiants utiliseront le tableau grammatical pour exprimer, en situation d'entretien, leurs aspirations au changement.

■ Partie « Découvrez l'article »

1 Les synonymes

a. tout quitter sans réfléchir
b. une série d'épreuves
c. partir
d. maîtriser son enthousiasme
e. échouer
f. étudier

2 Les différentes étapes du changement de vie des Sainson

Étape 1 : Les Sainson veulent changer de vie.
Étape 2 : Ils décident d'appeler le Sicler pour s'installer à la campagne.
Étape 3 : Ils passent une série de tests d'évaluation, de motivation, de logique et rencontrent un psychologue.
Étape 4 : Les Sainson passent avec succès la sélection du Sicler.
Étape 5 : Remise à niveau en plomberie (pour Éric) et en comptabilité (pour Évelyne).
Étape 6 : Coup de foudre pour le village de Larrazet.
Étape 7 : Déménagement de la famille Sainson en août 1999.
Étape 8 : Le 12 novembre 1999, le jour même des quarante ans d'Éric, l'entreprise Sainson voit le jour.
Étape 9 : 2001 : le bilan est positif à tous points de vue.

3 Qualité de vie avant et après le départ

	Éric à Romorantin	Éric à Larrazet
Le travail	*Ouvrier à la chaîne, une semaine de 5 h à 13 h 30/une semaine de 13 h 30 à 22 h. Rythme harassant.*	*Il est son propre patron, à la tête d'une entreprise artisanale de plomberie-chauffage. Salaire identique mais qualité de vie incomparable.*
La vie de famille	*Il n'avait plus de vie de famille...*	*Il est devenu sociable...*
La vie sociale	*Il n'avait pas de vie sociale : il était crevé, sa santé détraquée...*	*Il s'est inscrit au foot. Le courant passe...*
Les enfants	*Il ne voyait pas ses filles...*	*Il passe du temps avec ses filles...*

■ Partie « Jouez la scène »

Le psychologue du Sicler reçoit en entretien pendant 15 minutes Éric et/ou Évelyne. L'objectif de l'entretien est d'explorer leurs chances de réussite qui reposent sur leur motivation, leur détermination mais aussi leur pondération (c'est-à-dire leur équilibre et leur lucidité).

Jeu de rôles

Types de questions :

Que savez-vous de notre organisme le Sicler ?

Pourquoi vous êtes-vous adressés à nous ?

Qu'attendez-vous de nous ?

Pourquoi est-ce que vous voulez quitter Matra ?

Qu'est-ce qui n'est pas satisfaisant pour vous actuellement ?

Quel est votre projet ?

Comment pensez-vous réaliser votre projet ?

Vous avez préparé votre départ ? Qu'en pensent votre épouse et vos enfants ?

Quelles sont les qualités humaines nécessaires pour s'intégrer dans un village ?

Que ferez-vous si vous échouez ?

■ Prononciation et mécanismes

Exercice 31. Reformulez sur le même modèle.

• Tu sais, il travaille dans l'informatique.

– Ah ! oui ! il est informaticien.

• C'est lui qui défend les gens au tribunal.

– Ah ! oui ! il est avocat.

• C'est lui qui m'a appris à faire du ski

– Ah ! oui ! il est moniteur de ski.

• La décoration de l'appartement, c'est lui qui l'a refaite.

– Ah ! oui ! il est décorateur.

• Tu sais, il accompagne des groupes sur des circuits touristiques.

– Ah ! oui ! il est guide.

• Elle s'occupe beaucoup des gens qui sont en difficulté.

– Ah ! oui ! elle est assistante sociale.

Exercice 32. Exprimer sa satisfaction ou son ras-le-bol.

• Avouer qu'on atteint ses limites

→ Je n'en peux plus.

• Exprimer son ras-le-bol

→ J'en ai ras le bol.

• Avouer son envie de partir

→ J'ai envie de tout laisser tomber.

• Avouer ne plus rien supporter

→ Je ne supporte plus rien.

• Exprimer la pleine réalisation de soi

→ Je me réalise pleinement.

• Dire qu'il n'y a rien de mieux

→ Je suis comblé.

Exercice 33. Expression du refus.

Écoutez.

Le côté « costume cravate » et « langue de bois », j'en veux plus.

Répétez.

• Partir avec lui ? Impossible !

• Tu n'en veux pas ? Eh bien tant pis !

• Toutes ces supplications ? À d'autres !

• Et surtout, qu'elle compte pas sur moi ! Qu'elle le fasse toute seule.

■ Partie « Découvrez les reportages »

1 *Frédéric ne veut plus exercer le métier de commercial, il a atteint ses limites : il en a ras le bol de porter des costumes et des cravates. Il veut se rendre utile et faire quelque chose de sa vie.*

2 *Les 8 interviewés : Fernando, Nathalie, Claire, Nelson, Yasmina, Babakar, Luc, Andrea.*

Racontez un « nouveau départ »

En groupe, choisissez un personnage exerçant un métier pénible.

Imaginez son mode de vie, son « ras-le-bol », ses aspirations, sa décision de « tout plaquer ».

Imaginez qu'on lui a offert la « chance de sa vie »…

Présentez votre récit aux autres groupes.

■ Objectifs

Communication
Raconter son expérience, exprimer des avis et donner des conseils sur son projet professionnel et celui des autres.

Grammaire
Ne pas nommer le sujet du verbe.

Prononciation et mécanismes
• S'exprimer sans nommer le sujet
• Suggérer
• Opposition [v] / [f]

Vocabulaire
• une galerie, un tournage, un assistant, un créneau, un ingénieur, le parachute, l'ULM, l'escalade, un réseau, un distributeur, un représentant, un stock, une facture, une banque d'images, le boom
• sabbatique, agronome
• se plonger, s'embarquer, fonder, consacrer, relativiser, s'abstenir, s'expatrier, refléter, apprendre sur le tas, trouver un emploi, avoir un mal fou, s'en sortir

Apport culturel
Les Français à l'étranger.

Le support déclencheur de cette leçon est l'article qui fournit la matière nécessaire à l'ensemble des activités.

■ Découvrez le texte

1 L'itinéraire des deux frères
– À 30 ans, départ d'Alain pour un tour du monde.
– Séjour en Asie.
– Il s'installe au Mexique.
– Pendant 2 ans, il exerce divers métiers (pâtissier, photographe et assistant sur quelques films).
– Séjour de son frère Patrick : ils décident de fonder une société avec 2 activités : la carte postale et une banque d'images.
– Ils deviennent photographes en sillonnant le pays et en réalisant plusieurs collections de photos.
– Ils mettent en place un réseau de distribution et deviennent le numéro 1 de la carte postale mexicaine.
– Ils placent les photos de leur banque d'images dans des agences de pub et des magazines.

2 ligne 9 : De passions en rencontres
ligne 22 : Se former sur le tas
ligne 52 : Une qualité de vie incomparable

3 L'objectif
L'objectif de cet article paru dans le magazine *Français à l'étranger* est de mettre en valeur l'expérience d'Alain et Patrick Gilberstein et, à travers eux, de montrer que les Français peuvent réussir leur intégration à l'étranger, tant sur le plan culturel qu'économique.

4 Type de texte
Ce texte est à la fois le récit d'une histoire (qui s'est déroulée sur 13 ans) et une explication : la journaliste donne tous les éléments permettant de comprendre les motivations, les moyens et les résultats de ce projet.

5 Le titre
« Un destin de carte postale », signifie un destin idyllique. En effet, on dit « un paysage de carte postale » pour désigner un endroit magnifique. C'est donc un bon titre puisque Alain et Patrick sont très satisfaits de leur vie au Mexique. De plus, les cartes postales occupent une fonction très importante dans leur destin : c'est grâce à elles que leur vie (professionnelle et personnelle) est aussi réussie.

■ Partie « Exercez-vous »

Ces exercices doivent être réalisés avec le tableau « Ne pas nommer le sujet du verbe ». On pourra également se reporter au tableau de la page 171 pour une révision du subjonctif.

1 Complétez les phrases
je fasse un tour du monde... je travaille... nous trouvions un créneau... il a fallu que nous parcourions tous les lieux touristiques... il n'était pas certain que nous puissions distribuer nos photos... il est certain que j'ai une meilleure qualité de vie qu'à Paris... Il est agréable d'avoir une vie sociale plus importante... Il est peu probable que je rentre à Paris...

2 Les conseils

a. *Il est important que vous ayez une expérience de l'étranger.*

b. *Il est nécessaire d'être curieux.*

c. *Il est souhaitable que vous soyez bilingue.*

d. *Il faut que vous compreniez les mentalités du pays.*

e. *Il est utile que le cadre sache relativiser les choses et qu'il ait une vision internationale de l'entreprise.*

f. *Il faut savoir écouter les autres.*

3 Les pronoms indéfinis (cf. tableau p. 165)

a. *Quiconque ou Je ne sais qui / Un petit mot adressé à un enfant laissé seul à la maison.*

b. *Qui que ce soit / Dans le cadre d'une leçon d'éducation civique.*

c. *Celui qui / Dans une lettre écrite par un sédentaire à un ami en voyage.*

d. *Quelque chose / Une conversation au sujet d'une amie commune.*

e. *Celui-ci / Dans un bus : conversation entre deux collègues revenant du travail.*

f. *Quiconque / Une mère à un enfant qui vient de voler quelque chose.*

g. *N'importe où / En réponse à la question « où est-il ? »*

h. *N'importe qui / Commentaire d'un juge à propos d'un prisonnier*

■ Prononciation et mécanismes

Exercice 34. S'exprimer sans nommer le sujet du verbe.

Utilisez : ***il est conseillé, nécessaire, indispensable, préférable, souhaitable...***

• Il faut travailler plus, c'est une nécessité.

→ Il est nécessaire de travailler plus.

• Il vaut mieux tout arrêter maintenant, c'est préférable.

→ Il est préférable de tout arrêter maintenant.

• Il faut différer la réalisation du film, si c'est possible.

→ Il est souhaitable de différer la réalisation du film.

• Il faut absolument créer les conditions de la réussite.

→ Il est indispensable de créer les conditions de la réussite.

• Il vaut mieux rentrer, c'est préférable.

→ Il est préférable de rentrer.

• Il faut absolument réduire les risques.

→ Il est indispensable de réduire les risques.

Exercice 35. Suggérer.
Écoutez.

Parle plus doucement, si tu étais à l'étranger, tu aimerais qu'on te parle plus doucement.

Répétez.

• Si tu les connaissais mieux, tu ne parlerais pas d'eux comme ça.

• Si tu les voyais plus souvent, on aurait des relations plus amicales.

• Si tu écoutais un peu ce qu'on te dit, tu ne ferais pas toujours les mêmes erreurs.

• Si tu voyageais un peu plus, tu aurais une autre vision du monde.

Exercice 36. Distinguez [v] / [f].
Écoutez.

Je voulais faire un métier intellectuel.

Distinguez les sons [v] et [f].

La profession d'orthophoniste favorise le travail en équipe.

C'est une profession en relation avec la voix.

C'est aussi une profession qui aide à développer chez les individus la faculté de communiquer.

■ Partie « Partagez vos points de vue »

Pour introduire cette activité, on demandera aux étudiants d'imaginer quelles pouvaient être les motivations d'Alain et de Patrick pour quitter la France :

→ Alain souhaitait rompre la routine, élargir son horizon, découvrir le monde, faire des photos, profiter de sa jeunesse, faire des rencontres, etc.

→ Patrick venait rejoindre son frère, et, un jour... il est peut-être tombé amoureux ! En tout cas, il a voulu s'installer lui aussi dans ce pays pour y développer une activité, apprendre un nouveau métier, etc.

On formera ensuite des petits groupes et on leur proposera de réfléchir ensemble en utilisant les idées ci-dessous.

Cherchez vos motivations

En petits groupes, répondez chacun à votre tour aux questions suivantes :

• 1re question. Quels sont ceux qui ont déjà une expérience internationale (voyages, séjours d'études, séjour professionnel, etc.) ? Qu'est-ce qu'ils en pensent ? Ont-ils envie de recommencer ? Dans quel cadre ? Dans quel(s) but(s) ? Quels conseils donnent-ils aux autres ?

• 2e question. Parmi ceux qui n'ont pas ce type d'expérience : est-ce qu'ils aimeraient avoir une telle expérience ? Dans quel cadre ? Dans quel(s) but(s) ? Dans quel(s) pays ?

<table>
<tr>
<td>

Unité 4

Pages 48-49 | **Leçon 3**

</td>
<td>

Parler de ses activités

</td>
</tr>
</table>

■ Objectifs

Communication
Parler de ses activités et de son comportement en jouant à un jeu de société.

Grammaire
Utiliser les verbes exprimant les compétences.

Prononciation
Nommer les qualités d'une personne.

Vocabulaire
• une manipulation, l'endurance, la régularité,

un domaine, une vocation, une appartenance, la combativité, la gestion, la rééducation, un orthophoniste, une hiérarchie, un accidenté, un répit, une suppression
• chaleureux, participatif, réactif, structuré
• être à l'aise, manier, accroître, attirer, adapter, bricoler, faire ses comptes, prendre des initiatives, relever un défi, se conformer, écrire noir sur blanc

Apport culturel
Les Français et leurs compétences professionnelles.

■ Déroulement de la leçon

Cette leçon est organisée comme un jeu de société et se déroule en 4 temps :
• **1ᵉʳ temps**
« Découvrez le document » : les étudiants prennent connaissance des cartes, complètent le jeu en imaginant une 7ᵉ famille et associent des professions. Chacun choisit sa ou ses « famille(s) » (« Partagez vos points de vue »), et tous ensemble, ils situent Audrey dans ces familles (« Écoutez le reportage »).
• **2ᵉ temps**
« Jouez en groupe » : les étudiants associent les compétences indiquées (tableau de la page 49 et textes des cartes) aux 7 métiers.
• **3ᵉ temps**
Rédigez un questionnaire d'enquête : « À quelle famille est-ce que vous appartenez ? »
On divise la classe en 7 groupes. Chaque sous-groupe choisit une famille et rédige un questionnaire auquel les autres répondent individuellement.
• **4ᵉ temps**
Les questionnaires remplis sont remis à chaque sous-groupe qui compte les réponses concernant sa famille. La « famille » dominante dans la classe sera donc celle qui aura recueilli le plus de réponses positives.

■ Partie « Découvrez le document »

1 *a.* 4 les sociaux
b. 3 Les artistiques
c. 5 les entrepreneurs
d. 2 les investigatifs
e. 1 les réalistes
f. 6 les conventionnels

2 *Famille 7 : les rêveurs.*

3 *Le rêveur est à l'aise lorsqu'il a les pieds sur terre et la tête dans les nuages. Indépendant et contemplatif, il pourrait passer des heures à se promener, à regarder les plantes pousser, à observer un visage, un tableau, un fleuve, une étoile, ou encore à écouter les bruits, les sons… Il recherche des professions qui lui permettent de s'adonner à sa passion : observer le ciel, les paysages, les nuages…*
« Mon plus grand plaisir est de prendre un avion et de passer de longues heures à observer le ciel derrière le hublot. »

4 Professions

1 → agriculteur, maçon, jardinier, conducteur de train, dentiste, ingénieur, caméraman, facteur.
2 → bibliothécaire, documentaliste, chercheur, détective, chirurgien, reporter.
3 → comédien, instituteur, éditeur, avocat, photographe, journaliste, homme politique.
4 → enseignant, animateur, infirmier, médecin, directeur des ressources humaines, metteur en scène.
5 → directeur commercial, steward, manager, patron, président d'un parti politique, général.
6 → comptable, gérant, secrétaire administratif, commerçant.
7 → peintre, astronaute, pilote, physicien, astrologue, bassiste, ingénieur du son.

■ Partie « Écoutez le reportage »

1 Vrai ou faux ?
a. V – b. F – c. F – d. F – e. V – f. V.

2 Les activités d'Audrey

Orthophoniste	Chorale	Internet
Ce métier correspond à ce qu'elle aime : la voix, le langage, le chant, une gymnastique de l'esprit. Ce métier offre une grande mobilité, beaucoup de liberté et n'impose aucune hiérarchie.	*La chorale lui a permis de faire des voyages et de rencontrer beaucoup de monde. Le chant est reposant, relaxant.*	*Avec Internet, elle a rencontré des gens différents et s'est ouverte à d'autres façons de vivre. Avec le « chat », elle analyse sa vie en l'écrivant noir sur blanc.*

3 *Audrey appartient à 3 familles :*
– les investigatifs : elle est curieuse, utilise son intellect et aime avoir une « gymnastique de l'esprit » ;
– les artistiques : elle fait du piano, chante et souhaite continuer à s'exprimer à travers son art ;
– les sociaux : elle aime être en contact avec les gens pour les aider à surmonter leurs difficultés au niveau de leur capacité d'expression.

■ Prononciation et mécanismes 🎧

Exercice 37. Vous décrivez les qualités d'une personne, dites-le autrement.

• Il n'a pas peur du changement.
→ Il s'adapte.

• Il fait bien circuler l'information.
→ Il communique.
• Il n'attend pas que vous lui disiez ce qu'il doit faire.
→ Il anticipe / il prend des initiatives.
• Il n'a pas toujours besoin de vous demander comment il doit faire.
→ Il est autonome.
• Vous lui dites de faire quelque chose, il le fait vite et bien.
→ Il est efficace.

■ Partie « Jouez en groupe »

Le petit encadré de la page 49 et le texte de chaque carte du jeu des 7 familles aideront les étudiants à faire cette activité.

Infirmier	*Maîtriser son stress, garder son sang-froid, avoir le sens de l'effort, être disponible, aider les autres, avoir une bonne écoute, avoir de l'endurance, ressentir un besoin d'appartenance.*
Dessinateur	*Prendre des initiatives, décider, travailler en réseau, aimer le travail bien fait, s'exprimer dans ce qu'on fait, s'adapter à de nouvelles conditions, savoir utiliser sa créativité.*
Plombier	*Être efficace, être rigoureux, être adroit de ses mains, apprécier les activités physiques et techniques, savoir manier des outils, travailler avec régularité, aimer le travail bien fait, prendre des initiatives.*
Secrétaire	*Être disponible, s'adapter, apprécier la diversité, créer des relations, être souple, aimer le travail bien fait, se conformer à des règles, remplir des dossiers, établir un rapport, savoir organiser une réunion.*
Enseignant	*Communiquer, innover, manager, organiser un débat, créer des partenariats, animer un groupe, prendre des initiatives, avoir de l'endurance, exercer une influence sur les autres.*
Épicier	*Négocier, tenir ses objectifs, saisir les opportunités, avoir du goût pour le commerce, établir un budget, tenir ses comptes, gérer des contacts, prendre des initiatives.*
Pilote	*Anticiper, être autonome, être dynamique, être mobile, prendre des initiatives, avoir de l'endurance, relever des défis, s'adapter à de nouvelles conditions.*

■ Partie « Rédigez un questionnaire d'enquête »

Répondez par OUI ou par NON :
1. Est-ce que tu es réaliste ?
→ Est-ce que tu es à l'aise à la campagne ?
→ Est-ce que tu aimes travailler dans un atelier ?
→ Est-ce que tu aimes réparer des objets ?
→ Est-ce que tu es adroit de tes mains ?
→ Est-ce que tu aimes te servir d'outils ou de machines ?

Résultat : .... OUI/ .... NON

2. Est-ce que tu es investigatif ?
→ Est-ce que tu aimes les activités intellectuelles ?
→ Est-ce que tu aimes analyser des idées, des données ou des faits ?

→ Est-ce que tu aimes observer et comprendre des comportements ?
→ Est-ce que tu aimes apprendre ?
→ Est-ce que tu es rigoureux et méthodique ?

Résultat : .... OUI/ .... NON

3. Est-ce que tu es artistique ?
→ Est-ce que tu aimes t'exprimer à travers ton travail ?
→ Est-ce que tu es créatif ?
→ Est-ce que tu aimes le changement dans ton travail ?
→ Est-ce que tu t'adaptes facilement à de nouvelles conditions de travail ou de vie ?
→ Est-ce que tu pratiques un art ?

Résultat : .... OUI/ .... NON

4. Est-ce que tu es social ?

→ Est-ce que tu recherches le contact avec les autres ?
→ Est-ce que tu aimes informer, conseiller ou aider les autres ?
→ Est-ce que tu aimes les moments où tout le monde participe ?
→ Est-ce que tu aimes appartenir à un groupe ?
→ Est-ce que tu as déjà des activités de communication ?

Résultat : .... OUI/ .... NON

5. Est-ce que tu es entrepreneur ?

→ Est-ce que tu aimes prendre des initiatives ?
→ Est-ce que tu aimes exercer une influence sur les autres ?
→ Est-ce que tu es réactif ?
→ Est-ce que tu es combatif ?
→ Est-ce que tu aimes les relations d'affaire ou les activités commerciales ?

Résultat : .... OUI/ .... NON

6. Est-ce que tu es conventionnel ?

→ Est-ce que tu te sens à l'aise dans un bureau ?
→ Est-ce que tu te sens à l'aise dans une institution très structurée ?
→ Est-ce que tu apprécies les activités de comptabilité et de gestion ?
→ Est-ce que tu acceptes de te conformer à des règles ?
→ Est-ce que tu sais faire respecter les règles ?

Résultat : .... OUI/ .... NON

7. Est-ce que tu es rêveur ?

→ Est-ce que tu aimes contempler des paysages ?
→ Est-ce que tu aimes écouter les bruits ?
→ Est-ce que tu aimes voyager en solitaire ?
→ Est-ce que tu peux rester longtemps éveillé ?
→ Est-ce que tu peux rester silencieux pendant plusieurs heures au milieu des gens ?

Résultat : .... OUI/ .... NON

Unité 4		
Pages 50-51	**Leçon 4**	**Envisager des conséquences**

■ Objectifs

Communication
Envisager des conséquences et exprimer une opposition en situation de débat contradictoire.

Grammaire
Exprimer une opposition.

Prononciation
• Exprimer une conséquence inattendue
• Opposition [d] / [t]

Vocabulaire
• la Sofres, la mise en place, la courbe, la fréquentation, une escapade, la remise en forme, un constat, la fréquentation, la croissance, une initiative
• ultra-compétitif, endurant, entreprenant, globalement
• négocier, embaucher, impliquer, responsabiliser, accueillir, entraîner, laisser des plumes, crouler sous la demande

Apport culturel
Les Français face à la réduction du temps de travail.

■ Partie « Découvrez le document »

1 M. Rouet, le patron de l'usine, M. Chambont, le directeur des Ressources humaines, et Franck Verdot, le stagiaire, parlent de la réforme des 35 heures de travail hebdomadaires.

2 Leurs opinions sur la question des 35 heures (relire également le dialogue de la p. 26).

• M. Rouet veut connaître l'opinion de son stagiaire.
• Pour Franck, la négociation sur les 35 heures doit impliquer les employés. Selon lui, cette réforme va changer la manière de travailler : à l'avenir on travaillera moins, il faudra donc travailler mieux.
• Chambont n'a pas une opinion positive du passage aux 35 heures car, dans son usine, cela ne créera aucun emploi. Bien au contraire, il a peur que l'usine y « laisse des plumes », c'est-à-dire souffre de la réforme et fasse moins de profit.

3 Arguments pour et contre

Un chef d'entreprise : contre	Un ouvrier : pour	Un étudiant : pour
Les ouvriers travailleront moins et, comme nous ne pourrons pas embaucher de nouveaux ouvriers, nous n'atteindrons pas nos objectifs de production.	Le travail que nous ne pourrons pas faire sera fait par des collègues qu'il faudra bien recruter.	L'organisation du travail devra être globalement repensée : il faut que l'ensemble des acteurs participe à la réflexion.

4 *Pour Franck, dans l'entreprise de demain, il faudra organiser le travail différemment : travailler moins longtemps mais de manière plus efficace.*

5 Mise en scène

• *Tu es Chambont, le directeur des ressources humaines. Tu es très prudent et tu te méfies des idées et du dynamisme du jeune stagiaire.*

• *Tu es Franck. Tout d'abord, tu es mal à l'aise, timide, tu n'oses pas donner vraiment ton point de vue. Puis tu prends de l'assurance et tu vas exprimer tes convictions jusqu'au bout.*

• *Tu es Rouet, le patron. Tu es malin, tu veux savoir quelle est la position de ce stagiaire (qui est fils d'un de tes ouvriers) vis-à-vis des 35 heures. Tu le mets en confiance, tu l'écoutes avec attention, tu le fais parler.*

■ Partie « Écoutez le reportage »

1 *1. Sofres → **c**. société française de statistique*
*2. RTT → **e**. réduction du temps de travail*
*3. crouler sous la demande → **d**. être confronté à une demande énorme*
*4. la courbe de fréquentation → **b**. l'évolution des fréquentations*
*5. Nouvelles Frontières → **a**. une agence de voyages*

2 Leurs activités

– *activités familiales : s'occuper des enfants (exemple : les emmener à l'école), faire les courses tranquillement.*
– *activités sportives : faire du sport le matin ou à partir de 17 h, ou sur des demi-journées.*
– *activités touristiques : les escapades de 3 jours à Venise, Tunis ou Marrakech avec des départs le jeudi.*

■ Partie « Exercez-vous »

1 Bien que ou quoique

a. Quoique/Bien qu'on travaille moins, on est plus stressé.
b. Quoique/Bien que j'aie du temps libre, je n'ai pas de quoi me payer des loisirs.
c. Bien que/Quoiqu'on ait obtenu les 35 heures, on travaille plus intensément pour gagner autant.
d. Bien que/Quoiqu'il y ait eu une diminution du temps de travail, le nombre d'heures supplémentaires a augmenté.
e. Quoique/Bien que la loi sur les 35 heures soit critiquée, elle représente un progrès social.

2 Avoir beau

a. On a beau travailler moins, on est plus stressé.
b. J'ai beau avoir du temps libre, je n'ai pas de quoi me payer des loisirs.
c. On a beau avoir obtenu les 35 heures, on travaille plus intensément pour gagner autant.
d. On a beau avoir eu une diminution du temps de travail, le nombre d'heures supplémentaires a augmenté.
e. On a beau critiquer la loi sur les 35 heures, elle représente un progrès social.

■ Prononciation et mécanismes

Exercice 38. Exprimer une conséquence inattendue.

Remplacez « avoir beau » par « bien que ».
• Le nombre d'heures de travail a beau diminuer, il n'y a pas de création d'emplois.
→ Bien que le nombre d'heures de travail diminue, il n'y a pas de création d'emplois.
• Il a beau dire ne pas aimer le sport, il regarde tous les matchs à la télévision.
→ Bien qu'il dise ne pas aimer le sport, il regarde tous les matchs à la télévision.
• Elle a beau adorer son travail, elle n'emporte jamais de travail à faire à la maison.
→ Bien qu'elle adore son travail, elle n'emporte jamais de travail à faire à la maison.
• Ils ont beau être courageux, ils ne peuvent pas tout faire.
→ Bien qu'ils soient courageux, ils ne peuvent pas tout faire.
• Elle a beau partir tôt le matin, elle se couche toujours très tard.
→ Bien qu'elle parte tôt le matin, elle se couche toujours très tard.
• Il a beau ne pas être d'accord, il signera quand même.
→ Bien qu'il ne soit pas d'accord, il signera quand même

Exercice 39. Distinguez [d] / [t].
Écoutez.
Le temps des loisirs.

Distinguez les sons [d] et [t].
Le temps des loisirs c'est :
– plus de temps pour soi ;
– la découverte du plaisir de partir trois jours à Dublin ;
– davantage de travail partagé avec d'autres dans tous les domaines.

■ Partie « Échangez vos points de vue »

> ### En 110 ans, les Français ont gagné 5 heures de temps libre sur leur temps de travail
>
> • 1er mai 1890 : suite à une série de manifestations, les Français obtiennent « la journée des 8 heures ».
> • En 1936, le Front populaire fixe la durée légale de la semaine de travail à 40 heures.
> • Les Français commencent à revendiquer la semaine de 35 heures à partir de mai 1968.
> • En 1982, le gouvernement socialiste réduit la semaine de travail à 39 heures.
> • Janvier 2002 : la loi réduit la durée légale de la semaine de travail à 35 heures.

Objectifs

Communication
Diagnostiquer et résoudre des problèmes d'organisation du temps en concevant un projet.

Grammaire
Exprimer le temps.

Vocabulaire
• l'urgence, la tyrannie, l'immédiateté, la reconquête
• presser, bousculer, talonner, serrer de près

Apports culturels
• Les rythmes de vie dans les villes françaises
• Les citations de la sociologue Nicole Aubert, *Le Temps de l'urgence*, Penser la mutation, 2001.

Partie « Découvrez les documents »

a. • *Doc. 1 : une jeune femme quitte une gare TGV ou un aéroport.*
• *Doc. 2 : une sculpture de l'artiste Arman faite à partir d'horloges soudées les unes sur les autres et posées sur un socle, devant la gare Saint-Lazare à Paris.*
• *Doc. 3 : une femme conduit une grosse moto.*
• *Doc. 4 : une femme regarde les 7 rendez-vous de sa journée dans son agenda.*

b. Les personnages sont des femmes qui se déplacent d'un point à un autre de la ville.

c. Des horloges, une moto et un carnet de rendez-vous.

d. Chacun de ces documents renvoie à différents thèmes : le déplacement, le mouvement, la mobilité, la fuite du temps, la rapidité, les rendez-vous, les transports, les choses à faire...

Partie « Expliquez les citations »

On pourra tout d'abord attribuer une citation à chaque photo :
• *Photo 1* ➔ *Porté par le désir de réussir sa vie dans tous ses instants, « l'homme pressé » est le parfait représentant de l'individu contemporain.*
• *Photo 2 : les horloges* ➔ *Les individus sont pris entre l'« immédiateté » qui hache le présent et la reconquête d'un temps pour soi.*
• *Photos 3 et 4* ➔ *Plus ou moins délivrés des contraintes de l'espace, nous sommes livrés à la « tyrannie du temps » et à l'action dans l'urgence.*

Mots entre guillemets	Situations de la vie quotidienne :
« l'homme pressé »	*Dans une grande ville, tout le monde semble pressé, depuis le départ le matin, pour aller prendre un train, jusqu'au retour le soir. Les gens courent car ils sont pressés de « réussir (leur) vie dans tous ses instants ».*
« l'immédiateté »	*Tout doit être fait à l'instant même. Par exemple, si on a une question à poser à quelqu'un, on lui téléphone tout de suite pour avoir sa réponse sans délai.*
« la tyrannie du temps »	*Le temps dicte sa loi comme un tyran : nous essayons de nous libérer de cette tyrannie avec les moyens de transport et de communication. Par exemple, le courrier électronique est reçu immédiatement alors que le courrier postal nécessite un temps d'acheminement.*

Partie « Partagez vos points de vue »

1 Trouvez des situations
• rattraper le temps perdu :
➔ Quand on a été hospitalisé et qu'on n'a pas vu ses amis, pas été au cinéma, etc., pendant des semaines, on veut ensuite *rattraper le temps perdu.*

• prendre son temps :
➔ Lorsqu'on est en vacances, sans rendez-vous, sans contraintes, sans horaires à respecter, on peut *prendre son temps.*

• avoir un rythme d'enfer :
➔ Lorsqu'on doit remettre un rapport ou un projet et que l'on n'a que quelques jours pour le faire, on travaille

très vite, on ne dort plus, on ne mange plus, bref, on *a un rythme d'enfer.*

Faites lire aux étudiants le texte de la publicité pour Mobilis, p. 53, et demandez-leur d'expliquer le slogan : « Mobilis est en train de changer votre train quotidien ».

La publicité pour Mobilis

Sur cette publicité, une femme regarde son carnet de rendez-vous : elle est déjà allée à l'extérieur de Paris (à Fontainebleau et à Enghien), au centre de Paris (Concorde, Bastille). De là, elle doit se rendre à Montparnasse avant de repartir en banlieue, à la Défense puis à Ville-d'Avray !

Pour être à l'heure à ses différents rendez-vous, elle utilise l'ensemble des moyens de transport disponibles : les trains de banlieue, le RER, le métro et le bus.

Le slogan, « *Transilien est en train de changer votre train quotidien »,* exprime donc le message suivant : en achetant un billet Mobilis, on bouscule la routine (le train-train quotidien) et on assure tous ses rendez-vous en une seule journée en voyageant à travers toute l'Ile-de-France !

---

2 Relevez

Types de citadins	Problèmes	Besoins	Solutions mises en œuvre
Salariés, touristes, étudiants	Chaque habitant a des rythmes différents.	Gagner du temps.	Mise en place d'une concertation sur les temps urbains : forums de discussion.
Parents	Le fonctionnement des crèches n'est pas adéquat aux rythmes des parents.	Des horaires plus adaptés.	Assouplissement des horaires d'ouverture des crèches et création de crèches à temps partiel.
Personnes âgées	Les horaires des services municipaux de soins à domicile.	Avoir accès à ces services plus longtemps.	Prolongement des horaires en soirée, week-end et jours fériés.
Actifs	Les horaires des transports en commun.	Se déplacer la nuit.	Allonger les horaires après minuit.

■ Partie « Montez votre Agence pour la gestion du temps »

Après avoir relu et discuté le but de leur agence, présenté p. 52, les étudiants vont choisir une ville, se répartir les types de citadins ayant des problèmes spécifiques et présenter leurs solutions.

AGETEC : une Agence pour la GEstion du TEmps des Citoyens

• **Villes concernées :** Lyon, Marseille, Paris, etc.
• **Type de citadin(e)s :** les mères qui travaillent.
• **Besoins et problèmes :**
Alors que 80 % des femmes de 25 à 49 ans travaillent, les horaires des crèches, des transports en commun et des commerces ne sont pas modifiés ! Or, les femmes n'interrompent plus leurs activités à l'arrivée d'un enfant. De plus, elles veulent exercer des responsabilités professionnelles identiques à celles des hommes ! À la maison, elles assurent toujours 80 % du travail domestique et 65 % des activités avec les enfants. Pour pouvoir continuer à travailler quand elles ont des enfants, elles font face à trois problèmes majeurs : le manque de crèches, des horaires de crèche inadaptés à leurs horaires de travail et le financement des gardes d'enfant.
• **Inventions/solutions :**
Il faut travailler sur trois priorités dans nos villes.
Premièrement, développer les services aux familles ; il faut notamment que la garde des jeunes enfants soit réellement possible pour tous. Deuxièmement, il faut revoir en profondeur l'organisation du travail. Enfin, il faut impliquer encore plus les pères dans la vie familiale. On est sur la bonne voie puisqu'on constate déjà que la réduction du temps de travail incite les hommes à s'occuper davantage de leurs enfants !

Corrigé du bilan 4

1

Sainte-Rose, le 28 juillet 2003

Ma chère Béa,

Je t'écris pour t'annoncer que je vis maintenant en Nouvelle-Calédonie. Ces derniers temps, je n'étais pas très heureux à Lille : le climat devenait insupportable (tu sais que j'aime avoir chaud !), j'étais trop occupé par mon travail pour rencontrer des gens nouveaux et je n'avais plus de loisirs ! Par ailleurs, mes conditions de travail se dégradaient : je ne m'entendais pas bien avec la nouvelle équipe et, depuis que tu as quitté l'entreprise, ce n'est plus aussi convivial.

Aux dernières vacances, je suis donc allé me promener en Nouvelle-Calédonie et je suis tombé amoureux d'un joli coin. Eh bien figure-toi qu'un de nos anciens camarades de l'université (tu te souviens sans doute de Clément Doriac !) va y ouvrir un restaurant et qu'il a besoin d'un bon gestionnaire ! Tu te rends compte ! Moi qui rêvais d'une vie plus tournée vers la nature, les contacts humains ! J'ai réfléchi tout l'été et puis, en septembre, j'ai donné ma démission et me voilà installé dans ma nouvelle vie : le travail est très cool, le pays est magnifique et je prends enfin le temps de vivre ! Tu es la bienvenue quand tu veux ! Au fait, le restaurant s'appelle : « Le coq en pâte » !

Écris-moi. Xavier se joint à moi pour t'embrasser.
Marc.

2 • Attention ! Bien qu'on y trouve facilement un emploi, il est souvent difficile de s'en sortir avec un petit salaire.

• Quoi qu'on te propose, tu devras toujours essayer de gagner plus !

• Bien qu'il y ait un boom économique, je constate pour ma part une paupérisation de la communauté française en Irlande.

• Ils ont beau être bien adaptés, ils ont encore beaucoup d'efforts à faire pour s'ouvrir aux autres.

• Bien qu'ils soient appréciés, ils devraient s'abstenir de se comporter comme s'ils étaient en terrain conquis !

3 b. Il est possible que les ouvriers n'approuvent pas la suppression des heures supplémentaires.
c. Il est nécessaire que tout le personnel soit consulté.
d. Il n'est pas sûr que nous puissions recruter.
e. Il est important que nous ayons une période d'adaptation.

4 a. Il est chaleureux.
b. Elle est adroite.
c. Il est endurant.
d. Elle est entreprenante.
e. Il est sensible.
f. Il est rigoureux.

Unité 5

Créer

Présentation de l'unité

Cette unité se veut consacrée à l'exploration des univers de la création.

On apprendra à débattre autour d'un problème en prenant position pour ou contre (5 (1)), à analyser et produire une publicité (5 (2)), à caractériser un objet en donnant des détails (5 (3)), à analyser un récit littéraire (5 (4)), à réfléchir sur le lexique et à donner des définitions (5 (5)).

On abordera les thèmes de la mondialisation du commerce et des problèmes que cela pose (5(1), 5(4)), de la publicité (5(2), 5(3)), du design (5(3)), du langage des jeunes (5(5)).

Observation collective de la page 55

• Observation et commentaire de la photo

Où a été prise cette photo ? Que fait le garçon au milieu de la photo ? Que font les autres ? Comment sont-ils habillés ?

Réponses : la photo a été prise dans une salle de réunion / un foyer pour jeunes (on voit des chaises empilées contre le mur). Le garçon au premier plan fait du rap. Les autres regardent, intéressés. On voit une main par terre sur le côté gauche de la photo. C'est probablement un autre rappeur. Les garçons portent tous des joggings et des baskets. On ne voit pas de filles.

• Commentaire des objectifs de l'unité

→ Remue-méninges (*brain-storming*) : qu'est-ce qu'on peut « créer » ?

Parmi les réponses possibles : une nouvelle danse, une œuvre d'art (tableau, sculpture...), des histoires (des romans, des nouvelles, des pièces de théâtre), un nouveau produit (un parfum, des chaussures, des vêtements, des logiciels...).

→ Selon vous, qu'est-ce qui est nécessaire pour créer quelque chose ?

→ Avez-vous jamais créé quelque chose ? Si oui, quoi ? Sinon, pourquoi ?

■ Objectifs

Communication
Prendre position, exprimer son accord, son désaccord, demander des précisions, hésiter, insister, faire des concessions.

Grammaire
Emploi du subjonctif pour exprimer le doute, l'impossibilité, l'opinion introduite par un verbe à la forme négative.

Vocabulaire
• la mondialisation – un job – rentable – un patron – une usine – main-d'œuvre à bas salaire

• le commerce éthique – une activité bénévole – l'agriculture bio
• délocaliser – vendre – produire

Culture
Économie moderne et commerce éthique.

Prononciation
Faire des concessions.

■ Découverte du document

Avant de lire l'article, faire observer la photo et demander aux étudiants ce qu'ils savent sur la mondialisation de l'économie (accepter même les réponses en langue maternelle et donner l'équivalent en français). Expliquer « commerce éthique » : les commerçants proposent des produits qui ne sont pas obtenus par des pratiques immorales, par exemple l'exploitation du travail des mineurs ou, en Amérique centrale, l'achat aux cultivateurs locaux de leur production agricole à des prix dérisoires en échange d'une avance de trésorerie ou d'outils agricoles.
Expliquer « Max Havelaar » : nom d'un héros de roman aux Pays-Bas, une sorte de Robin des bois anti-colonialiste.

1 Réponses :

déplacer une usine = *délocaliser*
dur, sévère = *implacable*
renvoyer = *licencier*
qui attend un enfant = *enceinte*
idée folle = *délire*
activité non payée = *activité bénévole*
travail = *job*
qui rapporte de l'argent = *rentable*
tissu décoré = *batik*
réussir = *gagner*
professionnel = *pro*
vendre = *écouler*
sentir, avoir l'intuition = *flairer*

2 Informations concernant :

• les problèmes de délocalisation : *dans certaines usines, le patron ne paie pas les heures supplémentaires, licencie les femmes enceintes, fait travailler les enfants et leur confie les tâches les plus dangereuses ;*
• la mise en œuvre d'un rapport plus moral entre producteur, vendeur et consommateur : *le commerce éthique ou solidaire pratiqué par les magasins Artisans du Monde et Alter Eco.*

■ La partie « Exercez-vous »

Reprise de l'emploi du subjonctif (voir tableau p. 35 et p.101, *Campus 2*, livre de l'élève, et encadré p. 45, livre du prof. *Campus 2*).

1 Reliez les phrases :

b. Je ne nie pas qu'il y ait des ateliers clandestins à Paris.
c. Je ne crois pas qu'ils aient une autre solution.
d. Je ne suis pas sûr(e) que les pouvoirs publics soient toujours au courant.
e. Je regrette que la police ne soit pas assez sévère avec les employeurs.

2 Imaginez ce qu'ils disent.

En binôme, les étudiants imaginent des canevas possibles pour cette scène (voir tableau p. 57) et ils la jouent.
Exemple :
Lui *(prend position) : Moi, je pense que ces tableaux sont extraordinaires.*

Elle (hésite) : Je ne suis pas sûre d'avoir compris ce qu'ils représentent.

Lui (insiste) : Tu sais bien qu'il n'y a pas de représentation dans l'art abstrait.

Elle (fait des concessions et demande des précisions) : Tu as raison, mais que signifie, par exemple, cette tête à l'envers ?

Lui (insiste) : Je te répète qu'il ne faut pas chercher du sens dans ce genre de tableaux...

■ Simulation d'un débat

1 Préparation du sujet. Les étudiants résument individuellement l'article p. 56.

Exemple de résumé : Pour faire face à la concurrence, certaines industries ont déplacé leur production dans des pays où la main-d'œuvre est moins chère, mais cela pose des problèmes éthiques, car souvent le bas prix des produits est obtenu seulement grâce à l'exploitation du travail des enfants ou à d'autres moyens interdits dans les pays développés. Contre ce système est né le commerce éthique, celui pratiqué par des magasins comme Alter Eco qui refusent de vendre des produits obtenus à travers des pratiques immorales. En s'appuyant sur des vendeurs professionnels, on peut proposer des produits qui assurent à la fois la qualité au client et des bénéfices corrects aux producteurs et aux distributeurs.

2 Organiser le déroulement du débat.

a. Exemple d'arguments préparés par les petits groupes.

• Marcel Lenoir : *Pas de bénévoles comme vendeurs. Il faut engager des professionnels et vendre des articles qui répondent mieux aux exigences des clients de nos magasins.*

• La représentante des syndicats : *Ne plus permettre l'exploitation des enfants. Pour cela, intervenir auprès des gouvernements de certains pays pour qu'ils fassent respecter les lois existantes ; boycotter les marques des produits qui font recours à des pratiques immorales.*

• La vedette du foot : *Impossibilité de refuser le contrat avec la marque Opla, signé pour 5 ans. Scepticisme sur les possibilités du commerce éthique.*

• La bénévole des magasins Artisans du Monde : *Pas d'accord avec M. Lenoir. Nécessité de diffuser l'idée de l'association Max Havelaar. L'association n'importe pas elle-même le café qu'elle propose, mais appose son label sur les paquets vendus en magasins. En payant quelques centimes de plus que pour un paquet « normal », le consommateur sait que le producteur, de l'autre côté de l'Atlantique, reçoit une avance de 60 % du prix de la récolte, à un prix supérieur d'au moins 15 % à celui du marché et qui restera stable pendant des années. De quoi*

résister aux pressions des intermédiaires qui profitent de la détresse de beaucoup de planteurs...

b. Choix des observateurs et rédaction du compte rendu demandé.

Conseils pour rédiger un compte rendu

1. Circonstances à mentionner au début
• Nom du groupe organisateur
• Objet de la rencontre
• Date (et lieu)
• Heures de début et de clôture
• Noms des participants
• Ordre du jour (OJ)

2. Pour bien écrire
• Pas de transcription intégrale des échanges : une synthèse des diverses opinions suffit.
• Les décisions prises doivent toutes figurer dans le compte rendu.
• Observer une stricte neutralité dans la relation des événements.
• Rédiger un texte fluide évitant le style question/réponse.
• Découper les paragraphes en fonction des thèmes sélectionnés durant la phase de préparation.
• À la fin de la rédaction, procéder à la révision du texte : vérification du vocabulaire employé, de la cohérence et de la lisibilité (syntaxe, orthographe, ponctuation, harmonie).

■ Prononciation et mécanismes

Exercice 40. Faire des concessions. Reliez deux phrases.

• Il y a beaucoup de travail clandestin en France, j'en suis sûr.
→ Je suis sûr qu'il y a beaucoup de travail clandestin en France.

• L'économie propre ça peut exister, j'en suis sûr.
→ Je suis sûr que l'économie propre peut exister.

• Il n'y a pas d'autres choix industriels que ceux que nous avons faits ; je ne le crois pas.
→ Je ne crois pas qu'il y ait d'autres choix industriels que ceux que nous avons faits.

• Nous nous y sommes pris trop tard pour louer. Je le regrette.
→ Je regrette que nous nous y soyons pris trop tard pour louer.

• Les administrations sont-elles toujours bien informées ? Je n'en suis pas sûr.
→ Je ne suis pas sûr que les administrations soient toujours bien informées.

■ Objectifs

Communication
Prendre position pour ou contre et justifier son opinion.

Grammaire
• Qualificatifs - comparatifs et superlatifs
• Impératif affirmatif et négatif avec les verbes pronominaux

Vocabulaire
• Le lexique de la publicité : l'annonceur, l'annonce, le publicitaire, le public cible, la marque, le produit, le slogan, le support
• Faire vendre, séduire

Culture
La publicité

■ Découverte du document (« Faites le test »)

Questions préalables pour préparer au thème de la leçon : « Aimez-vous la publicité ? », « Croyez-vous qu'elle est utile / dangereuse / intéressante ? Pourquoi ? », « Regardez-vous souvent la publicité à la télé ou dans les journaux ? »
a. Faire passer le test et demander le résultat.
Exemple : J'ai obtenu beaucoup de ■. Je n'aime pas du tout la publicité. Pour moi, ce n'est que du mensonge pour faire vendre et on devrait l'interdire.

b. *publifans – publiphobes – publibof.*
c. On partage la classe en trois groupes : les publifans, les publiphobes, les publibof, et chaque groupe cherche, en quelques minutes, un maximum d'arguments qui justifient son profil. Chacun explique ensuite individuellement pourquoi il est d'accord ou pas avec son profil.

■ Analyser les documents
1 Analyse des publicités.

	Publicité BIC
L'image	• Formes : *une surface plate, avec une ombre sur la gauche. En haut, à gauche, un bandeau avec un patin, des drapeaux et des chiffres. Au milieu un stylo rouge et des lignes courbes. En bas, une ligne avec des textes : le modèle de stylo proposé, le slogan, le logo de la marque.* • Couleurs : *variées dans les drapeaux, rouge (le stylo et les lignes qu'il trace), glace (la surface sur laquelle écrit le stylo), vert et bleu ciel (le nom du modèle), noir (le slogan), noir et jaune (le logo).* • Ce qu'elle représente : *un stylo qui trace des lignes rondes sur une feuille, une sorte de règle et, symétriquement, des écrits en bas.* • Ce qu'elle signifie : *La couleur glace de la feuille rappelle une patinoire. En haut le patin et les drapeaux sont les jurés d'un concours international dont la note d'excellence est unanime pour le champion, le modèle Gel Intensity de Bic qui « glisse » sur une feuille de papier glacé de manière « incomparable ».*
L'écrit	• Nom du produit : *Modèle Gel Intensity de BIC* • Caractères d'imprimerie : *5 (logo compris)* • Slogan : *Une glisse incomparable* • Texte : *le nom du modèle, le slogan et l'information « plus de 50 produits d'écriture »*
Rapport image/écrit	De complémentarité, *car chaque détail apporte des éléments de sens qui servent à interpréter le message publicitaire, mais aussi de redondance : les cercles rouges dessinés par le stylo et « une glisse », ce dernier mot chargé d'ambiguïté par sa référence au patin sur glace et au verbe « glisse » que l'on emploie en parlant de l'écriture facile d'un stylo ; « incomparable », explicite dans le slogan, mais évoqué aussi par l'uniformité de la note du jury ; la première partie du nom du produit « gel » qui insiste sur l'idée de la piste gelée...*

	Publicité pour « Le Monde »
L'image	• Formes : *des courbes, dessinées par les corps tendus en arc des nageurs, plus importantes au premier plan, plus petites sur le fond (effet de profondeur) ; une bande droite, qui coupe l'image en deux, où se trouvent le nom du journal et le slogan publicitaire, d'autres lignes droites que l'on entrevoit….* • Couleurs : *bleu ciel de l'eau, noir des maillots et des caractères d'imprimerie du titre du journal, couleur chair des corps, rouge des cordes, bleu foncé de la bande contenant le slogan, blanc de l'écume, des lettres du slogan et des pages du journal.* • Ce qu'elle représente : *le départ d'une compétition de nage sur le dos.* • Ce qu'elle signifie : *« Le Monde » entre dans la compétition pour l'information et, pour gagner, il devient plus complet. Le choix de la compétition sportive entre champions (les autres journaux) indique la place particulière de ce journal qui fait autorité dans la presse française. Le choix de l'adjectif « complet » dans le slogan a la double fonction de créer l'assonance avec « complexe » et d'établir l'équivalence « natation = sport complet » – « Le Monde = information complète ».*
L'écrit	• Nom du produit : *Le Monde* • Caractères d'imprimerie : *5* • Slogan : *Dans un monde plus complexe, Le Monde est plus complet* • Texte : *le slogan, le titre du journal, « nouveau monde • 1,20 € » en haut à gauche, le site du journal www.lemonde.fr, en haut à droite*
Rapport image/écrit	De complémentarité et de redondance *entre le slogan et les nageurs (ex. redondance : le départ de la compétition et le début d'une nouvelle formule pour le journal… ; complémentarité : « un monde plus complexe » qui souligne la nécessité d'une adaptation de l'information…).* De complémentarité *pour les autres écrits qui renseignent sur le nouveau prix du journal et le site Internet.*

2 Réponses :
a. BIC pour son modèle Gel Intensity – « Le Monde » pour sa nouvelle maquette.
b. • Pour BIC : *public jeune auquel on transmet l'idée de légèreté, d'élégance (l'association au patin), mais aussi de facilité (la glisse), de diversité (59 produits) et de reconnaissance internationale (l'emploi de l'anglais « intensity » pour le modèle), le tout bon marché.*
• Pour « Le Monde » : *lecteurs du journal pour solliciter leur « fidélité » et justifier le fait que le prix augmente ; lecteurs potentiels, adultes, d'un bon niveau culturel (ils sont capables de suivre l'analyse d'une société complexe), mais qui sont bien dans leur époque (ils sont sportifs, ils emploient Internet…).*

3 La réponse reste ouverte et elle se prête à discussion dans le groupe. *Ex. : J'aime la publicité BIC. Je trouve sympa d'avoir associé le stylo à un champion de patin sur glace… Je ne me retrouve pas trop dans la publicité du journal parce que je ne le connais pas, même si je trouve intéressante l'association avec la compétition sportive…*

■ Partie « Devenez publicitaire »

Chaque groupe choisit le produit pour lequel il va créer la publicité et fait le travail selon la démarche indiquée par le livre :
a. Choisir le client (pour décrire le public cible, on peut se servir de l'encadré p. 29 du livre de l'élève).

b. Tenir compte des habitudes, des goûts, des croyances du public envisagé (ex. : si on veut vendre des hamburgers, ils doivent être poivrés et comporter de la moutarde à Paris, mais ne pas contenir de bœuf en Inde ; en Chine, les yaourts ont tous une petite cuillère sous chaque couvercle et les shampoings se présentent en doses individuelles…).

■ Prononciation et mécanismes

Exercice 41. « -phobe » ou « -phile » ?
• Vous n'aimez pas la publicité, vous êtes…
…publiphobe.
• Vous aimez collectionner les beaux livres, vous êtes…
…bibliophile.
• Vous n'aimez pas la foule, vous êtes…
…agoraphobe.
• Vous n'aimez pas être enfermé, vous êtes…
…claustrophobe.
• Vous aimez le cinéma, vous êtes…
…cinéphile.
• Vous n'aimez pas les étrangers, vous êtes…
…xénophobe.
• Vous aimez la France, vous êtes…
…francophile.
• Vous n'aimez pas les animaux, vous êtes…
…zoophobe.

■ Objectifs

Communication
Caractériser, apprécier, demander ou donner des précisions.

Grammaire
Caractérisation par les propositions relatives.

Vocabulaire
Le vocabulaire de la maison : les objets, le mobilier, les appareils électroménagers.

Culture
Le design – Philippe Starck.

Prononciation
Caractériser en reliant deux phrases.

■ Découverte du document

1 Réponses :
a. Relevé :
• *objets : des meubles, des manifestes, des tables, des fauteuils, des fourchettes, une moto, des lampes d'appoint, une flamme olympique, une brosse à dents, des postes de télévision, des radios-réveils ;*
• *lieux : des magasins, des chambres drapées de blanc, des bars tendus de noir ;*
• *espaces : le café Costes, un grand restaurant kitch.*
b. *Paris, New York, Miami, Dallas, Hongkong – Les 3 Suisses, Thomson, Alessi.*

2 Classement des mots.

Objets désignés par un seul mot	Objets désignés par un mot accompagné d'un adjectif	Objets désignés par un mot composé	Objets désignés par un mot suivi d'un complément déterminatif
des meubles *des manifestes* *des tables* *des fauteuils* *des fourchettes* *une moto*	*de l'architecture intérieure* *des objets désuets* *une flamme olympique* *des chambres drapées de blanc* *des bars tendus de noir* *un grand restaurant kitch*	*des objets-symboles* *des radios-réveils*	*des lampes d'appoint* *une brosse à dents* *des postes de télévision* *les plans d'une maison* *des objets pour la table*

■ Partie « Exercez-vous »

1 Exemples de définitions.
• une tasse à café : *c'est environ 100 grammes de céramique ou de porcelaine, plus ou moins chère à l'achat, et c'est fait pour y mettre du café.*
• une cuillère à soupe : *c'est un peu d'inox, 12 euros à l'achat, et c'est fait pour manger du potage.*
• un moulin à café : *c'est un appareil ménager en plastique, pas cher à l'achat, et c'est fait pour moudre du café.*
• un pot à moutarde : *c'est quelques dizaines de grammes de verre, 8 euros à l'achat, et c'est fait pour conserver de la moutarde.*
• un tabouret de cuisine : *c'est un objet en bois ou en plastique, pas cher, et c'est fait pour s'asseoir sans prendre trop de place.*
• des lunettes de soleil : *c'est deux morceaux de verre teinté, au prix variable, et c'est fait pour protéger les yeux du soleil.*
• un portemanteau : *c'est un peu de bois ou de métal, au prix variable selon la matière, et c'est fait pour y accrocher des vêtements.*
• un presse-citron : *c'est un morceau de plastique, 2 euros à l'achat, et c'est fait pour séparer le jus du citron de la pulpe.*
• un lave-vaisselle : *c'est une machine en métal et en plastique, au prix élevé, et c'est fait pour éviter de faire la vaisselle à la main.*

2 Complétez le texte.

• Avant de faire faire l'exercice, expliquer que le nom de Naranjina, choisi pour la boisson (née en Algérie à l'époque où ce pays était une colonie française) a été créé à partir de l'arabe *narandj* qui est aussi à l'origine du mot « orange ».
Expliquer l'encadré « Caractériser », p. 61, et faire faire l'exercice.

• Texte complété : *Dans les années 30, Orangina s'appelle Naranjina, une recette familiale de boisson sucrée aux zestes d'oranges **qui** se boit très frais. Les années passent, la recette s'améliore à un détail près... Mais **ce qui** pourrait être un défaut deviendra bientôt le principal argument de vente.*
*Dès 1972, la saga de cette boisson, **dont** le nom a été définitivement transformé en Orangina, est lancée. Les premiers spots, **dont** le réalisateur est Jean-Jacques Annaud, mettent en scène un barman **qui** passe ses soirées à secouer des bouteilles d'Orangina... Puis le serveur se met au ski, il glisse, il dévale et arrive à point pour servir un Orangina bien frais... En 1994, Orangina confie sa pulpe à Alain Chabat **qui** crée un univers décalé sans changer la recette gagnante... Chabat recentre son message sur les 13-20 ans **dont** on connaît la préférence pour les sodas et... les films d'horreur **auxquels** Chabat fait souvent des clins d'œil...*

• La correction de cette activité permet des mises au point lexicales et des explications supplémentaires :
– *zeste* : petit morceau d'écorce de citron ou d'autres agrumes que l'on met dans les gâteaux ou dans certaines boissons pour parfumer ;
– *saga* : histoire d'une famille présentant un caractère de légende ;
– *perdre les pédales* : ne plus savoir où on en est ;
– *dévaler* : descendre très rapidement ;
– *décaler* : déplacer par rapport à la position normale.

■ Partie « À vous de jouer »

Les groupes font le travail préparatoire pour le débat.
• Exemples d'objets populaires élégants : *une pince à linge en bois, un tire-bouchon, un verre à pied, une boîte d'allumettes, un mocassin...*
• Exemples d'objets rares vulgaires : *le portrait de l'homme le plus riche du monde peint par lui-même, une voiture 4x4 dans une ville plate où elle est inutile, une bague avec un diamant tellement gros qu'il prend tout le doigt...*

La classe se divise en deux et le débat commence. Pour la discussion, voir l'encadré p. 57 du livre de l'élève.

Jean-Jacques Annaud (Draveil, 1943)

Il se fait d'abord un nom dans le cinéma publicitaire, avant d'aborder la fiction par une satire de la colonisation, *La Victoire en chantant*, qui lui vaut un Oscar en 1976. En 1979, *Coup de tête* est un autre film de dénonciation sur le football et l'affairisme provincial. Annaud change de cap en 1981, s'orientant vers des films à gros budget qui sont aussi des défis techniques. On citera, entre autres, *La Guerre du feu* (1981), *Le Nom de la rose* (1986), *L'Ours* (1988), *L'Amant* (1992) et *Stalingrad* (2000).

Alain Chabat (Oran, Algérie, 1958)

Arrivé en France avec sa famille en 1963, il débute comme chanteur rock et fait beaucoup de télé jusqu'en 1992. En 1994, il sort son premier film, *La Cité de la peur*, et participe comme acteur à *Gazon maudit* qui lui vaut une nomination aux Césars. En 1997, il obtient le César du meilleur scénario et une nomination aux Golden Globes pour *Didier*. Son film, *Astérix et Obélix : mission Cléopâtre* (2001) a été un énorme succès.

■ Prononciation et mécanismes
Exercice 42. Caractérisez. Reliez.
• Mon père était un inventeur. On lui doit à la fois des avions célèbres et le tube de rouge à lèvres.
→ Mon père était un inventeur à qui l'on doit à la fois des avions célèbres et le tube de rouge à lèvres.
• Zinedine Zidane est un footballeur. Ses supporters lui doivent de grandes joies.
→ Zinedine Zidane est un footballeur à qui ses supporters doivent de grandes joies.
• J'aime bien la publicité de Chanel ; on y voit le petit chaperon rouge.
→ J'aime bien la publicité de Chanel où on voit le petit chaperon rouge.
• Je déteste cette femme ; elle se prend trop au sérieux.
→ Je déteste cette femme qui se prend trop au sérieux.
• Ce garçon est très créatif ; je l'ai rencontré à l'École des Beaux-Arts.
→ Le garçon que j'ai rencontré à l'école des Beaux-Arts est très créatif.
• J'aimerais bien découvrir ce comédien ; tu m'en as tellement parlé.
→ J'aimerais bien découvrir le comédien dont tu m'as tellement parlé.

Objectifs

Communication
Comprendre l'organisation d'un récit littéraire
et savoir en parler.

Grammaire
Le discours indirect.

Vocabulaire
• Le lexique de l'école : l'instituteur – le ministère –
le directeur – le crayon – le buvard – l'appel

• Le village africain : la mosquée – l'arbre – la poussière
– la colline – le sable – le bétail – le scorpion –
le serpent à sonnettes – le berger – le mouton
• se déchausser – lire – écrire – s'asseoir – coudre

Culture
Un récit de Tahar Ben Jelloun.

Prononciation
Trouver le contraire.

Découverte du document

Expliquer qui est T. Ben Jelloun. Faire faire ensuite
une écoute de la nouvelle à livre ouvert pour que les
étudiants soient sensibilisés au rythme du récit.

Tahar Ben Jelloun (Fès, Maroc, 1944)

Il a fait des études de philosophie et de psychiatrie
avant de devenir écrivain. Il débute en 1973 avec
Harrouda et il obtient le prix Goncourt en 1987 pour
son roman *La Nuit sacrée*. Parmi ses plus grands succès : *La Prière de l'Absent* (1981), *L'Enfant de sable*
(1985) et un recueil de poèmes, *Les amandiers sont
morts de leurs blessures* (1976). Excellent conteur,
cet écrivain de langue française s'est attaché aux problèmes des immigrés et des déracinés.

Lecture individuelle du texte.
Le bon ordre des parties du récit est le suivant :
g – a – e – i – j – c – f – d – h – k – b.

Identification des points de vue

1 • L'instituteur : « *Ici la plupart des enfants n'ont pas de
chaussures* », « *Ils sont trente enfants, garçons et filles* »,
« *Ils sont tous passés par l'école coranique. Certains savent
lire et écrire* », « *Ils ont des yeux vifs et des corps secs* »,
« *les enfants rient* », « *Mes élèves fabriquent des ballons...
La tête baissée, ils travaillent en silence et vite* ».
• Haj Baba : « *Les enfants sont des cailloux, des branches
d'un arbre qui perd ses feuilles, des mots bleus, des éclats
de rire... Ils vont, ils passent et ne laissent pas de*

traces... », « *Les enfants nous échappent, comme les
paroles ; ils s'envolent et partent avec les rares nuages qui
s'arrêtent au-dessus de nos têtes* ».
• Le gardien de la bâtisse blanche : « *Tes élèves préfèrent
ma fabrique à ton école... ici, ils gagnent de l'argent* ».

2 La différence de « regard » est due aux rôles différents
des trois personnes par rapport aux enfants :
– l'instituteur les voit en fonction de son métier et de son
passé d'enfant ayant vécu dans le même lieu ;
– pour Haj Baba, le chef du village qui les connaît tous, ils
représentent la beauté, la joie de vivre, la vie même (les
branches d'un arbre qui perd ses feuilles) qui ne peut pas
être contrôlée ;
– le gardien de la bâtisse les voit en fonction de son profit
et du travail qu'ils doivent garantir.

La correction de cette activité permet des mises au
point lexicales et des explications d'ordre culturel :
– *buvard* : papier qui absorbe l'encre, très employé à
l'école primaire quand les enfants apprenaient à
écrire avec un stylo-plume ;
– *La Mecque* : ville de l'Arabie Saoudite. Patrie de
Mahomet, c'est la capitale religieuse de l'Islam : elle
renferme la Ka'ba, édifice où se trouve la Pierre noire
(donnée par l'ange Gabriel à Abraham), vers laquelle
les musulmans du monde entier se tournent pour la
prière ; ils doivent s'y rendre en pèlerinage au moins
une fois dans leur vie ;
– *école coranique* : école où on fait une étude minu-
tieuse du Coran, considéré comme texte de base pour
tout apprentissage ;
– *mosquée* : édifice réservé au culte musulman dans
lequel on entre en se déchaussant.

■ Observation des lieux

1 a. Relevé

– L'école : *elle est dans la mosquée. On y entre en se déchaussant. La terre est jaune. Les murs sont rouges. Des pèlerins y ont dessiné un avion ou un bateau. Quatre murs et un toit en pisé. Des cahiers et des crayons envoyés par la France et des buvards venus de Belgique.*

– Le village : *dans le village, l'arbre est plus important que l'école. Du sable, des pierres, un arbre, du vide, du vent, de la poussière, un fou qui parle tout seul.*

b. Pour caractériser l'école où les élèves se trouvent, on peut suivre ce schéma :

– lieu où se trouve l'école : centre-ville, banlieue de grande ville, village, campagne…

– vue d'ensemble du bâtiment : édifice historique, vieux et délabré, récent, tout neuf… / grand, petit / en brique, en pierre, en béton / murs propres, sales, taggués…

– couleurs dominantes : gris, blanc, ocre des briques et vert des volets…

– odeurs et bruits que l'on perçoit : en ville : voitures qui klaxonnent, sirènes d'ambulance, musiques / odeurs de gaz d'échappement, odeurs d'eaux sales (fleuve pollué…) ; à la campagne : cris d'enfants qui jouent, oiseaux qui gazouillent / parfum d'herbe et de fleurs ;

– intérieur de l'école : de longs couloirs avec des salles de classe de part et d'autre, une cour, des ordinateurs, des tables bien alignées, des laboratoires de…, un petit jardin…

2 On laisse les étudiants répondre spontanément en fonction de leurs connaissances et on explique ensuite la fonction de l'arbre à palabres sous lequel est assis Haj Baba.

Exemple de réponse aux deux autres questions du point 2 :

Dans une ville occidentale : la mairie, pour la vie civile, l'école, pour la vie culturelle, mais aussi les théâtres, les cinémas…

■ Écriture (« À vos plumes »)

Parmi les souvenirs courants qui peuvent faire l'objet d'un récit :

– une bonne / mauvaise note inattendue ;

– une dispute avec un copain ;

L'arbre à palabres

Il s'agit de l'arbre le plus important du village, choisi selon des rituels appropriés, sous lequel se réunissent les membres d'une communauté, en Afrique. Le mot « palabre », qui, en français courant, a le sens péjoratif de « discussion interminable et oiseuse », désigne donc, en Afrique, une véritable assemblée dont l'objectif est de débattre des problèmes, de prendre les décisions importantes et de régler, par un consensus auquel les anciens cherchent à aboutir, les conflits.

Lors d'une palabre, les participants ont tous droit à la parole et peuvent exposer en public leurs plaintes et demandes, ainsi que celles de leur groupe. Le « demandeur » a également la possibilité de se faire représenter par un griot (conteur et chanteur traditionnel) ou par un porte-parole, ce qui garantit la neutralité du médiateur.

– les conflits avec certains professeurs ;

– un voyage / une sortie ;

– une « bêtise » (organisation, découverte, punition).

■ Prononciation et mécanismes

Exercice 43. Trouvez le contraire.

• Il est paresseux ?

– Non, il est travailleur.

• Il est nul en maths ?

– Non, il est bon.

• Elle est sage ?

– Non, elle est indisciplinée.

• Il participe ?

– Non, il est effacé.

• Il est attentif ?

– Non, il est distrait.

• C'est une prof sympathique ?

– Non, c'est une prof antipathique.

Exercice 44. Demander une information.
Écoutez.

C'est quoi ? une épidémie ?

Répétez.

C'est vous le directeur ?

C'est à vous cette voiture ?

C'est qui celui-là ?

C'est où cette fête ?

C'est quand le rendez-vous ?

■ Objectifs

Communication
Reconnaître et employer les nouveaux mots de la langue française.

Grammaire
Réflexion sur la formation des mots.

Vocabulaire
Les nouveaux mots du français.

Culture
Le langage des jeunes Français.

■ Partie « Traduisez le message »

Avant de faire faire les activités demandées, demander aux étudiants si, dans leur pays, les jeunes se servent d'un langage particulier pour communiquer entre eux et, en cas de réponse positive, faire établir une petite liste de mots et expressions « jeunes ». Essayer aussi d'expliquer comment ils sont formés (reprises de formes archaïques, emprunts à d'autres langues, déformations phonétiques, reprises de formes dialectales dans la langue nationale…).

1 Traduction.

• « Je kiffe pas ces keums qui font crari parce qu'ils ont de la maille » → *Je n'aime pas ces mecs (ces hommes) qui friment parce qu'ils ont de l'argent.*

• « Trop mortelle l'ambiance dans cette téci : y a plein de Pakpak et de Chichi qui font de la zikmu » → *Très bonne l'ambiance dans cette cité : il y a plein de Pakistanais et de Chinois qui font de la musique.*

• « Mate le Jean-Édouard avec sa Marie-Chantal : de vraies fesses d'oignon » → *Regarde ce petit bourgeois avec sa petite bourgeoise : ce sont des Français typiques.*

• « Oh, mon tacot est encore cramé, sa race ! » → *Ma voiture est encore en panne. Merde !*

• « Barry White, y a les kisdés qui s'radinent » → *Va-t'en, il y a les policiers qui arrivent.*

• « Mes renps, y z'ont du taf pour nourrir tous mes reufs » → *Mes parents ont du travail pour nourrir tous mes frères.*

• « Y en a grave marre que tu te sapes comme un sonac » → *Je ne supporte pas que tu t'habilles si mal.*

• « Salut, Chloé, j'fais une teuf sam'di, y aura plein de gossbo, grave, on va kiffer à mort » → *Salut, Chloé, je fais une fête samedi, il y aura plein de beaux garçons, oui, on va beaucoup s'amuser.*

2 a. chichi – pakpak – zonzon.

b. askeum – Barry White – gossbo – keuf – keum – meuf – renps – reuf – reum – reup – reus – skeud – téci – zikmu.

c. Marie-Chantal – Jean-Édouard.

d. cramé – crari – grave – j'hallucine – mortel – nuigrave.

e. chourave (argot) – maille (argot) – kiffer (arabe) – mater (argot) – sonac (anglais) – se radiner (argot) – se saper (argot) – tacot (argot).

Expliquer ce qu'est l'argot.

L'argot

Le mot « argot » date du XVIIe siècle et désigne non une langue mais la collectivité des vagabonds et des mendiants qui formaient alors, dans les fameuses cours des miracles, le Royaume de l'Argot. Le terme s'est ensuite appliqué à leur langage – le jargon de l'Argot, puis « l'argot ».

Aujourd'hui, le *Dictionnaire du français argotique et populaire* définit l'argot simplement comme un « idiome artificiel dont les mots sont faits pour n'être pas compris par les non-initiés ». Dans ce sens, l'argot est donc une sorte de langage présent à toutes les époques et dans toutes les langues, qui sert à un groupe social pour communiquer sans être compris par ceux qui ne font pas partie du même groupe. Il existe ainsi un argot des étudiants, un argot des médecins…

■ Le vocabulaire de la publicité (« Appréciez les créations publicitaires »)

1 Explications des jeux de mots publicitaires.

a. On joue sur l'équivalent phonétique : Auchan à aux champs.

b. « Synthol » ressemble au nom d'un saint protecteur (ex. : saint Georges…).

c. Jeu de mots à la fois sur le proverbe « Qui s'y frotte, s'y pique » et sur le nom du produit « Rubafix », obtenu à partir de « ruban + fixe ».

d. « La voie Lactel » joue sur l'expression « la voie lactée ».

e. Ici, le jeu est sur les deux sens du verbe « marcher » : « faire un trajet à pied » (sens littéral) et « avoir du succès » (« être à la mode »). Et qui dit « chaussettes » (à « couleurs ») dit forcément « pied »…

f. Le slogan joue avec le titre d'un film célèbre de Roberto Begnini : La vie est belle.

2 Exemples de slogans.

b. J'ai Lu. C'est extra ! (on joue sur « lu » comme participe passé du verbe « lire » et le plaisir de la lecture/la saveur du biscuit)

c. Vivez au naturel, vivez avec Bonduelle ! (homophonie + association nature, naturel avec les produits Bonduelle)

d. Avec Avis, partez au pays des merveilles ! (jeu de mots sur l'homophonie : Avis → Alice)

■ Découverte des mots-valises

Réponses :

• Ambrassade : ambassade (représentation permanente d'un État auprès d'un autre État) et embrassade (action d'embrasser).

• Banquiet : banquet (repas important auquel participent de nombreuses personnes) et inquiet (agité).

• Casta-Net : castagnettes (petit instrument à percussion fait de deux petites pièces de bois que l'on fait claquer l'une contre l'autre) et Internet (réseau de communication télématique mondial).

• Escabot : escabeau (siège en bois) et pied bot (pied difforme).

• Hebdromadaire : hebdomadaire (journal qui paraît chaque semaine) et dromadaire (chameau à une seule bosse).

• Ingraltitude : ingratitude (manque de reconnaissance) et altitude (hauteur).

• Méremptoire : mère (femme qui a donné naissance à un ou plusieurs enfants) et péremptoire (décisif).

• Pathé de campagne : pâté de campagne (plat de charcuterie) et Pathé (réseau de distribution de films).

• Titanike : Titanic (bateau transatlantique dont la tragédie a inspiré des films célèbres) et Nike (marque de chaussures de sport très connue).

• Watture : watt (unité de puissance électrique) et voiture (moyen de transport).

■ Partie « À vous de créer »

Activité qui gagne à être faite en petits groupes et qui peut se conclure avec la rédaction d'un vrai « Petit fictionnaire » de la classe.

Corrigé du bilan 5

1. M. Lenoir a affirmé qu'on peut faire du commerce éthique quelque chose de rentable. Un vendeur bénévole est intervenu en disant qu'il était tout à fait d'accord avec lui et que d'ailleurs certaines expériences de commerce éthique le prouvaient. Le représentant des syndicats a précisé que ce qui lui semblait important, c'est qu'on trouve le moyen de ne plus exploiter des enfants. Quant au footballeur, il s'est montré plutôt sceptique en disant que ce n'est pas avec ce type de débat qu'on va résoudre le problème…

2. • Réaction à Corto 73 : *« Absolument pas d'accord. La publicité est comme une drogue : on ne l'analyse pas, on en est victime et même quand on le sait, on ne peut pas s'en passer. »*

• Réaction à Nanne : *« Oui, c'est peut-être vrai, la pub, c'est de l'agression, mais je ne sais pas si récupérer les pubs pour en modifier le message représente la bonne solution pour ne plus parler d'agression… »*

• Réaction à Amélie : *« J'aimerais savoir ce que tu veux dire par "La pub reflète l'esprit du public". Cela dit, je suis tout à fait d'accord pour une utilisation intelligente de la publicité. »*

3. – Tu es nouveau ?
– Oui, **et** toi ?
– Moi aussi.
Il **était** petit, presque minuscule. Ses **cheveux** frisés, d'un noir **luisant/brillant**, faisaient ressortir sa pâleur **mate/excessive**. Ses yeux brillaient comme **de** l'anthracite, et sur **sa** tempe on voyait de **fines/petites** veines bleues.
– D'où **viens**-tu ?
– De l'école **communale** de la rue de **Lodi/Rome**…
– Moi, je viens du **chemin/boulevard**… des Chartreux.
Nous fûmes **amis/copains** tout de suite.
– En **quelle** classe es-tu ?
– En **sixième** B1.
– Moi en sixième **A2**.
– Alors, nous ne serons **pas** dans la même classe, **mais** on est tous les **deux** en septième d'études.
– Comment **t'**appelles-tu ?
– Oliva.
– C'est toi qui **as** été reçu premier aux **examens** ?
Il rougit à peine.
– **Oui**. Qui te l'a **dit** ?
– J'ai été reçu **second** !

➤

4. « Eh bien, je l'ai enfin acheté, ce lampadaire. Il est très léger : il a la tige en aluminium et, des trois couleurs qu'on proposait, j'ai choisi le noir, vu que la base est en métal revêtu de caoutchouc noir. Grâce à son ampoule halogène et au régulateur d'intensité, je peux choisir comment éclairer au mieux mon coin lecture dans ma salle de séjour. Tu sais, c'est exactement ce que je cherchais et je suis très satisfaite de mon achat ! »

5. Jolie chaussure, trouvée sur une marche de l'escalier menant à la cave, attend sa propriétaire. Elle est petite (pointure 36), elle a un talon aiguille très à la mode. C'est une chaussure élégante, en tissu noir avec des brillants en forme de petites étoiles.

Pour la récupérer, s'adresser au locataire du troisième étage, porte à droite de l'ascenseur.

Unité 6
Agir

Présentation de l'unité

L'unité 6 est consacrée à l'action exprimée à l'écrit dans des poèmes (6(1)), un essai (6(2)), des publicités (6(3)), une autobiographie (6(4)), ou encore un forum de discussion sur Internet (6(5)).

L'unité 6 donne donc accès à une grande variété de textes.

Les thèmes abordés dans ces textes sont liés à la société et à la culture contemporaines : la guerre, l'illettrisme, la solidarité, les milieux sociaux, l'action pour un monde plus équilibré.

Ces questions sont abordées à travers divers actes de parole réalisés à l'écrit : exprimer un engagement (6(1)), justifier une action (6(2)), expliquer son action (6(3)), exprimer une opposition (6(4)) et donner son opinion (6(5)).

Observation collective de la page 67

• Commentaire de la photo

– Décrivez cette image.

→ La scène se passe en Asie, dans un cyber café. Un homme tape un message sur un ordinateur ou bien effectue une recherche. La femme qui est assise à côté de lui semble intéressée par ce qu'il fait. Elle réfléchit.

– Quelles évolutions culturelles sont exprimées par cette photo ?

→ Les façons de communiquer, d'écrire sont en pleine évolution : on écrit à plusieurs, dans des endroits publics, on envoie son texte immédiatement par le courrier électronique. Nos textes peuvent être lus par des centaines de personnes à travers le monde. Des pétitions peuvent être signées sur tous les continents, des Appels peuvent être entendus, etc.

– Quel est le lien entre cette photo et le thème de l'unité 6 ?

→ Cette photo établit un lien entre l'action, l'écriture et l'ordinateur : on agit en écrivant ; on agit en confrontant ses idées par écrit, on agit en diffusant ses textes à travers le monde entier, au-delà des frontières culturelles.

• Commentaire des objectifs de l'unité

Chaque étudiant associe tous les mots possibles à « AGIR ». On note ces mots au tableau. Puis, chacun répond librement à la question : « Pourquoi et comment faut-il agir ? »

■ Objectifs

Communication
Lire des textes littéraires engagés et formuler son point de vue sur ces textes.

Vocabulaire
• l'alphabétisation, l'émancipation, la dignité, une prison, une aiguille, une épée, le désordre, la boue, un rayon, une veine, la délivrance, un barbelé, l'holocauste, l'horizon, le deuil, la haine

• ingénu, savant, casqué, ganté, militaire, amer
• souffrir, épeler, supporter, libérer, trembler, survivre, fâcher, déserter, assiéger, bercer, semer, émouvoir

Apport culturel
Littérature francophone engagée : Paul Dakeyo, Boris Vian, Paul Eluard, Rachid Boudjedra.

Cette leçon est structurée par des moments d'expression orale (autour des 4 poèmes) et d'expression écrite à partir des 2 images.

■ Partie « Découvrez »

1 Remarques sur la construction du poème « Alphabétisation » : c'est une construction simple et régulière qui est répétée trois fois. Chaque strophe commence par la même question : « À quoi servent mes poèmes ? », et se termine par les 3 réponses du poète : émancipation, dignité, liberté.

2 Repérage

Phrase répétée	Personnes	Âges	Ce qu'elle va pouvoir faire
À quoi servent mes poèmes ?	*la mère,* *le père,* *le copain du poète*	*20 ans,* *100 ans,* *pas d'âge*	*Apprendre à lire pour écrire et s'émanciper.* *Apprendre à épeler pour lire et se sentir digne.* *Apprendre à épeler pour lire et crier son besoin d'être libre.*

3 « Alphabétisation » est un titre très concret qui signifie : « enseigner à quelqu'un à lire et à écrire ».

4 Ce qui est étrange :
– la mère a 20 ans, le père a 100 ans, le copain n'a pas d'âge ;
– ils épellent les lettres du poète le soir et le lendemain ils savent : lire, écrire, crier.
La progression dans l'âge des personnages signifie qu'ils sont intemporels, c'est tout le peuple de R. Boudjedra.

Le temps est lui aussi symbolique : l'apprentissage a lieu le soir et le jour suivant est complètement différent puisque chaque personnage, grâce à ce savoir, devient plus libre et plus digne.

5 Ce poème répond à la question posée : à travers ses poèmes, R. Boudjedra souhaite alphabétiser son peuple et ainsi, le rendre plus digne et plus libre. Ce poème est engagé parce que l'auteur y exprime son désir de justice.

■ Partie « Analysez »

	Soweto	Le Déserteur	Courage
Événements	En Afrique du Sud, une minorité blanche appliqua de 1948 à 1990 le régime du « développement séparé des races » qui privait les Noirs de leurs droits civiques. À Soweto, un faubourg de Johannesburg, la police fit des milliers de victimes parmi les enfants et les adultes, opposants au régime.	Les deux guerres que connut la France au XXᵉ siècle : la guerre de 1914-1918 et la guerre de 1939-1945. Un déserteur est un soldat qui refuse d'aller combattre.	L'occupation de la France et notamment de Paris par l'Allemagne nazie et la résistance contre cette occupation. ➡

Sentiments	La tristesse, la nécessité de se souvenir et de témoigner sa solidarité envers les enfants sud-africains.	Le calme d'une décision bien réfléchie.	La confiance, l'espoir, le courage, l'amour de la liberté et de Paris.

Boris Vian (1920-1959)

Né dans une famille aisée, il devient ingénieur, mais consacre sa trop brève existence à deux arts : la musique et la littérature. Il publie dès 1946, est trompettiste de jazz, auteur-compositeur-interprète dans divers cabarets parisiens, acteur dans plusieurs films et directeur artistique. Il représente une référence importante de la culture d'après-guerre.

Paul Eluard (1895-1952)

Ses idées pacifistes, sa volonté d'un engagement au service de la justice seront au cœur de sa vie. Il entre dans le mouvement surréaliste mais c'est l'amour de la vie, la tendresse pour les êtres et les choses qui inspirent sa poésie. Il écrit dans *Évidence poétique*, en 1936 : « Le temps est venu où tous les poètes ont le droit de soutenir qu'ils sont profondément enfoncés dans la vie des autres hommes, dans la vie commune. » Dès le début de la guerre de 39-45, il s'engage dans la Résistance où il assure la direction du Comité national des écrivains de la zone nord. Il publie *Au rendez-vous allemand* en 1944. À la libération, il poursuit son combat : au service d'un verbe fluide et dense.

Rachid Boudjedra (1941)

Romancier et poète algérien d'expression française. Il a 21 ans lorsque l'Algérie devient indépendante. Professeur de philosophie, ses romans sont des œuvres de combat qui dénoncent les structures sociales et mentales de la société algérienne, ainsi que les conditions de vie que la France a réservées aux ouvriers algériens immigrés.

Paul Dakeyo

Poète originaire du Cameroun francophone. Intellectuel engagé dans la lutte pour les droits des peuples africains à la liberté, à l'indépendance et à la justice sociale.

■ Partie « Créez un poème »

1 À quoi servent... mes rêves, mes désirs, mes projets, mes cours de français...

Si personne ne sait... me comprendre, m'aider à les réaliser, me conseiller...
Mes parents/Mes amis... n'ont pas d'âge...
Ils ne veulent plus en entendre parler, m'écouter...
Ce soir, je leur expliquerai, raconterai...
Et demain ils sauront... qui je suis, où je vais...
Réconciliation

■ Partie « Exercez-vous »

1 Les dates des auteurs cités sont : d'Aubigné (1552-1630), Bergson (1859-1941), Rousseau (1712-1778), Stendhal (1783-1842), Gide (1869-1951).
a. 4. - *b.* 5. - *c.* 3. - *d.* 1. - *e.* 2.

2 *a.* de l'enfance – *b.* des villes – *c.* du bonheur – *d.* de la passion.

■ Partie « Échangez vos points de vue »

1 Les étudiants pourront soit chercher des exemples d'engagement à travers des personnages tels que Gandhi, l'Abbé Pierre, Paul Eluard, Nelson Mandela, Pablo Neruda, Joan Baez..., soit à travers des actions concrètes, quotidiennes : aider à nettoyer une plage polluée, aider des enfants à faire leur devoir...

2 La poésie peut-elle changer le monde ? Voici ce que répondrait J.-P. Sartre :

> **Les mots ne changent pas le monde : ils le dévoilent**
>
> L'écrivain « engagé » sait que la parole est action : il sait que dévoiler c'est changer et qu'on ne peut dévoiler qu'en projetant de changer. Il a abandonné le rêve impossible de faire une peinture impartiale de la Société et de la condition humaine [...].
> Il sait que les mots, [...], sont des « pistolets chargés ». S'il parle, il tire. Il peut se taire, mais puisqu'il a choisi de tirer, il faut que ce soit comme un homme, en visant des cibles [...].
> Dès à présent nous pouvons conclure que l'écrivain a choisi de dévoiler le monde et singulièrement l'homme aux autres hommes pour que ceux-ci prennent en face de l'objet ainsi mis à nu leur entière responsabilité [...]. La fonction de l'écrivain est de faire en sorte que nul ne puisse ignorer le monde et que nul ne s'en puisse dire innocent.
>
> Jean-Paul Sartre, *Qu'est-ce que la littérature ?*, éd. Gallimard, 1947.

■ Partie « Écrivez »

• Le tableau

> #### Un tableau historique
>
> **Goya** était un grand peintre espagnol, dessinateur et graveur, décédé à Bordeaux en 1828.
>
> Ce tableau représente la répression des 2 et 3 mai 1808 : la monarchie espagnole s'est effondrée, Napoléon Ier installe sur le trône son frère Joseph et envahit l'Espagne. Le peuple de Madrid se soulève et est durement réprimé par les soldats de Napoléon. C'est ce que Goya commémore dans ce tableau intitulé *Le 3 Mai 1808*, peint en 1814.

• Ce qui s'est passé avant

Depuis le 2 mai, les Madrilènes avaient commencé les combats de rue contre les soldats de Napoléon Ier. Certains avaient même essayé de convaincre les Français de ne pas tirer. Mais les ordres étaient impitoyables. Les Espagnols qui avaient été faits prisonniers dans les combats de rue du 2 mai furent fusillés le 3 mai, juste avant l'aube.

• La photo

On peut imaginer que ce qui s'est passé avant cette scène a été terrible : explosions, tirs, meurtres... La violence d'une guerre civile interminable et meurtrière.

Cette photographie a été prise en Algérie par un photographe professionnel et a fait le tour du monde. Elle a été critiquée car elle rend le spectateur voyeur d'une scène extrêmement intime : une femme accompagne une autre femme, mortellement blessée, dans le dernier moment de sa vie.

Unité 6	
Pages 70-71	**Leçon 2**

Justifier une action

■ Objectifs

Communication
Comprendre quels sont les motifs d'une action et exprimer les raisons de ses propres actions.

Grammaire
Utiliser les connecteurs logiques permettant d'expliquer ses raisons et de donner les conditions de son action.

Prononciation
Exprimez une nécessité.

Vocabulaire
• un décès, un zèbre, une résolution, des emmerdes (*fam.*), l'adversité, l'extension, un bénévole, un retraité, un financement, un lien, un rôle, un partenaire, l'illettrisme, une privatisation, une expérimentation, les royalties, un actionnaire, une gamme, un boulot (*fam.*), un chiffre d'affaires, une démarche, un cinglé
• inadmissible, mal parti, civique, intergénérationnel, reproductible, onéreux, éthique
• fonder, adhérer, repérer, résoudre, craindre, fédérer, parier, coopérer, favoriser, financer, pérenniser, séduire, gérer, approprier, mélanger

Apport culturel
L'écrivain (essayiste et romancier) Alexandre Jardin.

■ Partie « Découvrez les documents »

1 *Dans une classe, l'enseignant interroge ses élèves et désigne un objet représenté sur une affiche. Un seul élève lève le doigt pour répondre : il n'est même pas certain que ce soit bien « un livre ».*

2 a. *« Lire et faire lire ».*
b. *Créée en 2001.*
c. *Objectifs : transmettre le plaisir de la lecture aux enfants.*

d. *1er problème : l'échec scolaire.*
e. *Les chiffres du succès : 3 000 écoles participent.*

3 a. *Les convictions du « Relais civique » : il faut faire participer les citoyens à la résolution de leurs problèmes.*
b. *La méthode : repérer les initiatives locales qui ont fait leurs preuves pour résoudre un échec inadmissible de notre société. Puis tenter d'étendre cette pratique au niveau national en fédérant les forces nécessaires.*

c. L'action : *identifier des pratiques bonnes pour la société, simples et peu onéreuses, puis réunir rapidement des partenaires pour les étendre.*

■ Partie « Découvrez le reportage »

1 Intérêt d'une marque sociale « Lire et faire lire » :
• pour la chaîne : *le magasin qui vend les fournitures scolaires sous la marque « Lire et faire lire » a une très bonne image auprès de ses clients.*
• pour l'association « Lire et faire lire » : *chaque fois qu'un produit portant sa marque sociale est acheté dans un magasin, celui-ci lui reverse 6%.*
• pour les consommateurs : *plutôt que d'enrichir une marque commerciale, le consommateur verse un peu d'argent à une association. Son achat a donc beaucoup plus de sens.*

2 La réponse du responsable de « Lire et faire lire » au directeur de la chaîne de magasins :
Étant donné que notre action n'a pas pour objectif de rapporter de l'argent, je ne pense pas pouvoir accepter ta proposition.
À partir du moment où nous commercialiserons notre projet, nous risquons de perdre le sens civique de notre action.

■ Prononciation et mécanismes

Exercice 45. Exprimer une nécessité. Reliez les deux phrases entre elles. Utilisez « du moment que », « vu que », « étant donné que », « dès lors que », « puisque ».
• Les enseignants sont dans le coup. Ce programme a toutes les chances de réussir.
→ Du moment que les enseignants sont dans le coup, ce programme a toutes les chances de réussir.
• L'entreprise est d'accord. On peut lancer la livraison.
→ Du moment que l'entreprise est d'accord, on peut lancer la livraison.
• Tout est compris dans le forfait. Vous n'aurez rien à payer en plus.
→ Étant donné que tout est compris dans le forfait, vous n'aurez rien à payer en plus.
• De nombreuses personnes ont envie de travailler pour l'association. Il est facile de trouver des volontaires.
→ Vu que de nombreuses personnes ont envie de travailler pour l'association, il est facile de trouver des volontaires.
• Tu as envie de venir. Autant que tu saches tout de suite ce que tu auras à faire.
→ Puisque tu as envie de venir, autant que tu saches tout de suite ce que tu auras à faire.
• On arrête le choix du collaborateur. On le met tout de suite au courant.
→ Dès lors qu'on aura arrêté le choix du collaborateur, il faudra le mettre tout de suite au courant.

■ Partie « Exercez-vous »

1 *1.d. – 2.c. – 3.a. – 4.b.*

2 Les conséquences.
a. Faute de pouvoir lire, il ne peut pas passer son permis de conduire.
b. Faute de savoir écrire, les adultes illettrés restent en marge de la vie sociale.
c. À partir du moment où tu sauras lire, tu pourras mieux aider tes enfants.
d. À force de volonté, tu pourras surmonter ce handicap.

3 La cause qui précède.
a. Puisque je dois acheter des livres, autant donner mon argent à une marque sociale !
b. Étant donné que je dois créer une marque, autant créer une marque sociale !
c. Puisque nous voulons changer le monde, autant suivre l'exemple des initiatives qui marchent !

■ Partie « Échangez vos points de vue »

1 les raisons expliquant le succès de l'opération « Lire et faire lire » sont les suivantes :
• L'opération s'appuie sur une idée simple : développer les liens entre des lecteurs expérimentés et non expérimentés : les retraités et les enfants.
• Elle reçoit des subventions.
• Elle a su impliquer l'ensemble de la société : les bénévoles, des entreprises conscientes de leur rôle social, de grandes associations, les enseignants et l'Administration qui, pour une fois, a vraiment accepté de coopérer avec la rue.

2 Des initiatives comparables.

> **Le but de notre association : faire respecter le code mondial d'éthique du tourisme**
>
> **Notre point de départ :**
> Nous éprouvons un sentiment de révolte face à l'exploitation des travailleurs à l'autre bout de la planète, la pollution de l'air, de l'eau, de la terre, la supériorité de la rentabilité économique sur la santé…
> Nous avons voulu réagir en utilisant notre pouvoir de touriste : voyager de manière éthique, ce qui signifie assurer un rendement économique aux populations locales, respecter non seulement l'environnement mais aussi l'homme. C'est bien ce que proposent les articles 3 et 5 du code mondial d'éthique du tourisme.
>
> La fonction de notre association est de faire connaître ce code au grand public.

■ Objectifs

Communication
Comprendre des explications orales et écrites
à propos d'un projet ou d'une action.

Grammaire
Donner les raisons et les causes de son action.

Prononciation
Remonter aux causes. Marquer l'insistance.

Vocabulaire
• l'insouciance, la maturité, l'immaturité, la méfiance,
l'agressivité, la ruse, la naïveté, la détermination,
la réanimation, les bip-bip, le scanner, la détresse,
le fondement, le label, la nutrition, l'habitat
• coopératif, lucratif, durable
• conférer, reverser

Apport culturel
L'éthique dans les pratiques professionnelles en France.

Cette leçon repose sur deux annonces un peu particulières : l'une présente le projet d'Alice, l'autre le
projet d'une agence de tourisme éthique. On va donc
comprendre les causes de ces formes d'engagement et
d'action en acquérant les outils linguistiques nécessaires. Ils seront réutilisés au cours d'une interview
finale.

■ Partie « Découvrez les documents »

1 On observe l'image et on lit le texte de l'annonce :
est-ce qu'il y a un rapport entre les deux ? Si oui,
lequel ? Si non, pourquoi ?

2 a. Le visage de la petite fille : volonté, intelligence, insouciance.
b. Le visage d'Alice : maturité, volonté et détermination,
écoute et douceur.

3 « Elle a de la suite dans les idées » et elle sait capter
l'attention de son jeune public.

■ Partie « Imaginez »

1 « J'ai créé cette association parce que je n'ai pas pu
devenir médecin. Je voulais soigner les enfants. J'ai
donc eu l'idée de les soigner par le rire en devenant
clown et en allant jouer devant eux, à l'hôpital. »

2 Autre annonce : pour un club de vacances spécialisé sur le public des enfants ; pour une crème protectrice, pour une gamme de vêtements pour enfants...

■ Partie « Exercez-vous »

2 *motivé, parce que, donné, le point de départ (l'origine,
la motivation, etc.), amenée, rendue, déclenché, vient.*

3 La cause de leurs actions.
a. *Comment je...* – **b.** *L'origine (la source, le fondement)...* – **c.** *vient de (s'explique par)...*

■ Prononciation et mécanismes

Exercice 46. Remontez aux causes.
Formulez la question.
• Le point de départ de mon engagement contre la faim
dans le monde, c'est un voyage aux Indes.
→ Quel est le point de départ de ton engagement ?
• Le point de départ de ma vocation de comédien, c'est
une représentation de *Dom Juan* à la Comédie-Française.
→ Quel est le point de départ de ta vocation de comé-
dien ?
• Le point de départ de nos découvertes, ce sont les
observations que nous avons faites sur les malades.
→ Quel est le point de départ de vos découvertes ?
• Le point de départ du succès de ce parfum, c'est son
audace pour l'époque.
→ Quel est le point de départ du succès de ce parfum ?
• Le point de départ de ma démarche, ce sont les encou-
ragements de mes amis.
→ Quel est le point de départ de votre démarche ?
• Le point de départ de notre conquête du marché, c'est
l'analyse de la concurrence.
→ Quel est le point de départ de votre conquête du
marché ?

Exercice 47. Marquez l'insistance.
Écoutez.
• Mélanger l'associatif et le commercial, tu trouves ça normal ?
– De toute façon, il faudra bien que les enfants achètent des cartables et des trousses à la rentrée.
Répétez.
• Tu es sûr qu'il viendra ?
– Mais oui, je t'assure.
• Tu crois qu'on va gagner ?
– De toute façon, on n'a rien à perdre.
• Tu penses que ça va marcher ?
– Mais bien évidemment.

■ Partie « Réalisez une interview »

2 • Label : *une marque qui garantit l'origine ou la qualité d'un produit et qui atteste qu'il a été fabriqué dans de bonnes conditions. Ex. : le label posé sur une bouteille de vin ou de champagne.*
• ONG : *organisation non gouvernementale. Ex. : Médecins sans frontières.*

• Développement durable : *développement reposant sur la prise en compte des facteurs humains, sociaux, écologiques et économiques. Ex : Croq'Nature : cette association organise des randonnées chamelières au Mali et au Maroc et reverse 6 % de la somme payée par le randonneur (via l'association Amitiés franco-touareg) à des projets de développement : puits, écoles, dispensaires.*

3 Une carte postale représentant une plage idéale, avec du sable blanc et des cocotiers pour attirer l'attention du lecteur et l'inciter à lire le texte.

4 C'est Mustapha el-Gendy, un Égyptien, ancien Président du syndicat des hôteliers de Louxor (Égypte) qui a créé en 1998 le label TFD (Tourism for development).

a. Un hôtel à Louxor, Égypte.
b. La scène :

L'interview

L'étudiant jouant le rôle du journaliste devra préciser pour quel média (audiovisuel ? presse ?) il mène cette interview et dans quel but : comprendre les raisons d'agir de l'interviewé ? promouvoir son initiative ? etc.
Il prépare un questionnaire en utilisant le tableau de la page 73.

Le directeur de l'hôtel exposera ses raisons d'agir.
Le label Tourisme pour le développement signifie que l'hôtel verse un dollar par nuit et par personne dans des projets qui concernent la nutrition ou l'accès à l'eau.
Les raisons de choisir le label sont : le développement de la région, l'environnement et les ressources naturelles, la population, etc.

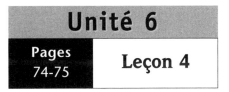

Unité 6
| Pages 74-75 | Leçon 4 |

Exprimer une opposition

■ Objectifs

Communication
• Comparer des manières d'être en société et montrer en quoi elles s'opposent.
• Mettre en valeur les différences ou les contradictions.

Grammaire
Acquérir les moyens linguistiques de formuler des oppositions entre des personnes, des actions, des idées ou des situations et enchaîner des idées.

Prononciation
Exprimez des oppositions.

Vocabulaire
• l'internat, la coupure, le réalisme, l'opportunisme, la servilité, la délation, la trahison, un interne, les environs, la dissertation, un recueil, une persécution, le scoutisme, l'arriération, une ficelle, la prétention
• combatif, rude, irréel, apprêté, attardé, provincial, barbu, rival
• incliner, enchanter, copier, trancher, évoquer, entourer, blesser, prononcer, plaisanter, ceinturer, impressionner

Apport culturel
Le sociologue Pierre Bourdieu.

Cette leçon repose sur la compréhension du texte autobiographique de la p. 74 qui permet d'exploiter le tableau grammatical à l'oral et à l'écrit.

L'engagement du sociologue Pierre Bourdieu

Il naît en 1930 à Denguin, dans les Hautes-Pyrénées, dans un milieu modeste, issu de la paysannerie. Son père est fonctionnaire des Postes. Il entre à l'École normale supérieure en 1951. Agrégé de philosophie en 1955, il part en Algérie où il est assistant à la faculté des lettres d'Alger. Il y mène ses premiers travaux sur les transformations sociales en Algérie. Rentré en France en 1961, il enseigne à la Sorbonne, puis à l'université de Lille.

1964. Il est nommé directeur d'études à l'École pratique des hautes études (EPHE) où Raymond Aron lui confie la codirection du Centre européen de sociologie historique. Bourdieu fondera ensuite son propre **centre de sociologie européenne.** En 1975, il crée la revue : *Actes de la recherche en sciences sociales.*

1981. Après la publication de son ouvrage majeur : *La Distinction* (1979), il devient titulaire de la chaire de sociologie au Collège de France. P. Bourdieu est l'un des intellectuels les plus reconnus en France et dans le monde.

1990. En 1989-1990, il préside une commission de réflexion sur les contenus de l'enseignement commandée par le gouvernement socialiste. En 1993, il dirige un ouvrage collectif *France parle, la misère du monde* qu'il présente comme « une autre manière de faire de la politique ». Lors des grandes grèves de 1995, il participe à un « Appel des intellectuels en soutien aux grévistes ». En 1998, il est aux côtés des chômeurs et soutient les intellectuels algériens. Il dénonce le néolibéralisme. En juin 2000, il est aux côtés des responsables du mouvement altermondialiste pour encourager la constitution d'un réseau de « forces critiques et progressistes » pour lutter contre la globalisation économique.

Quelques mois avant sa mort, il écrit un petit ouvrage autobiographique d'une soixantaine de pages.

Pierre Bourdieu meurt à Paris le 23 janvier 2002.

■ Partie « Découvrez le document »

1 Pierre Bourdieu évoque un souvenir de jeunesse, à l'époque où il était lycéen et interne à Pau dans le sud-ouest de la France (Béarn). Cette époque l'a marqué car il a pris conscience de tout ce qui le différenciait du monde des externes, c'est-à-dire des enfants issus de la bourgeoisie.

2 – Une conception lucide et dynamique des rapports sociaux.

– Le pensionnat, cette formation cruelle qui nous confrontait à la réalité.

3 Reformulations.
– Complètement déconnecté de son entourage.
– Le raffinement bourgeois de leurs habits et les ambitions stylistiques de leurs rédactions.

4 Oppositions

Ce qui oppose les deux « mondes »	Monde des internes	Monde des externes
Vêtements	*Blouses grises retenues par une ficelle.*	*Vêtements apprêtés, leurs culottes courtes, pantalons de golf bien coupés.*
Écriture	*Copient leurs dissertations de français sur les anciens élèves ou dans les corrigés, préparent des « fausses copies » en histoire.*	*Des poèmes, leurs rédactions ont des prétentions littéraires d'écrivains.*
Sujets ou style de discussion	*Les filles, le rugby.*	*Leurs discussions évoquent un monde inaccessible, plaisanteries blessantes au sujet du nom « Bourdieu ».*
Loisirs	*Le rugby.*	*La poésie, le violon, le scoutisme.*
État d'esprit et manières d'être	*Lutte pour la vie, opportunisme, servilité, délation, trahison, barbus, un monde violent et rude.*	*Valeurs opposées : univers de découvertes et de relations humaines « enchantées », homosexualité.*

5 Relire le texte afin de repérer et commenter :
a. « Les valeurs opposées »
• l'opportunisme : c'est le comportement de celui qui tire parti des circonstances sans morale ;
→ à l'opposé : les externes font des choses gratuitement (écrire des poèmes, faire du violon) avec une sorte d'indifférence et de détachement ;
• la servilité (est servile celui qui est soumis à un modèle et qui perd sa dignité d'homme libre), la délation (dénonciation inspirée par des motifs méprisables) et la trahison

(le fait de manquer au devoir de fidélité et de passer à l'ennemi) ;

→ à l'opposé : les externes n'avaient pas de comptes à rendre aux autres puisqu'ils ne vivaient pas en permanence avec eux. Ils échappaient donc à cette nécessité de faire sa place dans un groupe fermé.

b. « Le monde inaccessible »

Le jeune provincial, barbu, en blouse grise, évolue dans un monde concret, combatif, violent et rude où « tout est déjà présent », où l'on est dans « la lutte pour la vie », dans des rapports sociaux où règnent l'opportunisme et la servilité. Les externes viennent d'un monde i**naccessible** à l'interne : il y a une coupure, une frontière entre les deux.

c. Les externes sont « des étrangers un peu irréels » parce que leur culture est totalement étrangère à celle de l'internat.

■ Prononciation et mécanismes

Exercice 48. Exprimer des oppositions. Reliez.

- Les uns font du rugby ; les autres jouent du violon.
→ Alors que les uns font du rugby, les autres jouent du violon.
- Les Européens pratiquent des sports collectifs ; les Nord-Américains préfèrent les sports d'affrontement.
→ Alors que les Européens pratiquent des sports collectifs, les Nord-Américains préfèrent les sports d'affrontement.
- Les films français décrivent des situations ; les films américains les traduisent en actions.
→ Alors que les films français décrivent des situations, les films américains les traduisent en actions.
- Les cuisines du Nord privilégient le cuit, le beurre et la viande ; les cuisines du Sud célèbrent le cru, l'huile et le poisson.
→ Alors que les cuisines du Nord privilégient le cuit, le beurre et la viande, les cuisines du Sud célèbrent le cru, l'huile et le poisson.
- La France accueille 75 millions de touristes ; seulement 5 millions de Français prennent leurs vacances à l'étranger.

→ Alors que la France accueille 75 millions de touristes, seulement 5 millions de Français prennent leurs vacances à l'étranger.

■ Partie « Exercez-vous »

1 Retrouvez les oppositions dans le texte

*Au lycée de Pau, il y avait une frontière entre les internes **d'une part** et les externes, **d'autre part. Alors que** les internes portaient des blouses grises retenues par une ficelle, les externes étaient élégamment vêtus. En période d'examen les internes recopiaient les dissertations de français sur les anciens. **En revanche,** les externes, eux, n'avaient aucun besoin de cela : leurs dissertations étaient déjà perçues comme des productions littéraires.*

2 Soulignez les oppositions

*a. **Alors que** les sports populaires valorisent l'esprit de sacrifice et la force, les sports des classes moyennes et supérieures privilégient l'ampleur, la distance, l'absence de contact direct.*

*b. Les préférences alimentaires des classes populaires sont guidées par une recherche inconsciente de la force et de l'utilité. **En revanche,** les classes moyennes rechercheront plutôt du raffinement et une nourriture légère.*

3 Construisez des oppositions

a. Alors que les films d'aventures plaisent à mon père, les films psychologiques sont plus appréciés par ma mère.

b. Mes grands-parents apprécient de passer leurs vacances à la campagne, près de chez eux. En revanche, nous les jeunes, nous recherchons les grands espaces des pays lointains.

c. Alors que les gens du Nord cuisinent au beurre, les Méditerranéens cuisinent à l'huile.

d. J'aime flâner dans les petites boutiques, mais je vais plutôt dans les grands magasins pour ne pas perdre de temps.

e. Entre 20 et 30 ans, mes soirées se divisaient entre, d'une part, les dîners entre amis à la maison et, d'autre part, les sorties dans les bars et les discothèques.

■ Partie « Parlez »

Observer de nouveaux milieux sociaux

1. Circonstances

- Passer un dimanche **chez les parents** d'un ami(e), d'un mari, d'une épouse, etc.
- Être invité à **un mariage** dans un milieu différent du vôtre.
- Passer un moment dans une **famille à l'étranger**.
- Assister à **un spectacle** totalement inconnu (une corrida, un match de rugby américain, un opéra chinois, un concert de musique classique…).
- Être stagiaire ou recruté dans un nouveau **milieu professionnel** (un cabinet d'avocats, une ferme, une université…).
- Être membre d'un club ou d'une association pour une nouvelle **activité de loisir** (les échecs, le cheval, le ski, le golf…).

2. Racontez **ce** que vous avez observé dans ces milieux :

- les manières de se vêtir, les manières de parler, les manières de se tenir à table, les sujets de discussion, des « codes », des habitudes, des manières de danser, le moment où il faut applaudir, les salutations, les tours de parole, etc.

■ Objectifs

Communication
Formuler son opinion à l'écrit et à l'oral en donnant les raisons de son accord ou de son désaccord.

Prononciation
Nominaliser.

Vocabulaire
• le brouhaha, organismes génétiquement modifiés, la réduction, l'effet de serre, un charivari, le militantisme, la tchatche

• festif, récréatif, décontracté, pragmatique, discutable, écologiste
• éparpiller, circuler, détourner, déboucher, se spécialiser, faire bouger les foules
• Chiche ! À bon entendeur, salut ! Bon vent ! A + !

Apport culturel
L'opinion altermondialiste en France.

Le but de cette leçon est de faire écrire les étudiants comme s'ils étaient sur un forum Internet : pour communiquer rapidement leur opinion aux autres.

■ Partie « Découvrez le document "Forum" »

1 Ce document est extrait d'un forum de discussion produit par le site « Global tchatche » dont le but est de faire circuler les idées, les initiatives en Europe et dans le monde.

2
(Voir tableau ci-dessous.)

	Préoccupations et motifs d'engagement	Choix d'action
Adam	*Écologiste : lutte contre les OGM / pour la réduction des inégalités Nord-Sud*	*La lutte concrète*
Nico	*Antimilitariste*	*La micropolitique de terrain*
Fanfan	*Anti-publicités*	*Détournement des publicités/ Organiser une journée sans achats*
Mariella	*Solidaire avec les sans-papiers et les sans-terre*	*Une campagne dans les écoles contre l'effet de serre*
Cédric	*Activiste aux Restos du cœur*	*Organiser un 1er mai pour un autre futur*
Abdel	*Syndicaliste chez McDonald's*	*La grève, le festival*
Jean	*Militant politique traditionnel*	*Le parti politique*

3 « Agir ensemble »
Selon Cédric, pour agir ensemble, on n'a pas besoin d'être d'accord sur tout avec tout le monde. La colère d'Abdel peut prendre des formes différentes, agir avec les autres prend donc aussi des formes différentes : la grève, le festival, etc.

■ Prononciation et mécanismes

Exercice 49. Voici le verbe, trouvez le nom.
s'opposer → l'opposition
contredire → la contradiction
refuser → le refus
approuver → l'approbation
persuader → la persuasion
convaincre → la conviction

Partie « Organisez un forum »

On constitue des sous-groupes de 4 étudiants. Les activités 1 et 2 permettent aux sous-groupes de voir ce qui les intéresse et de choisir un thème et un nom pour leur forum : *Mots en marche, Pouvoir discuter, Mise en mots, Débattre, Chiche ! Zut alors ! C'est grave ! L'Auberge espagnole*, etc.

Dans chaque forum la discussion est alors lancée : pendant 15 minutes environ, les étudiants échangent des messages écrits, font circuler leurs messages dans le petit groupe, se répondent, lancent de nouvelles idées, ouvrent un nouveau débat, apportent un témoignage, etc.

Un volontaire résume la discussion avec l'aide des autres.

Partie « Élisez le meilleur forum »

La lecture du résumé est très importante pour que les autres étudiants puissent apprécier la diversité de chaque forum et élire la meilleure discussion.

Résumé du forum « Global tchatche »

Si j'ai bien suivi vos échanges, vous êtes tous disponibles pour une mobilisation concrète et pragmatique.
Vous pouvez vous enthousiasmer au coup par coup (ce qui vous a valu de la part de Jean la qualification d'« expert »), mais ce que vous aimez le plus, c'est de vous associer avec d'autres dans l'action et la fête !
Ai-je bien résumé vos positions ?
Signé : Votre animateur

Corrigé du bilan 6

1. a.3. – b.4. – c.2. – d.1.
Monsieur le président,
Je vous fais une lettre car j'ai décidé de m'opposer au travail des enfants.
Je ne supporte plus certaines injustices.
Je suis sur terre pour crier ma révolte.
Ma décision est prise, je vais m'engager pour la dignité des enfants.

2. a.3. – b.2. – c.1. – d.5. – e.4.

3. poussé – le point de départ – déclenché – le fondement – fondé.

4. alors que – mais (pour finir) – en dépit de – d'une part, d'autre part.

5. a.3. : Alors qu'il est très brillant à l'école, il est extrêmement maladroit avec son petit frère.
b.4. : J'ai de nombreux admirateurs, néanmoins je souffre beaucoup de la solitude.
c.1. : Il réussissait sur le plan professionnel sans toutefois perdre ses amis de vue.
d.2. : Je remarque que vous êtes souvent en retard à vos rendez-vous mais que néanmoins vous vous arrangez toujours pour prévenir.

6. a. Je suis convaincu qu'il est nécessaire de multiplier les contrôles. / je ne pense pas qu'il soit nécessaire de multiplier les contrôles.
b. Je suis persuadé qu'il faut aggraver les sanctions. / Je n'admets pas qu'il faille aggraver les sanctions.
c. J'approuve la lutte contre l'alcool au volant. / Je suis opposé à la lutte contre l'alcool au volant.

Unité 7

COMPRENDRE

Présentation de l'unité

Avec l'unité 7, nous entrons dans la seconde partie de Campus 3 qui traite :
• du rapport à soi :
– (7(2)) Raconter un itinéraire personnel,
– (7(5)) Réfléchir à son apprentissage ;
• et du rapport aux autres :
(7(1)) Reformuler,
(7(3)) Comprendre les jeunes,
(7(4)) Défendre une idée.
Ces actes de parole et ces comportements sont contextualisés dans quatre situations de communication et donnent lieu à quatre manières de dire :
1. La reformulation : pour s'assurer qu'on l'a bien compris (7(1)), on reformule le propos de son interlocuteur.
2. Le récit circonstancié : pour bien faire comprendre son itinéraire personnel (7(2)), on en fait un récit dans lequel on donne des détails sur différentes circonstances.
3. On compare les différentes formes d'engagement des jeunes Français (7(3)) avec d'autres pour en avoir une compréhension interculturelle.
4. Pour faire comprendre aux autres une idée non conventionnelle sur l'identité culturelle (7(4)), il faut défendre cette idée de manière claire et ordonnée.
Ces différents actes de parole sont réutilisés pour réfléchir sur son apprentissage des langues (7(5)) : « Parler de sa relation avec les langues étrangères », « Raconter un moment difficile », « Évoquer un lieu... », « Évoquer un personnage » à l'oral et à l'écrit.

Observation collective de la page 79

• **Commentaire de la photo**. Où a été prise cette photographie ? Que font les différents personnages ? Quelle est l'attitude des personnages les uns vis-à-vis des autres ? Quelle est l'ambiance ? À votre avis, de quel cours s'agit-il ?
Explications. La photo a été prise dans un lycée, en classe de seconde ou de première pendant un cours. L'élève debout tente de communiquer avec la classe. L'enseignante évalue l'étudiant dans son cahier. Les autres élèves sont sympathiques. L'ambiance est détendue. On peut imaginer qu'il s'agit d'un cours de langue : l'étudiant lit un texte qu'il a écrit dans une langue étrangère.

• **Commentaire des objectifs de l'unité**.
➜ Commenter l'objectif de l'unité. « Comprendre » dans une langue étrangère est-il un objectif important ? Pourquoi ? Quand vous ne comprenez pas quelqu'un ou quelque chose dans votre propre langue, que faites-vous ?
➜ Y a-t-il des choses que vous ne comprenez pas chez les Français ?

■ Objectifs

Communication
Maîtriser les cinq objectifs de la reformulation : pour lever un malentendu, prouver qu'on a compris, maintenir le contact avec son interlocuteur, clarifier les propos de son interlocuteur, traduire en français standard ce qui a été dit en style argotique.

Grammaire
Utiliser les expressions qui introduisent la reformulation dans le discours.

Prononciation
Reformuler et confirmer un énoncé par l'intonation interrogative.

Vocabulaire
• un pneumatique, un automate, la cordialité, la toile, le vécu, l'incidence
• prétentieux, interchangeable, marrant, insensé, réciproquement
• résider, séjourner, joindre, s'apercevoir, se tromper, affoler, galoper, sortir avec qn, humilier, avoir tendance à, frustrer, s'enthousiasmer pour, se retrouver, abandonner, persuader, transposer
• à tel point que, aller au-delà, foutre qn à la porte *(fam.)*, faire exprès, lever un malentendu, paf !

Apports culturels
Un portrait de femme, par le cinéaste Jean-Luc Godard.

Dans cette leçon, basée sur 2 supports (un reportage et un dialogue de film), les étudiants utiliseront diverses manières de reformuler dans différentes situations de communication. Ils utiliseront les formules du tableau « Reformuler des paroles » dans le cadre des deux jeux de rôles qu'ils mettront en scène en milieu et en fin de leçon.

■ Découverte du reportage

1 Pour une première écoute globale du reportage, faites imaginer les lieux, les personnages et faites préciser le thème de chaque conversation :
Kristel parle à Sabine de sa relation avec les Françaises ; Julie évoque avec Thomas sa vie en Amérique du Nord.

2 Pour la deuxième écoute, faites relever les différentes manières d'exprimer une même idée :
b. l'absence de personnalité → *têtes vides, automates, vide, pauvreté intérieure.*
c. le sens de l'accueil → *toutes les portes s'ouvraient, bienvenue.*
d. l'indifférence → *une sympathie de façade.*

3 Les formules :
En d'autres termes, si je comprends bien.

4 D1 et D2 : *réponses b, c, d.*

■ Partie « Exercez-vous »

Bulles	Qui parle ?	À qui ?	Dans quel but	Reformulez
1. Non, franchement...	*Un acheteur*	*Un vendeur*	*Acheter quelque chose à quelqu'un*	*Croyez-moi, je vous ai déjà fait ma meilleure offre, je n'irai pas plus loin.*
2. J'ai trouvé...	*Un spectateur*	*Un(e) collègue*	*Critiquer un film*	*Le film m'a plu même avec ses défauts : un scénario plein de prétentions et une mise en scène peu discrète.*
3. Tu n'es jamais là...	*Une mère* *Un homme (ou une femme)*	*Son fils ou sa fille* *Sa compagne (ou son compagnon)*	*Lui reprocher sa conduite*	*Tu es absent juste au moment où il faudrait que tu sois là ; j'ignore où tu passes tes nuits ; impossible de te contacter... Il vaudrait mieux qu'on se sépare.* ➡

4. Dans ce roman...	Un écrivain	Un critique littéraire	Expliquer son œuvre	Dans ce livre, je raconte l'histoire de mon héros selon différents points de vue ; certains aspects ne sont jamais évoqués, il reste une part de mystère...
5. Oui, c'est pas mal...	Le client d'un restaurant	Un autre client	Critiquer un restaurant	Ça pourrait être pire : un accueil sans chaleur, trop d'attente entre les plats, et ce qu'on a dans l'assiette est assez commun.

■ Partie « Jouez la scène »

En binôme, les étudiants inventent une situation catastrophique. Faites-leur écrire puis jouer la scène.

Exemple : le personnage A a emprunté à B sa maison pour le week-end. Un incendie va détruire la maison. B demande des explications.

B : Alors ce week-end chez moi, comment ça s'est passé ?
A : Pas si mal, pas si mal...
B : Pas si mal ? **Tu veux dire** pas très bien ?
A : C'est-à-dire... en fait... j'ai déjà vu pire.
B : Attends, tu me fais peur... **Si je comprends bien,** tu as eu des problèmes ?
A : Euh, oui, de gros problèmes... En fait, ta maison ne sera plus jamais la même.
B : Là, je ne comprends rien à ce que tu dis ! Explique-toi, bon sang !
A : Eh bien, **en d'autres termes,** voilà... il y a eu un incendie et ta maison a brûlé !

Jeu de rôles : des choses difficiles à annoncer...

– Le personnage A a emprunté son seul bijou de famille à B pour une soirée. A s'est fait voler le précieux bijou...
– Le personnage A annonce à B (qui revient de voyage) que la femme de B vient de partir pour vivre avec le meilleur ami de B.
– En faisant une promenade nocturne sur les quais, dans un port, le personnage A a laissé tomber les clés du véhicule loué pour les vacances avec des amis et leurs enfants. Ses amis le rejoignent.

■ Partie « Reformulez un récit »

1 Sur cette photographie, Jean-Paul Belmondo et Jean-Claude Brialy embrassent la même jeune fille (Anna Karina).
a. Paul et Pierre sont les deux hommes dont la fille est amoureuse.
b. Les trois erreurs de la fille sont les suivantes :
– elle poste les deux lettres en même temps ;
– elle se persuade elle-même qu'elle a confondu les 2 enveloppes ;
– elle raconte tout au deuxième homme alors qu'il n'est pas du tout fâché contre elle.

2 Préparation du jeu de rôles

Pour préparer les reformulations de Pierre, on peut interpréter la ligne 19 du texte : « Il [Pierre] lui demande des explications ». → *Pierre interrompt la fille et reformule fréquemment ses paroles dans le but d'obtenir des explications.*

Pour préparer les reformulations de Paul, on peut interpréter la ligne 24 : « [Paul] ne dit rien ». → *Il n'interrompt pas la fille. Quand elle a fini de parler, il résume ses paroles et lui demande de partir.*

■ Prononciation et mécanismes

Exercice 50. Reformulez.

• Avec tout ce que j'ai à faire, je crois que je ne pourrai pas *venir*.
– Si je comprends bien, tu ne viendras pas.
• J'ai assez *aimé*, mais ça pourrait être mieux...
– Si je comprends bien, tu n'as pas vraiment aimé.
• Votre projet est très intéressant mais il est difficile à *réaliser*.
– Si je comprends bien, vous ne le réaliserez pas.
• Vous avez de réelles qualités mais vous n'êtes pas tout à fait le profil que nous cherchons à *recruter*.
– Si je comprends bien, vous ne me recruterez pas.
• L'hôtel était très accueillant, mais on a envie d'*aller ailleurs* l'année prochaine.
– Si je comprends bien, vous ne reviendrez pas.
• Je voulais l'*inviter*, mais je n'ai pas eu le temps de l'appeler.
– Si je comprends bien, tu ne l'as pas invité.

Exercice 51. Confirmer par l'intonation interrogative.

Écoutez.

Oui c'est exactement ce que je ressens. Comment tu comprends ça ?

Répétez.

Tu es sûr, tu n'as plus besoin de nous ?
Tu penses que tu vas trouver le chemin tout seul ?
Tu crois vraiment qu'il ne sera pas là ?
C'est donc la première fois que tu la verras ?

■ Objectifs

Communication
Savoir expliquer les circonstances d'une suite d'actions enchaînées à l'oral et à l'écrit, en racontant son itinéraire personnel.

Grammaire
Utiliser les connecteurs temporels qui permettent de marquer la succession, le déroulement et le rythme dans un récit, à l'écrit et à l'oral.

Prononciation
Expliquer les circonstances en décrivant et reliant deux actions simultanées.

Vocabulaire
• un itinéraire, un livre d'art, un impact, un écho, une corrida
• invendu, préalable, formellement, interchangeable
• découper, côtoyer, déclencher, s'approprier, renoncer, tenter, démultiplier, se procurer, au fur et à mesure

Apports culturels
L'artiste Alexandra Verga et ses livres d'art.

■ Déroulement de la leçon

Cette leçon se déroule en 3 séquences :
– compréhension de l'itinéraire d'A. Verga (travail en groupe) ;
– étude du tableau de grammaire et production d'un premier récit (travail à deux) ;
– production individuelle d'un récit autobiographique (travail individuel).

■ Découverte du document

Avant même de faire lire le texte, on posera les questions suivantes :
• Où a été publié cet article ? *(dans une revue française intitulée « Culture en mouvement »)*
• De qui parle-t-on ? *(d'une artiste argentine)*
• Quel est le lien entre cet article et le thème de votre leçon ? *(L'article va raconter l'**itinéraire** de l'artiste entre Buenos Aires et Paris.)*
• Y a-t-il un lien entre l'illustration et le texte ? *(Ceci est une œuvre d'A. Verga.)*

1 Les différentes étapes du parcours d'Alexandra

• 1er paragraphe : de 1985 à 1990, *elle est étudiante à l'École des beaux-arts de Buenos Aires.*
• 2e paragraphe : en mai 1990, *elle quitte définitivement l'Argentine pour vivre en France.*
• 4e paragraphe : lors d'un séjour en Espagne, *elle assiste à une corrida et fait entrer la figure du Taureau dans son œuvre.*

• 5e paragraphe : de retour à Paris, *elle crée son premier livre d'art.*

2 Le sens des quatre expressions

a. Elle évalue pour la première fois l'impact de son environnement sur sa créativité : *elle découvre que sa culture argentine influence son œuvre.*
b. Elle pensait que les lieux étaient interchangeables : *elle pensait que vivre là ou ailleurs ne changerait rien à son œuvre.*
c. Aucun mot ne déclenche ces sensations : *les mots ne provoquent aucun sentiment.*
d. Il lui faudra des années pour se sentir en écho avec la langue : *il lui faudra du temps pour créer une complicité avec la langue française.*

■ Partie « Exercez-vous »

2 Ces connecteurs permettent de :
• situer le début de l'action : *De 1985 à 1990, En mai 1990* ;
• donner un rythme à l'action : *Enfin, Pour la première fois, Lors d'un séjour, De retour à Paris, Quelque temps après son retour* ;
• préciser le déroulement de l'action : *Au fur et à mesure, Pendant toute cette période, Petit à petit* ;
• situer le début d'une nouvelle série d'actions : *désormais.*

3 Deux itinéraires

On notera au tableau les noms des personnalités historiques, littéraires ou imaginaires proposées par les étudiants. On les aidera à écrire (par équipes de 2) l'itinéraire du personnage choisi en leur donnant « les 9 clés d'un récit d'itinéraire ».

Les 9 clés d'un récit d'itinéraire
(d'après Propp et Greimas)

Application sur l'itinéraire d'A. Verga – 1. *Le héros :* c'est un homme, une femme, un enfant ou un groupe. Alexandra **2.** *Le désir et le manque :* le héros ressent un manque et un désir qu'il va tenter de combler en quittant son pays, sa région ou son groupe d'origine. Elle désire devenir peintre. **3.** *L'objet :* le héros va conquérir ou créer un « objet » matériel ou spirituel, concret ou abstrait. Une œuvre d'art **4.** *La quête :* c'est l'itinéraire personnel du héros. Le voyage d'Alexandra **5.** *Les obstacles :* ils sont physiques (frontières, montagnes, guerres, etc.), matériels (manque d'argent, etc.) et psychologiques (sentiment de peur, difficulté de parler une langue étrangère, déracinement, etc.). Impossibilité de créer en France **6.** *Les amis :* personnages réels ou imaginaires qui aident le héros à surmonter les obstacles. le taureau espagnol, la truite, un vieux livre **7.** *Les conseillers :* ils donnent de bons ou de mauvais conseils au héros ! « Peu importe où tu vis ! tu peindras n'importe où ! » **8.** *Les adversaires :* ils s'opposent au héros. Les mots français **9.** *Le dénouement :* c'est le résultat atteint par le héros au bout de sa quête. Elle crée une œuvre originale, en français.

---

4 Les deux actions simultanées sont énoncées dans deux phrases juxtaposées :

a. *Coupé(e) de sa langue, il/elle ne pouvait plus communiquer.*

b. *Parti(e) un matin, il/elle n'est jamais revenu(e).*

c. *Persuadé(e) de gagner, il/elle a battu tous ses adversaires.*

d. *Devenu(e) francophone, il/elle peut créer en français.*

e. *Absorbé(e) par son travail, il/elle ne s'occupe plus des enfants.*

■ Partie « Racontez »

Pour préparer cette production écrite individuelle, on demandera aux étudiants de transformer le texte de la page 82 à la première personne, en utilisant le tableau « Expliquer les circonstances » et les « 9 clés » vues précédemment. Les étudiants pourront ensuite écrire leur propre récit autobiographique.

Alexandra Verga raconte son itinéraire :

« *C'était à la fin du siècle dernier*, j'étais une jeune artiste argentine nommée Alexandra Verga. Je vivais à Buenos Aires, entourée d'artistes.

Un jour, dans les années 90, j'ai pris la décision d'aller installer mes pinceaux et mes toiles à l'autre bout du monde, en Europe. Je voulais conquérir Paris, cette ville inconnue. *En mai*, je quittais donc ma patrie et ma mère. Je voulais créer une œuvre d'art mais autour de moi, dans mon pays, on ne comprenait pas mes motivations. Comme je l'écrirai *plusieurs années plus tard* dans l'un de mes livres : "On ne comprenait pas bien cette femme, on ne discernait pas ses exigences ni les critères qui gouvernaient ses options" (regardez mon illustration p. 82). En fait, je voulais repartir de zéro pour créer quelque chose de neuf.

Dans les années qui ont suivi, les obstacles seront nombreux mais jamais insurmontables : le plus difficile sera de m'approprier la langue française. *Par hasard*, des personnages imaginaires et un objet m'aideront à me métamorphoser : un taureau de corrida, l'image d'une truite et un vieux livre qui, comme par magie, racontait des fragments de ma propre histoire.

Désormais, je parle, vis et crée en français. *Je continue* de découper des mots dans de vieux livres invendus et, avec eux, ma quête *se poursuit* : dire autre chose que ce que j'aurais pu imaginer dans ma langue maternelle. »

■ Prononciation et mécanismes

Exercice 52. Expliquez les circonstances. Décrivez deux actions simultanées. Reliez.

• Être plongé dans la vie artistique argentine ; côtoyer les peintres du moment. *(Elle)*
– Plongée dans la vie artistique argentine, elle côtoie les peintres du moment.

• Être coupé de ses racines ; avoir des difficultés à s'adapter. *(Elle)*
– Coupée de ses racines, elle a des difficultés à s'adapter.

• Être arrivé au bureau avant tout le monde ; découvrir la mauvaise nouvelle. *(Je)*
– Arrivé au bureau avant tout le monde, j'ai découvert la mauvaise nouvelle.

• Être persuadé de partir ; tout arrêter. *(Il)*
– Persuadé de partir, il a tout arrêté.

• Être décidé à finir le travail commandé ; s'enfermer trois jours. *(Je)*
– Décidé à finir le travail commandé, je me suis enfermé trois jours.

• Être déçu par le groupe ; ne s'intéresser qu'à soi *(Il)*
– Déçu par le groupe, il ne s'est intéressé qu'à lui.

■ Objectifs

Communication
Savoir reconnaître et établir en contexte des comparaisons nuancées. Introduire l'idée de progression.

Grammaire
Savoir utiliser les formules de la comparaison en phrases et en textes.

Prononciation
Exprimer des comparaisons.

Vocabulaire
• une association, l'intolérance, un mendiant, une pétition, un échantillon, un sans-abri, la myopathie
• tolérant, incontournable, associatif, faiblement
• défiler, manifester, pétitionner, se mobiliser, fonder, s'impliquer, s'investir, rejoindre

Apports culturels
• Les nouvelles formes d'engagement.
• Les élections municipales.

Cette leçon repose sur deux documents écrits et un encadré grammatical.

On guidera les étudiants vers la rédaction et la présentation d'un texte collectif. On pourra alors demander à l'ensemble du groupe de voter pour le texte le plus intéressant.

■ Découverte du document

Avant de le lire, faites regarder le document pendant quelques secondes de façon à obtenir des réponses aux questions suivantes : Comment le journaliste a-t-il écrit ce texte ? En quoi va-t-il nous aider à « comprendre les jeunes » ?

Réponses : *Écrit à partir des résultats d'une enquête menée auprès de 543 jeunes de 15 à 24 ans, cet article nous aidera à comprendre quels sont les thèmes qui mobilisent les jeunes Français.*

1 • *défiler* : passer solennellement l'un derrière l'autre, devant des spectateurs.
• *manifester* : démontrer collectivement et de façon organisée son opinion, sa volonté.
• *pétitionner* : signer un texte dans lequel une ou plusieurs personnes s'adressent aux pouvoirs publics pour demander ou dénoncer quelque chose.
• *descendre dans la rue* : défiler dans la rue pour manifester une opinion.
• *se mobiliser* : se motiver pour agir.

2 Les thèmes qui les mobilisent sont, par ordre décroissant : *le sida, l'intolérance, la pauvreté, le racisme, l'emploi, l'égoïsme, l'environnement.*
Leurs types de mobilisation préférés sont : *les pétitions et les manifestations dans la rue. Les formes les*

moins utilisées sont les dons en argent, l'adhésion à une association et l'action militante.

3 Exemple d'un avis sur ce classement

Les jeunes Français se sentent concernés en premier lieu par ce qui risque de les toucher dans leur chair (le sida), puis viennent les valeurs humaines, sociales, écologiques et interculturelles. Ils commencent par signer individuellement des pétitions avant de descendre dans la rue pour manifester collectivement leur opinion. À mon avis, dans les années à venir, les jeunes Français seront de plus en plus mobilisés tout en préservant leur liberté et leur autonomie.

■ Partie « Exercez-vous »

1 Un militant
a. Plus Pierre rencontre de chômeurs, plus il milite pour l'emploi.
b. Il est d'autant plus sensible à ce problème qu'il a été lui-même chômeur.
c. Au fur et à mesure que Pierre comprend que beaucoup d'hommes politiques font leur métier par ambition, il se détourne des partis politiques.
d. Il a de moins en moins envie de s'inscrire à un parti.
e. Il en a d'autant moins envie qu'il veut rester libre de ses actes.

2 Rétablir la vérité

a. V – b. V – c. F (Ils sont plus mobilisés par les problèmes d'environnement que par la guerre. – d. F (Ils sont un peu plus mobilisés contre le sida que contre le racisme.)

Partie « Exprimez-vous »

Remarque : Le rapport existant entre Zebda et la liste des Motivé-e-s est indiqué au-dessous de la photographie (p. 84) : *C'est un groupe de rock toulousain, Zebda, qui a lancé le mouvement des Motivé-e-s.*

Comment est née la liste des « MOTIVÉ-E-S » ?

En 1988, les frères Amokrane (Mustapha et Akim) et Magyd Cherfi, tous trois Toulousains et fils d'immigrés algériens, fondent Vitécri, une association de quartier qui permettait aux jeunes de faire du théâtre, de la vidéo, d'écrire. Un jour, pour réaliser un court-métrage, ils ont besoin de filmer un groupe de musique. Ils jouent quelques morceaux avec quatre amis, musiciens toulousains de culture rock, passionnés par la rencontre des styles. C'est comme ça que Zebda va naître. En 1997, Zebda rassemble sur un CD une douzaine de chants de lutte très connus en France. Pour accompagner le « Chant des partisans » (écrit par Joseph Kessel et Maurice Druon, et chanté pendant la Seconde Guerre mondiale), ils écrivent le refrain suivant : « motivés, motivés : il faut se motiver, motivés, motivés : soyons motivés ». Ce refrain et le CD deviennent vite un succès populaire. Avec l'argent du CD, Zebda soutient des projets dans les quartiers défavorisés et crée un mouvement politique associatif pour replacer le citoyen au cœur de la vie toulousaine. Ce mouvement est baptisé : Les Motivé-e-s, comme sa liste qui obtient 12 % des voix aux élections municipales de Toulouse en mai 2001. Élus pour 6 ans, les quatre élus font désormais l'expérience de l'exercice politique.

2 *Cette orthographe a pour but de faire une place aux femmes dans l'orthographe des mots, dans la langue elle-même.*

3 *Ce texte a été écrit en mars 2001, à Toulouse, par les candidats de la liste des Motivé-e-s, dans le but de convaincre les électeurs toulousains de voter pour cette liste*

4 *Ce programme est original parce qu'il est différent des autres. Il peut intéresser les Toulousains prêts à s'engager dans la vie locale. Il est réaliste car basé sur des idées très simples. Il ne sera efficace que si l'ensemble des citoyens le met en œuvre dans la « vie de la cité » (c'est d'ailleurs ce que signifie le mot « politique »).*

5 On propose à l'ensemble de la classe de choisir un thème d'élection. Puis, on crée des sous-groupes. Chaque sous-groupe donne un titre à son programme. Différents « textes d'appel » sont présentés à la classe qui votera pour le plus convaincant.

Texte d'appel de la liste des Passionné-e-s
(Campagne pour l'élection du comité « Notre ville francophone » pour 2 ans)

On est étudiants, on est étudiantes, d'ailleurs et d'ici, on aime le français.
Comme vous, on est simplement francophones, apprenant-e-s et habitant-e-s de cette ville.
On vous présente une liste pour agir ensemble tout simplement.
Nos passions sont la fête, la discussion, la découverte des langues étrangères, les échanges internationaux, la culture…
Nous voulons vous faire participer à nos décisions pendant 2 ans.
On vous invite donc à nous rejoindre pour parler de tout cela.
Etc.

■ Prononciation et mécanismes

Exercice 53. Exprimez des comparaisons. Transformez.

• Les jeunes se mobilisent contre l'intolérance et contre la pauvreté.
– Les jeunes se mobilisent aussi bien contre l'intolérance que contre la pauvreté.
• Les jeunes sont concernés par la guerre et par l'environnement.
– Les jeunes sont aussi bien concernés par la guerre que par l'environnement.
• Les jeunes sont impliqués dans la lutte contre le sida et contre le racisme.
– Les jeunes sont aussi bien impliqués dans la lutte contre le sida que dans la lutte contre le racisme.
• Les électeurs sont sensibles à la lutte contre l'insécurité et contre le chômage.
– Les électeurs sont aussi sensibles à la lutte contre l'insécurité qu'à la lutte contre le chômage.
• L'opinion internationale se mobilise contre les inégalités et les dictatures sanguinaires.
– L'opinion internationale se mobilise autant contre les inégalités que contre les dictatures sanguinaires.

Défendre une idée

■ Objectifs

Communication
Savoir défendre une idée à l'oral et à l'écrit de manière organisée et argumentée.

Grammaire
Savoir utiliser dans différents contextes les formules présentées dans le tableau « Défendre une idée ».

Vocabulaire
• la maîtrise, l'ingéniosité, la facette

• meurtrière, crucial, méditerranéen
• mêler, se métisser, se compartimenter, se répartir, cloisonner, façonner, murmurer, connecter, concilier, recomposer

Apports culturels
Deux écrivains francophones, méditerranéens.

Cette leçon repose sur deux textes littéraires, un reportage et un encadré grammatical.
La compréhension de ces documents a pour but la confrontation des points de vue des étudiants, à l'oral, dans le cadre d'un débat.

■ Découverte des documents

1 a. relier : *jeter des ponts* – retrouver son pays natal : *tirer à soi toutes ses terres* – se stabiliser : *poser ses valises* – évoluer en intégrant des mots étrangers : *se métisser*.
b. *Leila est une étudiante francophone d'origine arabe. Elle vient de terminer un mémoire de maîtrise. J.-C. Izzo parle d'elle parce que son travail est remarquable.*
c. *« Poésie et devoir d'identité ».*
d. *D'après Leila, la langue française est la seconde patrie des migrants. Comme elle, je pense que chaque langue se « métisse » grâce aux apports des étrangers. Par exemple, dans ma langue, tel ou tel mot vient de telle ou telle origine étrangère.*

2 a. Idée de partie et de séparation : *une moitié, se compartimenter, se répartir, un tiers, cloisonné.* – Idée de totalité et de réunion : *une seule, tous les éléments, pleinement, l'ensemble de mes appartenances.*
b. *Une identité est faite de tous les éléments qui l'ont façonnée selon un dosage particulier qui n'est jamais le même d'une personne à l'autre.*
c. On peut chercher des exemples parmi les enfants d'une même famille, d'un même village ou encore d'une même école :

Je peux donner comme exemple... Cette idée peut être illustrée par *le cas de mes frères et sœurs. Nous avons été éduqués quasiment de la même façon et pourtant, nous sommes très différents. C'est la preuve que nous n'avons pas retenu les mêmes « éléments » ou que nous ne les avons pas « dosés » de manière identique pour façonner notre identité.*
d. *Je suis assez d'accord avec cette définition car je pense moi aussi que l'identité est un ensemble d'éléments disparates que chacun organise comme il peut, pendant toute sa vie, de différentes manières, en fonction des situations et des événements.*

3 Ce que les deux textes ont en commun :
• Une attitude commune aux deux personnages : *Leila jette des ponts entre l'Orient et l'Occident. Amin Maalouf jette des ponts entre la France et le Liban.*
• Conceptions de l'identité : *pour Leila, le migrant investit la langue française qui elle-même se métisse à son contact. L'identité d'Amin Maalouf est un dosage d'éléments hétéroclites, l'ensemble de toutes ses appartenances.*
• Mots communs aux deux textes : *identité, libanais.*

■ Le reportage

1 – *Pour Yasmina, l'identité est l'ensemble de tout ce qui lui a été transmis et de ce qu'elle a acquis par elle-même.*
– *L'identité d'Andrea s'est forgée en opposition à celle de ses parents.*
– *Rachid se demande comment résoudre les contradictions identitaires entre tradition et modernité.*

– Pour Mariella, la seule manière de résoudre cette contra-diction est de l'accepter! C'est-à-dire de considérer son identité comme un puzzle inachevé.

2 Yasmina et Mariella sont très proches des DEUX textes : elles ont une vision dynamique et « bricolée » de l'identité. Rachid et Andrea n'ont pas la même perception : ils cloi-sonnent, ils séparent, ils opposent.

◼ Partie « Exercez-vous »

1 Les marques de l'argumentation
Les étudiants devront relever les connecteurs logiques (cf. également p. 75) et la formulation de l'opinion :
– Texte 1 : *J'étais persuadé, j'avais trouvé... remar-quable, mais, Surtout, pour elle, affirmait-elle.*
– Texte 2 : *Donc, Pas du tout! ni..., ni..., ni... ; jamais, expliquer avec mille détails, pour quelles raisons précises, je revendique.*

2 Présenter des arguments
a. Pour les gens de ce pays, tu resteras toujours un étranger...
*Mais c'est précisément ce que je recherche : me sentir étranger! En fait, ta remarque est **un argument en faveur** de mon départ! **En outre,** lorsque je reviendrai ici, je serai également considéré pendant quelque temps comme un étranger. Mon besoin de me couper de mes racines **se manifeste par** une mobilité permanente!*

b. Tu vas perdre une partie de toi-même.
*Je ne pense pas. **En fait,** je crois **plutôt** que je vais retrouver une partie de moi-même!*
***De plus,** je vais découvrir de nouvelles facettes de mon identité, je vais **notamment** apprendre à me débrouiller avec une autre langue, etc.*

c. Tu ne comprendras pas leur humour. Tu vas perdre le goût de rire.
*Il est vrai que l'humour est très difficile à saisir à l'étran-ger, **en particulier** dans les premiers mois. **D'ailleurs,** maîtriser l'humour est vraiment le signe d'une connais-sance culturelle approfondie. **Certes,** j'aurai moins d'oc-casions de rire, **surtout** au début, **mais** cela ne signifie pas que je perdrai le goût de rire!*

2 Résumé (cf. tableaux des pages 39, 75, 87)
***Alors que** pour Yasmina, l'identité est l'ensemble de tout ce qui lui a été transmis et de ce qu'elle a acquis par elle-même, Andrea **démontre qu'**il vit d'une manière totale-ment opposée à celle de ses parents. Pour Rachid, **cet exemple prouve qu'**il n'est pas facile de résoudre les contradictions entre ce qui est transmis à l'individu et ce que celui-ci apprend dans le monde moderne. Pour Mariella, **ces illustrations sont des arguments en faveur** d'une conception inachevée de l'identité vue comme un puzzle jamais fini.*

◼ Partie « Organisez un débat »

1 Pour mener cette activité, on proposera aux étudiants de formuler en groupes les facettes de leur identité. Lorsque tout le monde s'est exprimé, un étudiant résume quels sont les points communs aux étudiants de son groupe.

2 Chacun pourra conclure le débat en comparant sa conception de l'identité avec celles des différents personnages vus dans la leçon.

Pour parler des facettes de son identité

• Nommer les clubs, associations, comités, groupes scolaires, groupes professionnels, groupes de loisir, etc., dans lesquels on a eu des activités tout au long de sa vie.
• Nommer trois livres, films ou personnages qui vous ont durablement marqués et expliquer pour-quoi.

■ Objectifs

Communication

Parler de sa relation avec les langues étrangères à l'oral (répondre à un questionnaire) et à l'écrit (raconter un moment difficile, évoquer un lieu, un objet et un personnage liés à l'apprentissage d'une langue).

Prononciation

Suggérer.

Vocabulaire

• la fente, le baratin *(fam.)*, l'abîme, la grappe, un moment clé, un clavecin, un continent, la récré *(fam.)*

• plurilingue, opaque, livresque, fantasmatique, morveux, chaotique, dénué, analogique, émotif, manipulateur, grossier, flagrant, neutre, subtil, monocorde, discret, raffiné, magique, vif
• évoquer, paniquer, inventer, terrifier, babiller, renoncer, coïncider, exagérer, exprimer, crisper

Apports culturels

L'écrivain francophone Nancy Huston

Cette leçon repose sur un questionnaire et deux textes littéraires.
Après une phase de production orale (interviews par binômes), le travail sera orienté vers la production écrite de trois récits courts.

■ Le questionnaire « Vous et les langues... »

2 Rédaction des réponses

1. *J'ai eu plusieurs occasions d'écouter et de lire quelques langues différentes à travers des conversations, des chansons et des cours. Dans mon pays, nous avons trois langues, à part l'anglais : le malais, le mandarin (que je comprends bien), le tamoul et quelques langues aborigènes.*

2. *En voyageant j'ai pu enrichir ma connaissance des langues. En Asie, en Europe et en Amérique, j'ai pu entendre une dizaine d'autres langues : le français, le néerlandais, l'allemand, l'italien, l'espagnol, le turc, l'hébreu, l'arabe et le grec. Celles que j'aime le plus sont : le malais (évidemment), le néerlandais et l'hébreu.*

3. *Oui, cela m'arrive chaque jour de traduire des idées du français vers l'anglais (ou l'inverse).*

4. *J'ai appris à observer divers phénomènes culturels : la manie qu'ont les Français de vous proposer un apéritif avant le dîner alors que vous avez faim !*
Mais l'une de mes expériences les plus inoubliables est la façon de dire l'heure en Europe continentale. À 8 h du soir, les gens disent 20 h au lieu de dire 8 pm comme j'ai appris à le faire dans le système américain. C'est comme ça que j'ai raté un train Barcelone-Paris parce que je croyais qu'il partait à 11 h du soir et j'ai dû passer la nuit à la gare !

5. et 6. *Il m'est déjà arrivé de jouer le rôle de traducteur pour les étrangers et d'aider les gens à se comprendre entre eux, pour éviter des malentendus.*

7. *Quand j'étais en Malaisie, je me considérais comme bilingue, mais après avoir passé deux ans en France, je suis fier de dire que je suis devenu plurilingue et pluri-culturel.*

■ Partie « Racontez un moment difficile »

1 – *scolaire* : qui a été appris à l'école.
– *livresque* : qui vient des livres, qui est purement théorique (opposé à vécu, pratique, réel).
– *fantasmatique* : qui vient de l'imagination et n'est pas connecté à la réalité.
– *vivant* : qui vit.
On donnera aussi le sens du mot « baratin » : discours trompeur pour vanter une marchandise (*cf.* boniment, bobard).

2 Le dialogue : on demandera aux étudiants d'écrire et de jouer ce dialogue afin de vérifier qu'ils utilisent bien la question : « C'est de la part ? » et « C'est de la part de qui ? » dans le contexte.
Nancy : *Allô, je voudrais parler à Mme Baratin s'il vous plaît.*
La secrétaire : *C'est de la part ?*
Nancy : *Est-ce que Mme Baratin est là ?*
La secrétaire : *Vous êtes madame... ? C'est de la part de qui ?*

Nancy : *Je suis Nancy Huston, de l'université de New York. Est-ce que Mme Baratin est là ?*
La secrétaire : *Oui, je vous la passe !*

3 Le récit d'un moment clé
• Un point de grammaire
« *Le moment où j'ai compris que le petit mot "ne" qui fait partie de la négation écrite est rarement utilisé dans la conversation parlée...* »
• Être premier
« *À l'âge de 13 ans, j'ai commencé mes cours de français à l'alliance française de Colombo, au Sri Lanka. Être premier en langue française, dans mon pays, a été un succès énorme dans mon parcours...* »
• Les examens
« *Le français n'a jamais été mon sujet préféré dans mon université en Angleterre. Les examens oraux étaient un cauchemar et je n'arrivais jamais à dormir la semaine avant...* »

■ Partie « Évoquez un lieu... »

1 a. *qui arrive par hasard : fortuit.* – **b.** *évident : clair.* – **c.** *obligatoire : imposé.* – **d.** *rare et raffiné : discret et subtil.*

2 Attention ! « manipulatif » n'existe pas (c'est une invention de N. Huston). Il faut dire « manipulateur ».
• L'anglais = le piano → maternel, émotif, romantique, manipulateur, sentimental, grossier.
• Le français = le clavecin → neutre, intellectuel, subtil, monocorde, discret, raffiné.

3 On proposera aux étudiants d'associer un instrument de musique pour parler de leur langue maternelle et un autre instrument pour le français.
Puis, ils qualifieront ces deux langues.

4 Décrivez un lieu ou un objet qui a joué un rôle particulier.
• Au cinéma
« *La France que je voyais dans les films, quand j'allais au cinéma en Malaisie, était une France imaginaire : la Côte d'Azur avec des gens bronzés qui passent leur temps à la terrasse des cafés, enthousiastes et passionnés (très méditerranéens), des femmes bourgeoises à la mode, qui se baladent avec leur caniche, des boutiques de haute couture à chaque coin de rue...* »
• Un manuel de français
« *Un objet a joué un grand rôle dans mon apprentissage du français à Chypre : un livre de français. Je donnais des cours de français à mon petit frère qui avait des difficultés et j'ai plus appris dans son manuel (très joli) que dans le mien (très gris et pas drôle).* »

Le clavecin

Le clavecin est un instrument de musique qui apparaît en Europe à l'époque de la musique baroque (XVIe et XVIIe siècles). C'est un instrument à cordes pincées (très différent donc du piano) constitué d'un ou de deux claviers. Il est fabriqué en bois précieux, orné et recouvert de laque de Chine : c'est une œuvre d'art. Instrument aristocratique, réservé à la musique savante et à la cour du roi, il sera servi par des compositeurs tels que Bach (Allemagne), Rameau, Couperin (France), Scarlatti (Italie), et disparaîtra, détrôné par le piano en 1780.

■ Partie « Évoquez un personnage »
1 a. V – **b.** F – **c.** V – **d.** V.

2 Évoquez un personnage ayant joué un rôle important.
• Un professeur
« *Il avait l'habitude de se précipiter sur un élève et de lui poser un tas de questions auxquelles sa victime devait répondre spontanément.* »
• Un ami
« *C'est grâce à un ami que j'ai confiance en moi pour parler français. Il a passé beaucoup d'heures avec moi à parler français et je sais que sans lui, je n'en serais pas là aujourd'hui. Toutefois, maintenant, il se plaint que je reçoive de meilleures notes que lui en français !* »

■ Prononciation et mécanismes
Exercice 54. Suggérer.

Écoutez
Si vous voulez parler l'espagnol, il faut apprendre à chanter.

Répétez
Si vous voulez réussir, il faudra travailler dur.
Si vous souhaitez passer le concours, il faut vous inscrire à la préparation.
Si vous voulez qu'on se revoie, téléphonez-moi.
Si vous voulez qu'on dîne ensemble, appelez-moi.

Corrigé du bilan 7

1. a. réaliser – **b.** zut ! – **c.** elle est paniquée – **d.** elle court – **e.** elle est obligée – **f.** il la jette dehors.

2. f.-d. : Je souhaite démontrer que votre politique sociale a été un échec **en particulier** dans le domaine économique.
a.-c. : **Mais** monsieur, pour cela, vous devez prouver que le pays va mal ! **Or**, tout démontre le contraire !
h.-i. : Madame, les grèves récentes confirment nos analyses : votre politique conduit à la catastrophe.
g. : Si vous prenez les grèves pour illustrer nos erreurs, **alors**…
e.-b. : Ces grèves sont des arguments en faveur d'une autre politique. Vous devriez reconnaître que votre politique a été un échec.

3. a.-3. : Coupé(e) du peuple, il/elle ne sait plus parler aux gens de la rue.
b.-5. : Motivé(e) par la vie de la cité, il/elle se présente aux élections municipales.
c.-4. : Passionné(e) par la musique, il/elle veut en faire un métier.

d.-1. : Révolté(e) par la guerre, il/elle organise une marche pour la paix.
e.-2. : Hostile aux médias, il/elle n'allume pas la télévision.

4. Au cours de l'été 62 – le jour même – Désormais – Pendant les dix premières années – pour des raisons très diverses – Jusqu'au jour où – Quelques jours plus tard – c'était le jour de – progressivement.

5. Le français n'a jamais été pas ma discipline préférée. En Grande-Bretagne, c'était ma matière la plus faible. Quand je devais parler, je n'avais pas confiance en moi. Je me suis toujours représenté le français comme une langue difficile et je vivais les examens oraux comme de vrais cauchemars. Il m'était impossible de dormir pendant toute la semaine qui précédait.
Jason m'a complètement débloquée ! Nous avions de longues conversations en français et il m'écoutait avec beaucoup de patience et de gentillesse. Sans son aide et sa disponibilité, je ne serais pas en séjour en France aujourd'hui.

Unité 8

Se distraire

Présentation de l'unité

L'unité 8 vous conduit dans l'univers des mots, des procédés et des situations de communication dont l'objectif est soit de faire rire les autres, soit de rire avec les autres. Pour atteindre le premier objectif : faire rire les autres, deux procédés expressifs seront étudiés :
– 8.4. Jouer la comédie,
– 8.5. Jouer avec les mots,
ainsi qu'un procédé discursif :
– 8.1. Généraliser.
On s'attachera également à découvrir les codes du rire pour accéder au sens et rire avec les autres. C'est ce qui sera fait dans les leçons :
– 8.2. Découvrir la bande dessinée,
– 8.3. Comprendre le rire.
Ces objectifs de communication seront atteints grâce à l'analyse de quelques œuvres cinématographiques, graphiques, théâtrales, picturales, etc.

Observation collective de la page 91

• **Commentaire de l'image.**
Décrivez cette image :
– Que voyez-vous ? À quoi cela vous fait-il penser ? D'où peut bien être extraite cette image ? Qui pourrait en être l'auteur ?
– Qu'est-ce que vous pouvez imaginer du personnage ? de ce qui le fait rire ?
L'œuvre reproduite ici est une œuvre intitulée *Icon 5* de l'artiste américain Keith Haring (on pourra donner des indications sur sa vie en se reportant à sa biographie plus loin dans la leçon).

• **Commentaire des objectifs de l'unité**
→ Que signifie « se distraire » pour vous ? Qu'est-ce que vous aimez faire pour vous distraire ? Qu'est-ce que vous savez des distractions des Français ?
(par exemple, aux Antilles, on peut se distraire en allant assister à un « combat de coqs » ; ou encore, dans le sud de la France, on peut assister à une corrida, etc.).
→ Inversement, y a-t-il chez vous des façons de se distraire inconnues des Français ? Lesquelles ?

■ Objectifs

Communication
Exprimer la sympathie et l'antipathie.

Grammaire
Généraliser/particulariser.

Prononciation et mécanismes
Généraliser.

Vocabulaire
• le contrôle, les transports en commun, un gendarme, l'immigration, un pompier, un pot (d'échappement), un rabbin

• contraster, caractériser, se distinguer, se différencier, détester, doubler, estimer, polluer, haïr, mettre à l'écart, rejeter, repousser, tolérer, tripler
• aimable, bienveillant, cordial, catholique, distant, juif, marié, net, odieux, rondouillard, raciste

Apports culturels
Les Aventures de Rabbi Jacob, un film de Gérard Oury avec Louis de Funès.

Gérard Oury a été le plus grand réalisateur de comédies des années 1960-1970. Avec *Le Corniaud, La Grande Vadrouille, La Folie des grandeurs*, il a su distraire la France entière.

Cet extrait du dialogue entre Pivert (Louis de Funès) et Salomon permet de connaître les procédés de **généralisation** que Pivert utilise pour exprimer ses **stéréotypes culturels**.

À l'opposé de la généralisation, on cherchera en fin de leçon à présenter à l'oral ou à l'écrit, des **particularités** culturelles pour parler précisément d'une société et d'un groupe humain.

■ Réfléchissez en groupe

Mots associés au mot « racisme » ;
→ anti-sémitisme, intolérance, nationalisme, intégrisme, ségrégation, exclusion, haine, apartheid, rejet, xénophobie, peur de la différence...

■ Découverte du document

2 Les jugements de Pivert.

– *Pivert n'aime pas les Anglais.*
– *Les Allemands et les Suisses le gênent sur la route : il a l'impression de ne plus être en France.*
– *Les voitures belges le polluent.*
– *Un Noir ne peut pas se marier avec une Blanche.*
– *Il découvre avec stupeur que son chauffeur est juif mais il le garde à son service.*

3 Classement des types de jugement de Pivert.

– *un sentiment irrationnel* → *les Anglais*
– *une appartenance géographique* → *un Suisse et un Allemand*
– *la propreté* → *les Belges*
– *une boisson* → *les Noirs*
– *une appartenance religieuse* → *les Juifs*

4 Description de Pivert.

Pivert passe sa vie à coller de grosses étiquettes négatives sur tout ce qui n'est pas français. Il est Français, riche et catholique et il se considère comme très supérieur aux autres peuples. Il a une vision extrêmement simpliste des différents peuples : les Français sont tout en haut et tous les autres peuples sont inférieurs. Il utilise de nombreux stéréotypes culturels.

■ Partie « Exercez-vous »

1 Comment réagissez-vous ?

• Situation 1
Au début, j'ai envie de ne pas lui répondre et de me montrer antipathique. Je ne me sens aucune affinité avec elle. Sans aller jusqu'à la rejeter ou la repousser, j'adopte une attitude froide, distante et réservée. Petit à petit elle s'arrête de parler et s'endort. Je peux alors l'observer : elle a l'air aimable, avec un sourire bienveillant qui flotte sur son visage. C'est une dame qui aime témoigner sa sympathie. Lorsqu'elle se réveillera, je me montrerai plus cordiale avec elle, je lui proposerai une tasse de thé et je tenterai d'accorder mon humeur taciturne à sa nature sociable.

• Situation 2

Lorsqu'ils se disputent violemment, je déteste mes amis et je préfère me mettre à l'écart. S'ils me demandent d'intervenir, je leur demanderai : Comment pouvez-vous vous haïr de la sorte et vous réconcilier ensuite ?

• Situation 3

Peu à peu, son visage redevient familier... C'est Luc, un ancien élève de l'école primaire. Comment a-t-il fait pour me reconnaître ? Enfants, nous nous disputions tout le temps, nous étions odieux l'un envers l'autre. Je n'ai jamais connu un enfant aussi antipathique ! Heureusement, nous avons changé tous les deux et, 30 ans plus tard, nous pouvons nous montrer aimables et accueillants !

2 Remplacez les expressions...

a. Les Parisiens qui n'ont pas de voiture utilisent fréquemment les transports en commun.

b. Nombreux sont ceux qui souhaitent un contrôle de l'immigration parmi la majorité qui rejette les thèses racistes.

c. La qualité de vie des habitants en région est considérée la plupart du temps comme supérieure à celle des Parisiens.

d. Une majorité a le plus grand respect pour les métiers de pompier et d'infirmière.

e. Les enseignants pensent souvent que leur métier est devenu beaucoup plus difficile.

■ Prononciation et mécanismes
Exercice 55. Généraliser.

• À métier égal, les femmes gagnent moins que les hommes.

→ La plupart des femmes, à métier égal, gagnent moins que les hommes.

• 95 % des ménages disposent d'une baignoire ou d'une douche.

→ La plupart des ménages disposent d'une baignoire ou d'une douche.

• Parmi les Français qui ont des problèmes de vue, 92 % portent des lunettes.

→ La plupart des Français qui ont des problèmes de vue portent des lunettes.

• 85 % des enfants sont aujourd'hui scolarisés entre 2 et 5 ans.

→ La plupart des enfants sont aujourd'hui scolarisés entre 2 et 5 ans.

• 84 % des jeunes de 15 à 19 ans placent la musique au premier rang de leurs centres d'intérêt.

→ La plupart des jeunes entre 15 et 19 ans placent la musique au premier rang de leurs centres d'intérêt.

• 85 % des Français estiment nécessaire de connaître la composition des produits alimentaires.

→ La plupart des Français estiment nécessaire de connaître la composition des produits alimentaires.

■ Partie « Exprimez-vous »
1 Discutez un point de vue.

Dans son dernier ouvrage intitulé « Peuples des Antipodes », Christine Barbault explique que les Occidentaux, angoissés par l'avenir, recherchent leur évasion à l'opposé de l'Occident, dans l'exotisme ou le retour aux sources.

Pour ma part, je ne pense pas que l'on puisse parler en général de « la » culture occidentale, de « l' »imaginaire occidental ou encore « des » Occidentaux. Cette façon de généraliser masque justement ce qui caractérise nos sociétés, à savoir leur diversité et les différences qui existent entre différentes composantes : les jeunes, les vieux, les citadins, les ruraux, les riches, les pauvres, les personnes issues d'immigrations asiatiques, africaines ou méditerranéennes, etc.

En généralisant, C. Barbault fait comme si les rêves de la moyenne bourgeoisie urbaine étaient ceux de la moitié de la planète ! Quel ethnocentrisme !

■ Objectifs

Communication
Réaliser un projet en classe, autour de la bande dessinée.

Vocabulaire
• un album, une centrale nucléaire, le caviar, la faiblesse, un fan, la fragilité, un chef-d'œuvre, la manipulation, un pote (fam.), une toge, une trogne

• s'angoisser, s'arracher, se dévorer, s'envoler, frimer, mettre en scène, mettre la main sur, se venger
• considérable, efficace, féerique, foisonnant, haletant, lumineux, pourri, mutant, sordide

Apports culturels
La bande dessinée francophone contemporaine.

■ Découverte des documents

1 Classement des albums par genre.

Action : *Les entremondes, Célestin Spéculoos.*
Comédie : *Cosmik Roger.*
Héroïc fantasy : *Peter Pan, Lanfeust des étoiles.*
Policier : *Global underground, La Nurse aux mains sanglantes, Hack & Cash.*
Science-Fiction : *Les entremondes.*
Société : *Cyberculture mon amour, Célestin Spéculoos.*

2 Manières de caractériser.

• Les albums : *un chef-d'œuvre ; mêle l'étrange et l'action avec bonheur ; humour et tendresse ; une BD vraiment originale ; on ne comprend pas qui est contre qui ; une enquête plus éclatante que jamais ; le style Sokal fonctionne à merveille ; un thriller haletant ; une aventure sans pareille ; un album que les fans s'arrachent.*
• Le dessin : *remarquable ; très efficace ; un régal ; un graphisme nouveau ; foisonnant ; lumineux ; féerique ; le plus pur style « héroïc fantasy ».*
• Le plaisir de lire : *l'album se dévore d'une seule traite ; rire garanti ; polar haletant ; foisonnant ; lumineux ; féerique.*

3 Les scénarios de BD.

• Personnages : *un veilleur de nuit, Cosmik Roger, des extra-terrestres, Patrick et Félix, l'agent Pi, Célestin Spéculoos, des mercenaires, inspecteur Canardo, Aka, capitaine Crochet, Peter Pan, Lanfeust et ses compagnons.*
• Lieux : *une centrale nucléaire, le Bar des Anneaux, le Congo, une jeep, au pays des rêves, Troy.*

• Temps : *une ronde de nuit, 1967, nos modes de vie.*
• Actions : *se perdre, sauver l'humanité, se lancent dans la conception d'un jeu vidéo, éviter que les hommes découvrent la vérité sur leurs origines, une enquête éclatante, la fin tragique des Hackers, la chasse au trésor, se venger de Peter, s'envolent pour les étoiles.*

■ Partie « Échangez vos points de vue »

Ces questions peuvent donner lieu :
– soit à une série d'interviews dans la classe : chaque élève interviewe 2 ou 3 camarades. Les réponses obtenues peuvent être consignées par écrit et corrigées par le professeur ;
– soit à une activité en groupes de 3. Les réponses sont retransmises oralement à la classe par un porte-parole de chaque sous-groupe.

■ Partie « Devenez auteur de BD »

2 Ce que dit Régis Loisel à propos...

– de l'histoire : *une histoire très humaine ;*
– des personnages en général : *des personnages fragiles auxquels les lecteurs peuvent s'identifier ;*
– de son héros Peter Pan : *est un personnage proche de la réalité (contrairement au dessin animé de Disney) ;*
– des thèmes : *les fragilités de l'enfance, le manque d'amour des orphelins ;*
– de la technique : *traduire le « parfum de l'enfance » que nous avons tous en commun.*

■ Objectifs

Communication
Réalisation de biographies et de portraits d'artistes connus.

Vocabulaire
• une astuce, une ambiguïté, une bande, la banlieue, la combine, la discrimination, le désœuvrement, l'envie, un homme d'affaires, l'imagination, la joute, le menteur, la réplique, le rival, le tournoi, le tricheur
• se débarrasser, déguiser, se faire licencier, se moquer de...

• ambigu, oratoire, coloré, confus, désorienté, effrayant, égaré, excessif, handicapé, inattendu, incontrôlable

Apports culturels
• 7 films du type « comédies » : *Les Visiteurs* de J.-M. Poiré, *La vérité si je mens* de T. Gilou, *Tanguy* d'É. Chatiliez, *Le Dîner de cons* de F. Veber, *Ridicule* de P. Leconte, *Astérix et Cléopâtre* d'A. Chabat, *Le Placard* de F. Veber.
• L'artiste comique : Jamel.

■ Découverte du document

1 a. met en scène des communautés particulières : *La vérité si je mens, Le Placard*.
b. évoque les relations parents/enfants : *Tanguy*.
c. traite du pouvoir des mots : *Ridicule*.
d. s'appuie sur la mémoire collective : *Les Visiteurs, Astérix et Cléopâtre*.
e. joue sur les anachronismes : *Les Visiteurs, Astérix et Cléopâtre*.
f. met en scène des « caractères » : *Le Dîner de cons*.

■ Partie « Qui les fait rire ? »

1 Jamel
a. La chronologie de sa carrière
– *1976 : naissance de Jamel au Maroc.*
– *1979 : Jamel arrive en France. Il grandit dans les cités de la banlieue parisienne.*
– *vie scolaire : il ne va pas en Brevet d'études professionnelles (BEP) « Force de vente ».*
– *Il entre pour 7 ans à la « ligue d'improvisation française ».*
– *1995 : animateur sur Radio Nova.*
– *1997 : animateur sur Canal +.*
– *1998 : acteur dans le film « Le Ciel, les oiseaux, ta mère ».*
– *1999 : premier grand « one man show » et succès : la « jamelmania » commence.*
– *2001 : il tourne dans « Astérix et Cléopâtre ».*

b. Son style
– *La tchatche monstrueuse.*
– *Cette manière incontrôlable de raconter des histoires ; sa manière de mélanger les expressions de la banlieue, un peu de verlan, trois mots d'anglais et le meilleur français ;*

ses ruptures perpétuelles dans la conversation, cette façon de transformer tout dialogue en joute oratoire ; il se moque de tout le monde ; il raconte des histoires effrayantes qu'il déguise en contes pour enfants.

c. Les thèmes de ses sketches
– *La vie en banlieue : les gamins bagarreurs ; la vie en bandes rivales ; le désœuvrement.*
– *Les problèmes d'argent : les petites astuces, les combines et le système D, l'huissier qui vient saisir des meubles à la maison, le rêve de consommation.*
– *Le travail : les boulots « de merde ».*
– *Les relations parents/enfants : les parents dépassés.*

2 Pour faire le portrait d'un comique de leur pays, on pourra conseiller aux élèves de prendre en compte :
– sa biographie ;
– les caractéristiques de son style,
– les thèmes de ses sketches.

■ Racontez le rire

(Voir encart page suivante.)

• Scène 1 :
Avril 1908, cet homme assiste à une scène comique au cours d'un dîner dans un grand restaurant parisien. Un serveur maladroit renverse une crème anglaise dans le décolleté d'une dame. Celle-ci, qui est très gourmande, tente de ramasser le contenu de la coupe à l'aide d'une petite cuillère en argent tandis que son petit chien aboie furieusement.

Quelques références
(page 97)

- Couverture de la revue *Rions !*, France, 1908.
- Statues grecques représentant des comédiens ambulants.
- Portrait d'un bouffon de Dosso Dossi, peintre italien (1490-1542) :

Formé dans sa ville natale (Ferrare) et à Mantoue, Dosso Dossi connut très tôt l'art vénitien et fut influencé par Giorgione et Titien.

Ici, il peint « un bouffon », c'est-à-dire un personnage de théâtre dont le rôle était de faire rire le public. C'était également le comique chargé de divertir un noble par ses plaisanteries.

Par extension, le bouffon est celui qui amuse les autres ou se rend ridicule devant les autres.

- *Icon* 5 de Keith Haring.

Keith Haring est né en 1958 en Pennsylvanie.

Parlant de son enfance, il raconte : « Déjà, mon père faisait des bandes dessinées (*cartoons*). Depuis mon enfance, j'ai dessiné des BD, j'ai créé des personnages et des histoires. »

En grandissant, Keith a continué à dessiner. Il a rencontré l'art moderne en visitant les musées de Washington. À la fin du lycée, il fait une école d'art à Pittsburgh. Il commence alors à dessiner d'immenses dessins et présente sa première exposition à 19 ans.

En 1978, il déménage à New York et s'inscrit dans une autre école d'art. Il adore vivre dans cette grande métropole. C'est là qu'il trouve son style, en dessinant dans la rue sur d'immenses murs, dans le métro, entouré par la foule. Il commence à connaître la célébrité, à exposer dans des galeries et à vivre de son travail.

Aujourd'hui, il est célèbre dans le monde entier. Il souhaitait que tout le monde puisse acheter ses œuvres et, pour cela, il a ouvert une boutique qui s'appelle « Pop Shop » pour vendre son œuvre sur des affiches, des badges, des T-shirts et des jeux. Il travaillait également beaucoup avec des enfants dans les écoles, il leur faisait faire de grandes fresques murales. Il a donné des toiles et des sculptures aux hôpitaux et aux écoles.

À la fin de sa vie, alors qu'il était atteint par le virus du sida, il fit des dons pour la recherche contre cette maladie.

- Scène 2 :

Ces deux hommes rient devant une scène qui se déroule sur le marché au poisson : deux marchandes de poisson se disputent, devant eux, en se menaçant l'une et l'autre et en brandissant chacune un poisson. Les deux hommes les encouragent et se moquent d'elles.

- Scène 3 :

Ce comédien est un « bouffon ». Il rit parce qu'il vient de réussir un exploit : il a vendu à un commerçant étranger des veaux à prix d'or, en leur faisant croire que c'étaient des animaux sacrés.

- Scène 4 :

Cet homme raconte une blague à ces deux femmes. Voici la blague : « C'est un salarié à qui le patron demande : "Vous aimez les 35 heures ?" Le salarié répond : "Ah, oui, je les aime tellement que je les fais deux fois par semaine !"... »

- Scène 5 :

Ce personnage de bande dessinée rit parce que son rêve se réalise : il va sortir de sa condition de petit pois, son corps est en train de se métamorphoser en un immense oiseau violet.

■ Objectifs

Communication
Faire face à des situations où l'on doit faire semblant, jouer la comédie et sauver les apparences.

Prononciation et mécanismes
Faire comme si et marquer l'ironie.

Vocabulaire
• un escrimeur, l'étonnement, une émeraude, le doute, un diamant, un fonceur, la franchise, la gravité, l'imitation, l'incertitude, l'ironie, le joggeur, un karatéka, un masque, un modèle, une pierre de lune, un rôle
• affabuler, avoir l'air, avoir un drôle de genre, draguer, faire tout un drame, faire une scène, se prendre pour, provoquer
• original

Apports culturels
Frankenstein, Machiavel, C. Deneuve, G. Depardieu, V. Abril...

■ Partie « Faites le test »

Par binômes, les étudiants se font passer le test l'un à l'autre. Ils donnent leur point de vue sur le résultat du test : est-ce que ce résultat correspond ou pas à la personnalité de l'étudiant interrogé ? À quel autre comédien pense-t-il ressembler ?

■ Prononciation et mécanismes

Exercice 56. Faire comme si... Transformez.
• Tiens, je croyais que tu étais parti.
→ Fais comme si j'étais parti.
• Ah ! je croyais que tu dormais.
→ Fais comme si je dormais.
• Oh ! excusez-moi, je croyais que vous n'étiez pas arrivé.
→ Faites comme si je n'étais pas arrivé.
• Tiens ! je croyais que tu ne rentrais pas.
→ Fais comme si je n'étais pas rentré.
• Oh ! je m'étais imaginé au téléphone que vous étiez blonde.
→ Faites comme si j'étais blonde.
• J'avais cru que vous alliez me téléphoner.
→ Faites comme si je vous avais téléphoné.

Exercice 57. Marquer l'ironie.
Écoutez.
On illumine pour le retour de l'épouse ? C'est délicat...

Répétez.
• Tiens, je crois qu'on a oublié « ça »...
• Ah ! oui... tu étais encore au bureau à 8 heures quand j'ai téléphoné...
• Comme tu le vois, je tiens à te confirmer que je ne suis pas partie...
• Soyez tranquille, je dirai tout... J'essaierai de n'oublier aucun détail.
• C'est ce que vous appelez sans doute la franchise...

Références culturelles

Frankenstein
Héros et titre d'un roman de Mary Godwin Shelley (*Frankenstein ou le Prométhée moderne*, 1817). C'est l'histoire d'un savant (Frankenstein) qui construit un homme artificiel à l'aide de parties de cadavres. Le monstre, puissant et conscient, souffre de la peur qu'il inspire et du besoin d'amour. C'est un être maudit, condamné à la solitude et qui se vengera en tuant le savant lui-même. Ce thème romantique est devenu un classique du récit de terreur.

Machiavel
Homme politique et philosophe italien (Florence, 1469-1527). Banni de la ville lorsque les Médicis arrivent au pouvoir, il s'installe à San Casciano où il écrit *Le Prince* (1513) dont la doctrine politique cynique fut qualifiée de « machiavélisme ».

E.T.
Ce personnage, créé par le cinéaste Steven Spielberg dans le film de science-fiction du même nom, a l'apparence d'un animal et l'intelligence et l'affectivité d'un être humain.

Catherine Deneuve
Cette comédienne française incarne le talent mis au service des plus grands réalisateurs (Bunuel, Polanski, Truffaut, Demy, Oliveira, Deville, Rappeneau...), une beauté classique, un jeu minimaliste.

➡

■ Partie « Écoutez le document »

Pour cet exercice, on pourra également faire utiliser le vocabulaire du tableau de la page 99.

1 *Il est 1 h du matin, Stéphane a invité une jeune femme, Julie, à prendre un verre chez lui. Tout à coup, Stéphane « reconnaît » le pas de sa femme, Sophie, dans l'ascenseur. En fait, il a tellement mauvaise conscience d'avoir invité une jeune femme à boire un verre avec lui qu'il sursaute à chaque fois qu'il entend un bruit. C'est bien sa femme qui revient à l'improviste de l'aéroport, où son mari l'a déposée quelques heures plus tôt afin qu'elle prenne un avion ! Pour sauver les apparences, Stéphane allume toutes les lumières, réajuste sa tenue et demande à Julie de boutonner sa chemise jusqu'au cou. Puis, il feint de s'intéresser à une discussion très sérieuse avec la jeune fille.*

Alors qu'il sait que c'est elle, Stéphane fait semblant d'être surpris de voir Sophie, sa femme, entrer. Il se trouve dans une situation embarrassante car sa femme peut imaginer que son mari a flirté avec Julie. Sophie ne fait pas de scène : plutôt que de faire tout un drame, elle préfère s'amuser de l'embarras de son mari.

2 Les marques de l'apparence.

c'est sa façon de monter dans l'ascenseur – On illumine pour le retour de l'épouse ? – hurlant mais sourdement, mâchoires serrées – Vous vous mettez là et vous vous taisez – ostensiblement d'un ton volontairement neutre – feignant la surprise – On se trouve en porte-à-faux.

On pourra demander aux étudiants de choisir dans le tableau de la page 99 les termes qui permettent de désigner les moments les plus comiques dans cette scène :

→ lorsque Stéphane, paniqué, allume toutes les lumières, etc. : il en fait trop ;

→ lorsqu'il fait semblant d'avoir une conversation politique avec Julie ;

→ lorsqu'il a l'air d'être étonné que sa femme revienne.

Victoria Abril
Cette comédienne espagnole fut révélée au public français par le cinéaste Pedro Almodovar avec le film *Femmes au bord de la crise de nerfs*. Volubile, nerveuse, à la fois forte et prête à craquer, voilà l'image laissée par le personnage qu'incarnait V. Abril dans ce film.

Gérard Depardieu
Ce comédien français a un physique et un tempérament imposants et pourtant, il ne s'est pas laissé emprisonner dans des rôles virils (*Les Valseuses*) : il interprète souvent des personnages complexes (*Loulou, Rêve de singe, Tenue de soirée*), ainsi que des personnages de romans (*Cyrano de Bergerac, Le Colonel Chabert, Germinal, Jean de Florette, Le Comte de Monte Cristo...*).

■ Partie « Jouez »

Les apparences sont contre vous : exemples
→ *Vous marchez dans une rue et vous vous baissez pour ramasser une pièce de monnaie. Vous reprenez votre chemin et, quelques mètres plus loin, un individu vous interpelle pour que vous lui rendiez le bijou de valeur qu'il vient de perdre dans cette rue. Vous vous expliquez...*

→ *Pour rendre service à des amis qui vivent à l'étranger, vous nettoyez leur maison car ils souhaitent la louer. Au moment où vous faites le ménage dans une chambre, la porte se ferme violemment et bloque la serrure. Vous êtes coincé ! Les locataires arrivent dans la nuit pour s'installer dans la maison. Ils vous trouvent dans leur chambre. Ils vous prennent pour un cambrioleur !*

→ *Vous avez fermé votre entreprise en prétextant un déménagement urgent à l'étranger. Quelque temps plus tard, un ancien collègue vous croise dans le supermarché de votre quartier, où vous faites vos courses avec votre fils...*

→ *Vous faites du théâtre en amateur et vous répétez dans votre chambre un rôle tragique. Le facteur entend par la fenêtre vos cris de douleur et de désespoir. Il pense que vous allez très mal et décide d'intervenir...*

Jouer avec les mots

▪ Objectifs

Communication
Reconnaître et utiliser les implicites culturels cachés dans les mots.

Prononciation et mécanismes
Prononcez « à la française » les mots étrangers.

Vocabulaire
• un balayeur, une catégorie, l'inflation, un investissement

• bâtir
• exagéré

Apports culturels
Les expressions imagées, les slogans de mai 68, les mots étrangers passés dans la langue française (et inversement).

▪ Des mots et des images

1
Il a bon pied bon œil → *11*
Je ne suis pas dans mon assiette → *6*
Il a une fièvre de cheval → *2*
C'est une main de fer dans un gant de velours → *10*
Il a pris la grosse tête → *3*
Il bâtit des châteaux en Espagne → *4*
C'est un homme très terre à terre → *5*
Il a la tête dans les nuages → *7*
Il travaille comme un bœuf → *9*
Ils se regardent comme chien et chat → *1*
Ils se ressemblent comme deux gouttes d'eau → *8*

2 Classement.

– Santé : *Il a bon pied bon œil ; Je ne suis pas dans mon assiette ; Il a une fièvre de cheval ;*
– Caractère : *C'est un homme très terre à terre ; Il a la tête dans les nuages ; Il bâtit des châteaux en Espagne ; Il a pris la grosse tête ;*
– Activité : *Il travaille comme un bœuf ;*
– Relations personnelles : *Ils se regardent comme chien et chat ; Ils se ressemblent comme deux gouttes d'eau ; C'est une main de fer dans un gant de velours.*

3 Dialogues.

• Je ne suis pas dans mon assiette
Tu viendras faire une randonnée avec moi demain matin ?
– Je ne crois pas, ces derniers temps je ne suis pas dans mon assiette.
• Il a une fièvre de cheval
– Comment va ton mari depuis hier ?
– Je suis très inquiète : il a une fièvre de cheval !
• C'est une main de fer dans un gant de velours
– Que penses-tu de notre nouveau partenaire, M. Crozatier, il a l'air gentil, non ?
– Oui, oui, en apparence, mais attention ! Méfions-nous...

On m'a dit que c'était une main de fer dans un gant de velours...
• Elle a pris la grosse tête
– J'ai revu Marjolaine hier soir, on a dîné ensemble.
– Ah bon, et comment est-elle, toujours aussi sympa ?
– Bof, je trouve qu'elle a beaucoup changé. Depuis qu'elle est directrice d'agence, elle a pris la grosse tête.
• Il bâtit des châteaux en Espagne
– Tu sais, je me fais du souci pour mon fils.
– Ah bon, pourtant il a l'air de bien se porter...
– Oui, mais tu comprends il a quand même l'âge de se trouver un métier et non, il rêve...
– Oui, je vois, déjà petit, il était comme ça.
– Il a toujours préféré bâtir des châteaux en Espagne.
• C'est une femme très terre à terre
– Alors, tu es content de ta nouvelle comptable ?
– Je suis absolument ravi, c'est une femme très terre à terre, exactement ce qu'il nous faut !
• Il a la tête dans les nuages
– Ouh ouh, Martin, mange ta soupe, elle va être froide !
– Ah oui, ma soupe...
– Ben alors, tu avais encore la tête dans les nuages !
• Il travaille comme un bœuf
– Regarde cet homme là-bas sur les quais, près du container...
– Ah oui, l'ouvrier là-bas, quelle force !
– C'est impressionnant, il est tout petit mais il travaille comme un bœuf.
• Ils se regardent comme chien et chat
– Et au bureau, ça va mieux entre Marius et Jeanine?
– Ne m'en parle pas, ils sont toute la journée face à face et ils se regardent comme chien et chat !
– L'ambiance doit être épouvantable !
• Ils se ressemblent comme deux gouttes d'eau
– Je vous présente mes enfants, Matthieu et Mathilde.
– Ils se ressemblent comme deux gouttes d'eau.
– Eh oui, ce sont de vrais jumeaux !

■ Partie « Des mots sous les mots »

a. *Les vieux : le troisième âge*
Un patron : un chef d'entreprise
Un chômeur : un demandeur d'emploi
Les pauvres : les catégories les plus défavorisées ; le quart monde
Un balayeur : un technicien de surface
b. *Un fonds de pension : un fonds d'investissement*
La hausse des prix : l'inflation
c. *Les pays pauvres : les pays en voie de développement*
Les pays sous-développés : le tiers-monde

■ Partie « Des mots pour chaque époque »

Voici la liste des slogans de 1968 qui peuvent être recomposés différemment, mais il n'est pas nécessaire de les connaître pour faire l'exercice.
• La poésie est dans la rue
Exagérer par principe
La jeunesse signifie commencer
Oubliez tout ce que vous avez appris et recommencez
L'imagination au pouvoir
Dites toujours non par principe
La forêt précède l'homme, le désert le suit
Le rêve est l'esprit des vieillards
Apprendre, apprendre, apprendre pour agir et comprendre
Faites l'amour et recommencez

■ Des mots voyageurs

1 Du français vers l'allemand.

la mode, à propos, un malheur, un collègue, un restaurant, le chef, raffiné, un costume, changer, un accessoire, violet, la saison.

2 Du français vers l'anglais.

a. – proud *vient de « prude »*
– country *vient de « contrée »*
– corner *vient de « corne »*
– carry *vient de « charrier »*
b. – *partir discrètement : filer à l'anglaise*
– *manger un plat de viande froide : une assiette anglaise*
– *déguster un dessert crémeux : une crème anglaise*
– *se faire des cheveux en boucles : des anglaises*

3 Du français vers l'espagnol.

– blusa *: une blouse*
– guantes *: des gants*
– muselina *: la mousseline (c'est-à-dire un type de tissu)*
– modista *: une modiste (c'est-à-dire une personne qui fabrique des chapeaux de femme)*
– camisa *: une chemise*

4 Mots italiens utilisés en français.

Mots italiens utilisés en français	Contextes d'utilisation des mots : vie quotidienne, culturelle, sociale...
ciao	Vie relationnelle, pour se dire « au revoir » entre copains
pizza	Vie quotidienne : pour désigner un mets
crescendo	Vie sociale : pour désigner l'amplification d'un son ou de n'importe quel processus dont l'intensité augmente
confetti	Vie culturelle : les petits bouts de papier colorés qu'on lance pendant le Carnaval
cappuccino	Vie quotidienne : pour commander cette boisson à base de café et de lait
farniente	Vie quotidienne : pour désigner les moments d'oisiveté où l'on ne fait rien
imbroglio	Vie quotidienne : pour désigner une situation confuse et embrouillée / Vie culturelle : désigne une pièce de théâtre à l'intrigue compliquée
mafia	Vie sociale : désigne un groupe secret qui agit pour ses propres intérêts, de manière illégale
pergola	Vie quotidienne : pour désigner une petite construction en bois, dans un jardin, qui sert de support aux plantes grimpantes
adagio	Vie culturelle : désigne un mouvement lent en musique
osso bucco	Vie quotidienne : désigne un mets (jarret de veau servi avec son os à moelle et une sauce à la tomate).
scenario	Vie culturelle : désigne la description écrite de l'action d'un film / Vie quotidienne : désigne tout processus qui se déroule selon un plan préétabli
opera	Vie culturelle : œuvre dramatique composée de récitatifs et mise en musique
vendetta	Vie sociale : coutume corse par laquelle les membres de deux familles ennemies poursuivent une vengeance réciproque jusqu'au crime
grosso modo	Vie quotidienne : signifie « en gros, sans entrer dans les détails »
allegro	Vie culturelle : indique un mouvement musical assez rapide (mais moins que *presto*)

Exercice 58. Prononcez « à la française » les mots étrangers
- corner
- ciao
- vendetta
- farniente
- osso bucco
- week-end
- paella
- hamburger

Corrigé du bilan 8

1. a. La plupart du temps, les Français passent leurs vacances en France.
b. Les Parisiens quittent quasiment toujours Paris une fois par an. La plupart d'entre eux vont à la mer.
c. Les Français rejettent souvent les extrémismes.
d. Le plus souvent les Français ne font pas confiance aux médias.
e. Une grande majorité regarde les films.
f. Les Français pensent le plus souvent que leurs conditions de vie sont devenues plus difficiles.

2. a. Titeuf fait penser à Tintin et Astérix.
b. Il est : tout blond, fort en gueule, timide, le plus célèbre.
Il n'est pas : très grand, très épais, le plus doué en maths.
c. 5 verbes d'attitude : s'étonner, s'indigner, revendiquer, vibrer, interroger.
d. Les expressions de Titeuf :
– trop mortel ; superkill = étonnant, excitant, hors du commun ;
– c'est pô juste = c'est pas juste, c'est injuste ;
– lâchez-nous le slip = laissez-nous faire ce qu'on a envie de faire.
e. Deux phrases pour le définir :
Il a envie de connaître la vie. – Il fait la loi sous le préau.

3. a. L'album se dévore.
b. L'histoire ne vous lâche pas une minute.
c. On rit beaucoup.

d. Une manière particulière de décortiquer les modes de vie.
e. Des albums comme ça, les fans se les arrachent.

4. a. Fais comme si je n'étais pas venu !
b. Fais comme si rien ne s'était passé.
c. Fais comme si j'avais téléphoné.
d. Fais comme si elles l'étaient.
e. Fais comme si tu l'avais.

5. a. Quoique je dise la vérité, je ne serai pas cru.
b. Quoique je fasse tout ce qui est possible, ils ne m'aideront pas.
c. Quoi que tu penses, je ne leur dirai rien.
d. Quoiqu'il veuille me donner tout ce qu'il a, je ne l'accepterai pas.
e. Quoique tu dises ce que tu penses, ils penseront que tu joues un rôle.

6. On peut proposer les combinaisons suivantes :
– L'excellence dynamise les résultats institutionnels de performance.
– L'intervention renforce les blocages organisationnels du dispositif.
– L'objectif révèle les paramètres qualitatifs de la problématique.
– La formation mobilise les savoir-faire motivationnels des bénéficiaires.
– La méthode dynamise les facteurs stratégiques de l'entreprise.
– L'expression clarifie les résultats stratégiques de l'entreprise.
– Etc.

Unité 9
Partager

Présentation de l'unité

Avec cette unité on est en plein dans l'univers du rapport aux autres considéré comme possibilité de « partager ».

Plusieurs formes d'interactions seront donc examinées comme thèmes porteurs : la vie en couple (9(1)), la proximité de la vie de quartier (9(3)), la disponibilité et l'entraide (9(4)), l'action pour les autres (9(5)).

Parmi les points de grammaire qui seront repris et approfondis : l'expression du reproche (9(1)), l'expression de l'idée de moyen (9(2)), les pronoms relatifs composés et *dont* (9(5)).

Les apports culturels qui soutiendront les thèmes à explorer vont du film *Pierrot le Fou* de Jean-Luc Godard (9(1)) au roman *Les Choses* de Georges Perec (9(1)), en passant par une interview de Jacques Attali (9(4)) et à la biographie de Geneviève de Gaulle-Anthonioz (9(5)).

Observation collective de la page 103

• Observation et commentaire de la photo

Où a été prise cette photo ? Que font les différents personnages ? Quelle est l'attitude des personnages les uns vis-à-vis des autres ?

Explication par l'enseignant. La photo est tirée du film *Petits Arrangements avec les morts* (voir p.104), mais on peut la décrire indépendamment du film. Elle a été prise sur une plage, en été. On voit un couple dans l'eau au fond. La partie centrale de la photo est occupée par la femme en maillot de bain qui parle avec l'homme à genoux, en polo et pantalon, pendant qu'un autre homme en maillot de bain s'occupe d'un château de sable et que deux fillettes couchées sur le sable regardent la scène et écoutent la conversation. On peut penser qu'il s'agit d'une famille en vacances dont le père et la mère sont occupés à construire un château de sable pour les enfants et que l'homme au pantalon est un ami ou un parent (frère, cousin, beau-frère) qui participe lui aussi à la construction du château (il a du sable mouillé dans les mains).

• Commentaire des objectifs de l'unité

Recherche collective d'idées sur le titre de l'unité à partir des questions suivantes : Que signifie pour vous « partager » ? Qu'est-ce que vous partagez volontiers ? Qu'est-ce que vous ne partagez pas ou ne partageriez jamais ? Pourquoi ? Est-ce que le partage est pour vous un choix individuel ou un mode de vie collectif ?

Partager sa vie

■ Objectifs

Communication et grammaire
Expression du reproche.

Vocabulaire
• Lexique des sentiments : une fugue en amoureux –
rêver – regarder avec des sentiments – avoir envie de…
– caresser

• Lexique de la maison : un divan « Chesterfield » – un
fauteuil en cuir naturel – une table rustique – un tapis
de soie – une bibliothèque en chêne…

Culture
• Le film *Pierrot le Fou* de J.-L. Godard
• Le roman *Les Choses* de G. Perec

■ Partie « Expliquez vos choix »

Suivre les consignes du livre.
Expliquer qui sont les metteurs en scène cités p. 104.

Pascale Ferran (1960)

Dans la lignée d'un cinéma qui place les mots au
centre de sa dramaturgie, dans *Petits Arrangements
avec les morts* (1994), elle confie aux mots les
silences, la douleur, les fractures, les aveux qui lient
l'ensemble de ses personnages.

Coline Serreau (1947)

Elle choisit la comédie comme un mode d'expression qui lui permet d'aborder des sujets à fort impact
social : rôle social et image des hommes et des
femmes dans *Pourquoi pas !* (1981), échange de
rôles père/mère dans *Trois Hommes et un couffin*
(1985), différences raciales dans *Romuald et Juliette*
(1989), chômage dans *La Crise* (1993).

Robert Guédiguian (1953)

De père arménien, travailleur sur les quais de
Marseille, et de mère allemande, après des études de
sociologie, il réalise son premier film, *Dernier Été*, en
1980. Excellent réalisateur, très proche des réalités
quotidiennes, sans tomber dans le misérabilisme, il
compte parmi ses succès : *L'argent fait le bonheur*
(1993), *Marius et Jeannette* (1997), *La ville est tranquille* (2000) et *Marie-Jo et ses deux amours* (2001).

Olivier Ducastel et Jacques Martineau

C'est avec *Jeanne et le garçon formidable* que ces
deux réalisateurs signent leur premier long métrage
et connaissent un beau succès en 1998. En 1999, ils
tournent *Drôle de Félix*, suivi de *Ma vraie vie à Rouen*
en 2001.

b. Exemple d'histoire à partir de *Marius et Jeannette*.
*Marius est maçon et il vit seul dans une vieille maison
d'un quartier ouvrier. Jeannette a beaucoup de
problèmes : elle travaille à mi-temps dans un magasin de
chaussures et elle ne gagne pas assez, vu que son mari l'a
abandonnée avec deux enfants en bas âge. Elle cherche à
arrondir son petit salaire en faisant le ménage dans une
famille et c'est là qu'elle rencontre Marius qui fait des travaux dans l'appartement. C'est le début d'une histoire qui
a des hauts et des bas car Jeannette ne voudrait pas revivre l'expérience négative de son mariage, mais l'amour de
Marius et l'attachement qu'il montre aux enfants lui font
accepter l'idée d'une nouvelle union. Voilà donc qu'ils
décident d'aller vivre dans la maison de Marius qu'ils
remettent en état pour l'occasion.*

■ Découverte du document

Réponses possibles :
– *Ferdinand* : il essaie de tout rationaliser à travers la
parole et quand il doit dire ce qu'il aime il reste dans le
cérébral : « *l'ambition, l'espoir, le mouvement des choses,
les accidents…* ».
– *Marianne* : elle manifeste physiquement ses émotions,
« *je te regarde avec des sentiments* », ce qui lui fait énu-
mérer des choses très concrètes lorsqu'elle doit dire ce
qu'elle aime : les fleurs, les animaux, le bleu du ciel, le
bruit de la musique…

Jean-Luc Godard (1930)

Avec son premier film *À bout de souffle* (1959), il bouleverse tout pour le réinventer : l'intrigue, l'action, le temps, l'espace, le son… Ses films sont ceux d'un poète ou d'un peintre qui n'aurait jamais cessé de pratiquer le collage, une technique chère aux surréalistes : bouts de réalité dans *Vivre sa vie* (1963) et *Deux ou trois choses que je sais d'elle* (1966), ligne brisée des sentiments dans *Masculin Féminin* (1966), éclatement des genres… Son cinéma peut aussi atteindre un très grand lyrisme : c'est le cas avec *Pierrot le Fou* (1965), *Le Mépris* (1964) ou *Nouvelle Vague* (1991).

Tout cela oppose les deux personnages. Ils pourront être heureux ensemble ou pas, selon que l'on considère leurs personnalités comme complémentaires ou opposées.

■ Partie « Exercez-vous »

1 Exemples de réponses :

a. La maîtresse reproche à un enfant d'avoir pris les jouets d'un autre, le faisant pleurer.

b. Un(e) employé(e) reproche à son (sa) collègue de s'être disputé(e) inutilement avec le chef de service.

c. Un homme reproche à sa femme d'avoir vidé leur compte en banque sans qu'il s'en aperçoive.

d. Un patron reproche à un employé de critiquer vivement sa gestion.

e. Une mère de famille reproche à son fils de rouspéter parce qu'elle ne le laisse pas sortir le jeudi soir.

f. Un frère reproche à sa petite sœur de le déranger pendant qu'il bavarde avec ses copains.

2 Exemples de réponses :

a. Vous : *Je pense que l'autre soir, chez Martine, tu aurais pu éviter de prendre position sur les problèmes qu'elle a avec son patron. Tu as vu sa réaction ?*
Votre ami(e) : *Oui, et quoi encore ? Tu m'énerves avec tes remarques !*

b. Vous : *J'ai eu tort de ne pas avoir prêté à François l'argent dont il avait besoin…*
Votre ami : *Ne t'en fais pas trop ! Il s'en est sorti quand même.*

c. Votre supérieur : *Je trouve votre conduite inadmissible.*

Ce n'est pas la première fois que vous ne rendez pas votre travail dans les délais prévus…
Vous : *C'est parce que ces délais sont toujours très courts…*

d. Vous : *Écoute ! Je ne supporte plus que tu te moques continuellement de Jean-Luc. Qu'est-ce qu'il t'a fait ? Il est plein de qualités, ce garçon-là…*
Votre ami : *Justement, j'en suis jaloux…*

■ Partie « Devenez dialoguiste »

1 et **2** Suivre la consigne du livre. Exemple de dialogue :

A : *Moi, j'aime les chats, la musique classique et j'adore faire la cuisine.*

B : *Tu aimes les chats, mais tu ne t'en occupes pas trop… Quant à la cuisine… Tes mélanges d'ingrédients font de drôles de salades… Si c'est ça, ta cuisine…*

A : *Je ne supporte pas que tu dises que je ne m'occupe pas des chats ! C'est moi qui achète toujours leur nourriture… Et pour la cuisine, tu sais bien que je suis végétarienne…*

B : *Ben, les chats, je ne les supporte pas et tes salades, j'en ai ras le bol ! Moi, j'aime les hamburgers, le rock et les soirées disco.*

A : *Oui, surtout quand tu mets la musique trop fort et que les voisins viennent se plaindre…*

B : *Ben, on n'aurait pas dû prendre cet appartement. Une maison à la campagne, c'est ce qu'il fallait… même pour tes salades.*

A : *Tu m'agaces avec ces salades ! Au moins, en ville, tu n'as pas de problèmes pour tes hamburgers… Et moi, je peux aller au concert quand je veux.*

B : *Eh ben, voilà une bonne solution. Toi, tu vas au concert, moi en boîte ! Et comme ça, c'est chacun pour soi.*

A : *Tu me casses les pieds avec ton ironie !*

B : *Eh, arrête ! Pas sur ce ton !*

■ Partie « Continuez l'histoire »

Exemple :

Ils ont cinquante ans. Ils reviennent à Paris. Ils ont eu leur divan Chesterfield et tout le reste, mais ils se sont mortellement ennuyés en province. Ils ont été licenciés, ils ont ouvert une librairie-salon de thé au Quartier latin qui s'appelle la « Biblio-thé » où on peut s'asseoir et lire un bon livre en écoutant la musique qu'on aime…

Pour Perec, voir encadré Livre du prof *Campus 2*, p. 83.

■ Objectifs

Communication et grammaire
Expression de l'idée de moyen.

Vocabulaire
- la séduction – un musicien – une sérénade – un baratin – une gifle – une technique – un sourire
- séduire – faire confiance – éblouir – étaler – plaire – draguer – se prendre pour…

- suspect – lyrique – infaillible – ému – romantique – brutal

Culture
Les modes de séduction.

Prononciation
Rapport cause-conséquence en reliant deux phrases.

■ Découverte du document (« Écoutez les témoignages »)

Avant d'écouter l'enregistrement, faire commenter l'image (Que font les deux femmes ? Qu'en pensez-vous ? Quelle est l'attitude de l'homme ? Vous semble-t-il gêné, amusé, fâché… ?) et faire lire l'introduction. Expliquer :
– *coup de folie* : ici dans le sens d'« extravagance, bizarrerie ».
– *truc* (familier) : ici dans le sens de « moyen », façon d'agir.
– *baratin* : discours abondant fait exprès pour convaincre, séduire.
– *cartes Gold, Platine, Premium, Privilège* : noms de cartes de crédit réservées aux gens qui ont de gros revenus.

1 Stratégies de séduction. Réponses :
a. qui drague (D+) : Grégoire – Cyril ; qui est draguée (D–) : Amélie.
b. les lieux : au bureau – à Miami, dans un club.
c. les moyens : un texto – en face à face – l'invitation.
d. stratégies de communication : citations – l'appel au souvenir – jeu sur les mots.
e. échec (–) : Grégoire, Amélie ; réussite (+) : Cyril, l'Américain.

La correction de l'activité se prête à des explications d'ordre lexical sur les mots suivants :
– *à la sauvage* : spontané.
– *à souhait* : comme on le voudrait.
– *ringard* : démodé.
– *Miami* : ville des États-Unis (Floride). Grande station balnéaire et touristique.
– *une paille* : petit tuyau en plastique par lequel on aspire pour boire.

2 La question peut déclencher une discussion dans la classe sur les moyens de séduction et leurs effets. On peut faire remarquer que, dans l'enregistrement, c'est les garçons qui draguent et on peut poser une autre question : est-ce que les filles pourraient employer les mêmes moyens ? Sinon, qu'est-ce qu'elles choisiraient ?

■ Partie « Exercez-vous »

L'enseignant explique l'encadré p. 106 et fait faire les exercices.

1 Exemples de réponses :
Grégoire séduit avec des textos – Cyril grâce au stratagème de la cousine disparue – Amélie est tombée dans le piège du malentendu créé par l'Américain.
Exemples d'autres moyens : Grégoire aurait pu plaire à sa collègue en avouant que c'était lui l'auteur des textos – Cyril réussit à connaître la fille qui l'intéresse grâce à un ami commun qui les invite à une fête chez lui – L'Américain a réussi à plaire à Amélie en lui demandant si elle aimait Miami.

2 Travail de groupe. Exemples de réponses :
a. La violence à l'école. … *Cela risque de provoquer des réactions très dures de la part de l'administration. On pourrait par contre essayer d'obtenir une amélioration des rapports interpersonnels en baissant le nombre des élèves par classe…*
b. Le vieillissement de la population. … *Cela provoquera des difficultés pour l'économie nationale. On peut éviter cela en faisant travailler les gens plus longtemps.*
c. La course folle au clonage humain. … *On peut éviter que ces gens fassent des folies à l'aide de lois appropriées.*
d. La sécurité jusqu'où ? … *Il y a peut-être encore un moyen pour garantir la sécurité des personnes sans employer des systèmes de contrôle super sophistiqués : éliminer les injustices et ne pas permettre que les gens meurent de faim.*

Partie « Et vous, comment séduisez-vous ? »

1 Faire faire le test.

2 Suivre la consigne. Exemple de réponse :

(♥) – Majorité de « cœurs ». *Séduire, pour lui/elle, c'est un jeu. Il/elle suit son instinct, il/elle regarde « avec des sentiments » et il/elle aime le manifester de manière explicite. Parfois ces manifestations trop directes entraînent une réaction violente de l'autre côté...*

(♣) – Majorité de « trèfles ». *Il/elle guette l'occasion et il/elle emploie toute une série de trucs grâce auxquels souvent il/elle réussit : du baratin amusant aux histoires larmoyantes, tout est bon pour susciter l'intérêt de l'autre. À force de baratiner, quelquefois il/elle risque de se faire envoyer sur les roses...*

(♦) – Majorité de « carrés ». *Pour lui/elle, la séduction est une affaire de haute stratégie. Il lui faut des plans bien construits dans lesquels il/elle ne néglige rien, du dernier tube rock au dernier jeu vidéo à la mode ou à la cuisine ethnique. Mais l'excès de stratégie nuit à la vraie séduction. Il y en a qui préfèrent le naturel...*

Partie « Exprimez-vous »

Exemple de message de séduction :
Îles, îles que l'on n'atteindra pas, îles où l'on ne descendra jamais, îles couvertes de végétation, îles muettes, îles immobiles, îles inoubliables et sans nom... Quelles îles aimes-tu ?

Prononciation et mécanismes

Exercice 59. Liez cause et conséquence avec « sous prétexte que » ou « étant donné que ».
• Elles en ont pitié ; on leur parle des difficultés de quelqu'un.

→ Sous prétexte qu'on leur parle des difficultés de quelqu'un, elles en ont pitié.

• L'éditeur a refusé le manuscrit ; l'auteur n'était pas assez connu.

→ Sous prétexte que l'auteur n'était pas assez connu, l'éditeur a refusé le manuscrit.

• Il a déplacé le rendez-vous ; il avait déjà un autre rendez-vous.

→ Sous prétexte qu'il avait déjà un autre rendez-vous, il a déplacé le rendez-vous.

• Tu me prives du plaisir de le voir ; tu ne l'aimes pas.

→ Sous prétexte que tu ne l'aimes pas, tu me prives du plaisir de le voir.

• Les difficultés économiques augmentent ; les revendications ne peuvent toutes être satisfaites.

→ Étant donné que les difficultés économiques augmentent, les revendications ne peuvent toutes être satisfaites.

• Elle a un autre engagement ; elle n'assistera pas à la soirée.

→ Étant donné qu'elle a un autre engagement, elle n'assistera pas à la soirée.

• La sécurité maritime est insuffisante ; les risques de pollution augmentent.

→ Étant donné que la sécurité maritime est insuffisante, les risques de pollution augmentent.

Exercice 60. Appréciation exclamative.
Écoutez.
C'est fou ce que vous me rappelez ma cousine disparue !

Répétez.
• C'est fou ce que vous avez changé !
• C'est fou ce que vous êtes belle !
• C'est fou ce que vous me plaisez !
• C'est fou ce que vous dites là !
• C'est fou ce que j'ai dû travailler pour y arriver !

Unité 9	
Pages 108-109	Leçon 3

Apprendre à connaître les autres

Objectifs

Communication
Entrer en contact avec les autres.

Grammaire
L'expression de la suggestion.

Vocabulaire
• un pari – une halte-garderie – un apéritif dînatoire – grignoter

Culture
La vie de quartier : les liens de proximité.

Prononciation
Faire des suggestions.

■ Découverte de l'événement

Avant de faire lire l'article, commenter les images : Qu'est-ce qu'on voit sur les photos ? Où sont les gens ? Qu'est-ce qu'ils fêtent ?
Expliquer « apéritif dînatoire » : apéritif abondant qui prend la place du dîner.

1 Carte d'identité de l'association :
– *Nom : Paris d'amis*
– *Date de création : 1990*
– *Objectifs : renforcer les liens de proximité, développer un sentiment d'appartenance dans un même quartier, créer une solidarité entre voisins, se mobiliser contre l'isolement et l'exclusion.*
– *Événement : « Immeubles en fête »*
– *Participants : dix mille personnes en 1999, un million en 2001, plus de deux millions en 2002.*
– *Perspectives : l'apéritif dînatoire sert à faire se rencontrer et discuter les jeunes et les moins jeunes et cela donne envie de se retrouver.*

2 Liste des personnes intéressées par « Immeubles en fête » :
– *l'étranger qui ne connaît personne,*
– *la vieille dame qui vit seule,*
– *une famille avec des enfants qui vient d'emménager,*
– *un couple qui travaille tout le temps et qui donc ne connaît personne dans l'immeuble,*
– *un homme seul qui, voyageant souvent pour son travail, n'a pas beaucoup de contacts avec ses voisins.*

■ Partie « Faites des suggestions »

1 Les étudiants travaillent en groupe. Exemple de réponses :
a. Inventaire des initiatives de la ville ou du quartier où habitent des étudiants :
• *« Le Nouvel An ensemble ! » : des groupes du quartier vont souhaiter la bonne année en chansons d'appartement en appartement, après quoi on sort tous ensemble pour attendre minuit sur la place.*
• *« Laissez-vous envahir ! » : en été, le quartier est « envahi » par toute une série de manifestations (musique, danse, cinéma...) que les habitants du quartier préparent et gèrent entre eux.*
• *« Faisons revivre le quartier ! » : les gens âgés, dépositaires des compétences et connaissances concernant les métiers, les commerces, les rituels disparus, travaillent avec les enfants et les jeunes pour préparer une « journée du patrimoine social » du quartier.*
b. Initiatives possibles :
– *pour renforcer les liens de proximité : organisation de jeux collectifs pour les enfants de l'immeuble ou du quartier ;*
– *pour développer un sens d'appartenance... : les vieux habitants du quartier, qui en connaissent toute l'histoire et la vie, préparent une journée de rencontres dans des endroits typiques du quartier (cours d'immeubles, petits jardins, places de marché...) où les gens puissent se*
retrouver et prendre aussi connaissance de la mémoire des lieux ;
– *pour créer une solidarité entre voisins : les gens s'organisent pour aller faire des achats ensemble et employer une voiture à plusieurs au lieu d'aller chacun avec la sienne ;*
– *pour se mobiliser contre l'isolement et l'exclusion : on s'occupe à tour de rôle des gens âgés pour qu'ils participent au mieux à la vie du quartier ou de l'immeuble.*

2 a. Noms des opérations « Paris d'amis » :
– *Noël en famille / pour les sans-famille*
– *Une automobile / pour les personnes peu mobiles*
– *Des recherches / pour les demandeurs d'emploi*
– *Des haltes-garderies à domicile...*

b. Exemples de noms pour les initiatives données en a. :
– *Notre quartier en jeux*
– *Histoire de quartier*
– *Ça roule pour tous !*
– *Papy relais*

■ Partie « Imaginez l'événement »

Travail qui gagne à être fait en petits groupes. Suivre les consignes du livre.
Exemple de démarche :

1 Mode d'emploi.
– *Le principe : se connaître ou renforcer les liens de connaissance entre étudiants de classes hétérogènes.*
– *Le moyen : chaque étudiant ou groupe d'étudiants apporte un gâteau... à partager avec les autres.*
– *La date : le début du cours de langue ou de l'année scolaire (ex. : 15 septembre).*
– *L'horaire indicatif : 17 heures.*
– *Les participants : étudiants, personnels de l'école.*
– *Le lieu : la cour (par beau temps) ou le gymnase (par mauvais temps).*
– *L'état d'esprit : l'agressivité envers les gâteaux et la bonne humeur pour tout le monde.*

2 Exemple d'affiche.

> *Et si j'invitais mes camarades... à partager*
>
> Apportez gâteaux, tartes, tartelettes, babas, charlottes... et toute votre bonne humeur pour faire...
> **L'école en miettes !**
> À la rentrée, le 15 septembre
> Tous dans la cour à partir de 17 h !
> (Et s'il pleut, dans le gymnase !)

3 Prise de contact avec les autres classes :
a. Exemple de moyen choisi : *on envoie l'affiche par mél parce que c'est un moyen plus rapide.*

b. Exemple de message :

Salut, tout le monde ! Comme on rencontre dans les couloirs des tas de gens qui ont l'air sympa et qu'on aimerait bien les connaître, on vous propose « L'école en miettes ». Ouvrez le fichier joint et suivez le mode d'emploi. On vous attend tous.
La bande de Campus 3.

4 Les groupes organisent le « gâteau-voisin » comme « l'apéri-voisin » décrit dans le document : organisation de l'espace, distribution des tâches, animation prévue…

5 Exemple de canevas de conversation.
• *Parler de soi-même et des autres*
– Je me présente : je suis… j'habite…
– Moi, c'est… : je fréquente le cours…, je suis en classe de…
– On s'est croisé/vu souvent à… Je m'appelle…
• *Offrir quelque chose à quelqu'un*
– Tu prends un peu de… ? C'est moi qui l'ai fait(e).
– Je peux t'offrir un(e) de ces… ? Ils/elles sont… !
– Je te conseille… ; un vrai délice !
– On va prendre un peu de… et de… Ça te dit ?
• *Accepter/refuser*
– Oui, volontiers, j'adore…
– Non, merci, je préfère…
– Oui, mais un petit peu. J'ai déjà pris du/de la/des…
– Non, merci, je prends plutôt…, tu sais, je suis allergique au/à la/aux…
• *Demander des précisions*
– Tu sais qui a préparé ce/cette… ?
– Comment vous avez eu cette idée ?

– Tu peux me présenter à… ?
– Tu connais les ingrédients de…
• *Donner son opinion*
– Vraiment sympa ce que vous avez organisé.
– C'est une idée géniale/excellente/super…
– Je trouve qu'on ne pouvait pas faire mieux.
– Vous avez eu une drôle d'idée, mais ça a l'air de marcher…
• *Faire des projets/des propositions*
– Et si on faisait ça plus régulièrement pour se retrouver entre nous ?
– Moi, je pense qu'on pourrait modifier un peu l'idée avec d'autres objectifs…
– Moi, je crois qu'il faudrait faire ça toujours à la rentrée pour accueillir les nouveaux.
– On pourrait penser à élargir ça aux familles…

■ Prononciation et mécanismes
Exercice 61. Faire des suggestions.
• Inviter ses voisins à prendre un verre.
→ Et si j'invitais mes voisins à prendre un verre !
• Monter une association.
→ Et si on montait une association !
• Prendre, toi et moi, un congé.
→ Et si nous prenions un congé !
• Organiser tous ensemble une grande fête.
→ Et si on organisait tous ensemble une grande fête !
• Aller voir, toi et moi, le dernier film de Jean Reno.
→ Et si nous allions voir le dernier film de Jean Reno !
• Conseiller à un ami d'arrêter de fumer.
→ Et si tu arrêtais de fumer !

Unité 9	
Pages 110-111	Leçon 4

Parler de la fraternité

■ Objectifs

Communication
• Parler de l'actualité.
• Prendre position sur un problème.

Vocabulaire
Lexique de la solidarité et de la fraternité (voir encadré p. 111 du livre).

Culture
Jacques Attali. La solidarité mondiale.

Prononciation
Expression du doute et de la certitude.

■ Découverte du document

Avant de faire lire l'entretien, demander : Qu'est-ce que c'est pour vous la fraternité ? Donnez trois réponses.

Comparer ensuite les trois réponses avec les définitions de J. Attali.

Les étudiants lisent le document et suivent les consignes.

1 Exemple de réponse : *Pour sauver notre société, rendue invivable par le profit et la compétition, il faut travailler à la construction de la fraternité.*

2 Définitions de fraternité.
– *trouver son bonheur à aider l'autre à être heureux*
– *c'est la pâte de la pizza*
– *c'est l'hospitalité*

3 a. Exemples donnés par l'auteur :
– *À l'école, les enfants de quatrième font du rattrapage avec les élèves de sixième.*
– *Pour rendre plus gaie la maison des personnes âgées à côté de l'école, les enfants vont faire un concert, repeindre les murs...*

b. Les images qu'il utilise pour parler de la fraternité : *l'équipe de football – l'orchestre – la pizza.*

4 Les étudiants travaillent par deux et suivent les consignes avec des contraintes de temps.
Exemples de réponses :
– *Domaines où la fraternité devrait être présente : dans les hôpitaux – dans les quartiers des villes – sur les lieux de travail.*
– *Définitions de la fraternité : c'est comprendre et accepter la différence – c'est parler la langue de l'autre.*
– *Images pour définir la fraternité : le tronc d'un arbre qui produit des fruits différents – les grains de sables qui forment une plage...*

La correction de cette activité permet des mises au point lexicales :
– *léguer* : laisser.
– *force est de...* : on est obligé de...
– *s'en remettre à* : faire confiance à...
– *une passe (football)* : action de transmettre la balle à un partenaire.
– *le rattrapage scolaire* : la mise à niveau des élèves qui ont du retard.

■ Partie « Exercez-vous »

1 Réponses : 1c. – 2d. – 3b. – 4a.

2 Réponses :
a. *Pierre a réussi à obtenir le poste de directeur grâce à **l'aide** d'un ministre qu'il connaît.*
b. *La petite Agnès est en classe de 5ᵉ. Elle a de très mauvaises notes en mathématiques. Elle a besoin d'**un soutien** scolaire dans cette matière.*
c. *Les alpinistes perdus dans la montagne ont appelé **du secours** grâce à leur portable.*
d. *Les assurances Alma vous promettent **une assistance**, en cas de panne, 24 heures sur 24.*
e. *Quand j'ai déménagé, des amis sont venus me donner **un coup de main**.*

3 Exemple de réponses :
a. *On peut leur porter secours et partager ce que l'on a.*
b. *On peut lui montrer de la sympathie en l'invitant à prendre un café.*
c. *On peut leur fournir un soutien avec des cours supplémentaires.*
d. *On peut lui rendre service en gardant les enfants.*
e. *On peut lui proposer des leçons de guitare en échange de leçons d'échecs.*

4 Exemple de réponses :
– *Situation où l'on peut s'entraider : un élève fort en maths qui aide un copain faible en maths, mais fort en histoire et vice-versa.*
– *Situation où l'on peut porter secours : héberger des amis restés sans maison à cause d'un incendie qui a détruit un quartier de leur petite ville.*
– *Situation où l'on peut se dévouer : travailler dans des associations qui s'occupent des SDF.*
– *Situation où l'on peut redistribuer : associations à but non lucratif qui s'occupent de commerce éthique.*

■ Partie « Découvrez les témoignages » 🎧

Il est conseillé de faire faire deux écoutes en fonction de ce qui est demandé en 1 et 2.

1 Liste des thèmes :
la paix – le respect individuel de la différence – la tolérance – le développement solidaire – la protection de l'enfance.

2 Formules de mises en valeur :
– *Pour moi, ce qui…, c'est…*
– *La chose qui me…, c'est…*
– *L'idée à laquelle je suis le plus… : …*
– *Moi, je crois à… C'est le/la seul(e)…*
– *Pour moi, je sais que…, c'est tout ce qui…*

3 Exemples de réponses :
– *Pour moi, ce qui est le plus important, c'est accepter les différences.*
– *La chose qui me semble prioritaire, c'est les voyages pour pouvoir mieux connaître les autres cultures.*
– *L'idée à laquelle je suis la plus attachée : il ne peut y avoir de vraie fraternité si l'on n'arrive pas à redistribuer les richesses de la planète selon les besoins des peuples.*

■ Prononciation et mécanismes

Exercice 62. Exprimer ses doutes ou ses certitudes à propos…
• … de l'amélioration de la situation.
(je ne pense pas…)
→ Je ne pense pas que la situation s'améliore.

• … du combat pour la survie de certaines langues.
(il faudra que nous…)
→ Il faudra que nous combattions pour la survie de certaines langues.
• … de la façon de parvenir à une meilleure compréhension entre les peuples.
(je doute que…)
→ Je doute que nous parvenions à une meilleure compréhension entre les peuples.
• … de l'obligation de travailler plus longtemps.
(je n'aimerais pas que…)
→ Je n'aimerais pas que l'on soit obligé de travailler plus longtemps.
• … du mauvais usage qui est fait des ressources de la planète.
(il est regrettable que…)
→ Il est regrettable que l'on fasse un mauvais usage des ressources de la planète.
• … de l'insuffisance de la protection de la vie privée.
(je ne suis pas sûr que…)
→ Je ne suis pas sûr que l'on protège suffisamment la vie privée.

Unité 9
Pages 112-113 | **Leçon 5**

Agir pour les autres

■ Objectifs

Communication
Comprendre et commenter un récit de vie.

Grammaire
Les pronoms relatifs composés et *dont*.

Vocabulaire
• un combat – la dignité – un résistant – un réseau clandestin – un tract – l'engagement – un militant

• tricher – résister – arrêter – témoigner – basculer – défendre
• emprisonné – déporté – affreux – démuni

Culture
L'engagement de Geneviève de Gaulle-Anthonioz.

Prononciation
Caractériser en transformant avec les relatifs.

■ Découverte du document

1 *a. C'est une femme qui a lutté pour les autres.*
b. C'est une femme qui a participé à la Résistance, qui a été arrêtée et déportée à Ravensbrück, qui a témoigné contre Klaus Barbie à l'occasion de son procès, qui a été l'amie d'Aragon et de Malraux, qui a été présidente d'ATD Quart Monde.

En raison de l'importance historique des informations qu'il présente, l'article nécessite des explications sur les points suivants :

Mein Kampf
Écrit politique d'Adolf Hitler (1925) où il expose ses idées racistes et totalitaires.

Ravensbrück
Localité d'Allemagne où les nazis avaient installé en 1934 un camp de concentration réservé aux femmes.

Le procès Klaus Barbie

Procès qui a eu lieu à Lyon (11 mai-4 juillet 1987). Klaus Barbie a été le chef de la Gestapo de Lyon de novembre 1942 à août 1944. Les charges effrayantes qui pèsent sur lui relèvent du crime contre l'humanité :
– rafle de l'UGIF (Union générale des israélites de France) : arrestation et déportation de 86 personnes en février 1943 ;
– rafle d'Izieu : arrestation et déportation de 41 enfants de 3 à 13 ans et de 5 adultes juifs du foyer d'enfants d'Izieu-Ain en avril 1944 ;
– le dernier convoi : déportation à Auschwitz de 600 personnes, juifs et résistants, le 11 août 1944, moins de quinze jours avant la libération de Lyon.

Le Père Joseph Wresinski

Enfance misérable à Angers. Mineur de fond occasionnel, militant de la Jeunesse ouvrière chrétienne, il est ordonné prêtre en 1946. En 1956, il devient l'aumônier du camp des sans-logis de Noisy-le-Grand, dans la banlieue de Paris. C'est là qu'il décide de s'engager contre l'exclusion et l'année suivante, il fonde l'association Aide à toute détresse (ATD). Il s'éteint en février 1988, à Suresnes.

Louis Aragon (Paris, 1897-1982)

L'entre-deux-guerres est pour lui la période du surréalisme (*Anicet*, 1918), de l'écriture expérimentale (*Le Mouvement perpétuel*, *Le Paysan de Paris*, 1926), de son adhésion au parti communiste, et surtout de sa rencontre avec Elsa Triolet, le grand amour de sa vie (*Les Yeux d'Elsa*, 1942).
Sous l'Occupation, il participe à la résistance intellectuelle contre les nazis. L'après-guerre le verra partagé entre son engagement politique et la publication de nombreux romans et recueils de poèmes, dont *La Diane française* (1945) et *Le Fou d'Elsa* (1963).

André Malraux (Paris, 1901-Créteil, 1976)

Écrivain, aventurier et homme politique, passionné d'art et d'archéologie. Dès 1933, il milite contre le fascisme et le nazisme et en 1936, il s'engage aux côtés des républicains espagnols. Il commande la brigade « Alsace-Lorraine » pendant la libération de la France. À partir de 1959, il rejoint le gouvernement du Général de Gaulle qui fera de lui son ministre de l'Intérieur, puis de la Culture. Parmi ses œuvres : *La Condition humaine* (prix Goncourt 1933), *L'Espoir* (1937), *Les Voix du silence* (1951) et ses *Antimémoires* (1967).

Expliquer :
Aumônier : ecclésiastique qui exerce son ministère auprès d'une collectivité donnée.

2 Réponse :
1920 : naissance le 25 octobre
1933 : lecture de Mein Kampf
1943 : déportation à Ravensbrück
1946 : mariage avec Bernard Anthonioz
1958 : rencontre avec le père Wresinski
1962 : présidente d'ATD Quart Monde
1987 : témoignage contre Klaus Barbie à son procès
1998 : abandon de la présidence d'ATD Quart Monde
2001 : mort le 14 février

3 combat – résister – résistant/e – arrêter – clandestin – combattre – réseau de la Résistance – mission de renseignement – emprisonner – crime – destruction – déporter – univers concentrationnaire – lutte – témoigner – engagement – détresse – humiliation – injustice – militant – allié – défendre – exclusion.

4 Réponse :
• ... qu'il y ait des gens de la famille de Gaulle **qui soient arrêtés**... à *Ces gens sont des résistants*
• elle dira la conclusion **à laquelle elle se référera pour ses combats à venir** à *Cette conclusion sera la devise de sa lutte contre l'exclusion*.
• elle y reconnaît une détresse, une humiliation **auxquelles elle s'identifie** et **dans lesquelles elle retrouve celles des camps** à *Elle a connu la même détresse et la même humiliation dans les camps de concentration*.
• une association **dont les pauvres sont appelés militants** à *Le nom des membres de cette association souligne leur engagement*.
• une loi contre l'exclusion **qu'elle a tellement réclamée**... à *Elle a lutté pour le vote de cette loi*.

■ Partie « Exercez-vous »

1 Exemple de texte :
L'écrivain sénégalais B.B. Diop a le sentiment de n'être jamais allé à Pyongyang, **où** *il a pourtant séjourné. Il éprouvera de nouveau ce sentiment à Boswill, une petite ville de Suisse* **où** *il est resté six mois,* **qu'il** *a parcourue en tous sens,* **où** *il n'a jamais vu âme qui vive et* **où** *il s'est senti surtout observé derrière des volets clos, contrairement à d'autres villes* **qui** *s'offrent immédiatement au regard : Fès, au Maroc,* **qu'il** *a aimée et Balbek* **où** *il a été fasciné par la ville phénicienne* **que** *des maçons ont exhumée près du port de Beyrouth et* **dont** *les ruines lui ont parlé plus que toutes les rues...*

2 *... on fait son marché sur le parvis de la Cité des Sciences **sur lequel** une vingtaine de stands proposent des denrées ... Des denrées **auxquelles** les Français accordent de plus en plus de place ... Ils sont aujourd'hui plus de 36% à consommer des produits extra-européens parmi **lesquels** ils ont leurs chouchous...*
*... tous ces produits ont leurs boutiques dans **lesquelles** on peut découvrir d'autres spécialités avec **lesquelles** on régalera ses amis ... une autre manière à partir **de laquelle** vous pouvez découvrir Paris.*

3 *a. C'est une femme **qui** a toutes les audaces, **dont** on connaît les engagements, **que** ses amis ont du mal à retenir auprès d'eux, **dont** on peut être sûr qu'elle est toujours prête à partir pour les endroits les plus difficiles **d'où** elle rapportera les photos **qui** feront la une des grands magazines internationaux.*
*b. C'est un film **qui** me fait toujours rêver, **que** je revois chaque fois avec beaucoup de plaisir, **dont** chaque image est un choc émotionnel, **où** je découvre à chaque fois des choses que je n'avais pas vues, et à la projection **duquel** j'emmène toujours de nouveaux amis.*

■ **Partie « Exprimez-vous »**

Suivre les consignes du livre.

■ **Prononciation et mécanismes**

Exercice 63. Caractériser. Transformez.
Au cinéma, parlez de ce que vous aimez dans les films.
J'aime les films...
• Ils me font rêver.
... qui me font rêver.
• On peut s'identifier au héros.
... dans lesquels on peut s'identifier au héros.
• On peut les revoir trois ou quatre fois.
... que l'on peut revoir trois ou quatre fois.
• On a envie d'y amener ses amis.
... où on a envie d'amener ses amis.
• Il faut en parler.
... dont il faut parler.
• On leur fait peu de publicité.
... pour lesquels on fait peu de publicité.

Corrigé du bilan 9

1. – Tu aurais voulu faire rater cette soirée, tu ne t'y serais pas pris autrement.
– **Ne me parle pas sur ce ton.**
– Ah ! bon, parce qu'il y a un ton pour te parler maintenant. **Tu m'énerves**, tu sais.
– **Je ne supporte pas** que tu dises que tout ceci est de ma faute.
– Ah ! tu ne le supportes pas. Eh bien, que cela te plaise ou non, **je désapprouve totalement** ta conduite.
– Totalement, **tu désapprouves totalement ?**
– Oui, je **trouve inadmissible ta conduite.**
– Inadmissible, ma conduite. Arrête ! **Tu m'agaces.**
– Eh bien moi, **tu me casses les pieds.** Je vais me coucher

2. a. Il a réussi :
– grâce à sa ténacité
– avec l'aide de son entourage
– en travaillant beaucoup
b. Il l'a séduite :
– avec son charme
– en proposant des choses inattendues
– par l'intermédiaire de son meilleur ami
c. Il l'a rencontrée :
– grâce aux amis de son père
– avec l'aide d'un ami commun
– en insistant beaucoup

d. Il est sorti de sa voiture :
– en cassant la vitre arrière
– à l'aide d'un marteau
– grâce à son sang-froid

3. a. *Le Pianiste* était le meilleur film, **c'est la raison pour laquelle** il a remporté le César.
b. Elle est de mauvaise humeur, **si bien que** tout le monde se tait.
c. Il fait très chaud, **à tel point que** personne n'a envie de travailler.
d. Ludovic est hypocondriaque **au point qu'**il se trouve tous les jours une nouvelle maladie.
e. La négociation a été très dure, **c'est pourquoi** Pierre a dû quitter la table plusieurs fois.
f. J'ai trop dépensé **au point de** ne pouvoir même plus aller au cinéma.

4.
> À tous ceux qui ont envie
> de rencontrer d'autres personnes !
> Dimanche matin, à partir de 11 h tous
> *À l'auberge espagnole.*
> Dans un square, sur une place, sur une pelouse, que chacun apporte quelque chose de sa ville, sa région ou son quartier : pâtisseries, boissons ou plats typiques.
> Et tout le monde sera le bienvenu avec ses musiques, ses danses, ses costumes et surtout sa bonne humeur !

5. a. Je serais heureux si les progrès de la génétique **permettaient de guérir certaines maladies.**

b. Je ne suis pas sûr **qu'on dise** toute la vérité sur les manipulations génétiques.

c. Je ne pense pas que la situation écologique **s'améliore.**

d. Il faudra **que nous combattions** davantage la pollution automobile et industrielle.

e. Il est regrettable **que les pays riches ne fassent pas** un meilleur usage de la création de richesses.

f. Je doute **que nous parvenions** à une meilleure distribution des richesses.

g. Je n'aimerais pas **que mes petits-enfants soient obligés** de vivre dans des bulles.

6. Il y a des lieux **qui** ont vraiment une âme, **que** l'on peut dessiner en rêve, **dont** le souvenir est souvent attaché à une personne **à laquelle/à qui** on pense quand on se souvient, **pour laquelle/qui** on est prêt à franchir des océans pour retrouver ces sensations anciennes **auxquelles** on est tellement attaché.

Unité 10
Imaginer

Présentation de l'unité

Toute l'unité est organisée autour de la notion d'imaginaire.

On apprendra à formuler des hypothèses (10(1)), à décrire des personnes (10(2)), à reconnaître différents types de textes littéraires (10(3)), à analyser une scène de film (10(4)), à réfléchir sur la poésie et à faire des poèmes (10(5)).

Parmi les thèmes abordés : les mystères qui entourent les origines de l'homme (10(1)), métiers et comportements des Français d'aujourd'hui (10(2), la lecture (10(3)), la poésie (10(5)).

Observation collective de la page 115

• Observation et commentaire de la photo

Faire décrire la femme qui figure sur la photo.

C'est une femme jeune, photographiée en plan américain et sur un fond neutre qui ne permet pas de dire où la photo a été prise. La femme porte une chemise blanche et une sorte de tablier noir : on dirait un uniforme. Elle tient un verre de vin blanc sur la main, comme si c'était quelque chose de précieux. Sur son tablier on distingue un ruban avec une petite grappe de raisin. Tous ces détails disent que cette femme est sommelière (sommelier/ère : personne qui s'occupe des vins dans une cave ou un restaurant), métier traditionnellement réservé aux hommes.

Demander aux étudiants si, dans leur pays, il y a des métiers réservés exclusivement aux hommes ou aux femmes et faire faire une petite liste à partir de laquelle on peut poser une question ultérieure : lesquels de ces métiers sont aujourd'hui accessibles aux femmes ? (dans les pays occidentaux par ex. : les juges, les métiers de l'armée pour les femmes…). Que pensez-vous de ces changements ?

• Commentaire des objectifs de l'unité

Recherche collective d'idées sur le titre de l'unité.

Que signifie pour vous « imaginer » ? Qu'est-ce qui fait voyager plus facilement vos imaginaires ? Dans quelles circonstances ?

Faire des hypothèses

■ Objectifs

Communication
Faire des hypothèses.

Grammaire
• L'hypothèse suivie d'une conséquence
• L'information présentée comme possibilité

Vocabulaire
• l'almasti – un homme des bois – un hominidé –
une empreinte – un témoignage
• apercevoir – mentir – faire preuve – croire – découvrir

• bizarre – tangible – mystérieux – probable –
fantastique

Culture
• L'almasti du Caucase
• Les créatures imaginaires

Prononciation
• Formuler une hypothèse
• S'exclamer

■ Découverte du document

Expliquer « Caucase » : grande chaîne de montagnes qui s'étend de la mer Noire à la mer Caspienne.

1 Informations essentielles :
– les faits : découverte des almastis, des êtres mi-hommes mi-singes ;
– qui a fait la découverte : des paysans, des bergers et des chasseurs ;
– où : dans les montagnes du Caucase ;
– quand : depuis la fin des années cinquante.

2 Hypothèses sur la nature de l'almasti.
1) L'almasti existe. Mi-homme mi-singe, il serait robuste et puissant. Adulte, il ferait entre 1,80 m et 2 m. Il serait couvert de poils roux et serait très agile. Il ne serait pas agressif et il rechercherait la compagnie des hommes.
2) L'almasti existe. Il ferait partie d'une espèce animale non encore identifiée. C'est un hominidé dont l'évolution se serait arrêtée ou un être humain qui aurait régressé vers le stade animal.
3) L'almasti n'existe pas. Il serait le fruit d'une mystification.
4) L'almasti n'existe pas. Il serait né de l'imagination des hommes.

3 Les temps des verbes et l'information.
• Informations sûres et vérifiées : indicatif, présent ou passé *(les témoignages s'accumulent – cela n'empêche pas les membres... de croire... – le célèbre cœlacanthe était déjà connu des pêcheurs comoriens...).*
• Informations non vérifiées et hypothèses : conditionnel *(des paysans... auraient aperçu – l'adulte mesurerait... et ferait preuve... – il s'agirait... qui aurait régressé... – certaines auraient été capturées...).*

La correction de cette activité permet des mises au point lexicales et des explications supplémentaires :
– *pêcheurs comoriens* : pêcheurs habitant les Comores, îles de l'océan Indien ;
– *ossements* : os desséchés de cadavres d'hommes ou d'animaux ;
– *le « monstre du Loch Ness » ou Nessie* : animal préhistorique, dont on n'a jamais prouvé l'existence, qui apparaîtrait régulièrement dans le Loch Ness, en Écosse ;
– *le yéti de l'Himalaya* : animal hypothétique, appelé aussi « l'abominable homme des neiges », qui vivrait dans les montagnes de l'Himalaya, en Asie, au nord de l'Inde ;
– *Bigfoot* : les légendes indiennes d'Amérique du Nord font allusion à un géant velu, signalé dans les forêts montagneuses de l'ouest des États-Unis et du Canada. En raison des traces de pas démesurées qu'elle laisserait sur le sol (jusqu'à 45 cm de long), cette créature a reçu le surnom de *bigfoot* (« grand pied »).

4
L'activité se prête à une discussion entre ceux qui croient à la possibilité de l'existence de l'almasti, les sceptiques et ceux qui croient que c'est une légende. À chacun de justifier sa position.

5
On peut commencer par un remue-méninges et faire présenter ensuite les hypothèses sur les animaux ou les phénomènes recensés.
Ex. : l'existence des Martiens. *Les habitants de Mars auraient envoyé des messages lumineux qui auraient été*

captés par des nomades des zones désertiques. Des Américains affirment que des Martiens auraient même débarqué sur notre planète et qu'ils auraient laissé des traces dans les champs de maïs. On aurait vu aussi ces créatures bizarres descendre de leur astronef en pleine Russie…

■ La partie « Exercez-vous »

Expliquer l'encadré « Formuler une hypothèse », p. 117, et faire faire les exercices.

1 Reformuler les phrases du dialogue.
Clara : **Si Paul obtenait** un poste au Japon, **nous quitterions** Paris en septembre.
Juliette : **Au cas où vous partiriez, tu me laisserais** ton appartement ?
Clara : Pas tout de suite. **Supposons que Paul ne se plaise pas** dans sa nouvelle entreprise **et que nous soyons obligés** de rentrer en France, **nous serions** alors bien contents d'avoir gardé notre appartement.
Juliette : Tu as raison. **Si Isabelle n'avait pas vendu** son appartement quand elle est partie en Afrique, **elle n'aurait pas occupé** le mien pendant six mois à son retour.
Clara : Mais **si nous étions toujours au Japon** en janvier, **tu pourrais alors occuper** l'appartement.

2 Exemples de solutions.
a. … on vivrait en harmonie.
b. … il y aurait plus de justice.
c. … les gens liraient davantage.
d. … on aurait moins de pollution.
e. … je vous passerais un coup de fil.
f. … tout le monde voudrait l'acheter.

■ Imaginez

1 Qu'auriez-vous fait à leur place ?
a. *Rencontre* : Si j'avais été à sa place, j'aurais essayé d'engager la conversation / je l'aurais laissé tranquille.
b. *Cas de conscience* : Si j'avais été à sa place, je l'aurais montré à tous les copains / je l'aurais gardé pour moi.
c. *Situation embarrassante* : Si j'avais été à sa place, je ne me serais pas déshabillé / j'aurais refusé de le faire / je l'aurais fait sans problème.

2 Réponses possibles.
a. Si les hommes n'avaient pas inventé la roue, il faudrait encore se déplacer à pied ou à cheval et on voyagerait beaucoup plus lentement. En revanche il y aurait moins de pollution…

b. Si j'étais né(e) dans la Préhistoire, j'aurais vécu / je vivrais dans une caverne, j'aurais connu / je connaîtrais les dinosaures, j'aurais chassé / je chasserais les bêtes sauvages, j'aurais mangé / je mangerais de la viande crue…
c. Si je pouvais recommencer ma vie à zéro, je vivrais dans une famille nombreuse, j'apprendrais à jouer du piano, je ferais des études classiques, je travaillerais six mois par an et le reste de l'année je voyagerais pour apprendre beaucoup de langues…

■ Prononciation et mécanismes

Exercice 64. Formulez une hypothèse. Transformez.
• Paul va peut-être obtenir un poste au Japon. Alors nous quitterons Paris en septembre.
→ Si Paul obtenait un poste au Japon, nous quitterions Paris en septembre.
• Catherine va peut-être réussir son concours ; alors nous chercherons un nouvel appartement.
→ Si Catherine réussissait son concours, nous chercherions un nouvel appartement.
• Je vais peut-être changer de travail ; alors je pourrai faire ce que j'ai toujours rêvé de faire.
→ Si je changeais de travail, je pourrais faire ce que j'ai toujours rêvé de faire.
• Je n'ai pas su que le métro était en grève ; alors je n'ai pas pris ma voiture.
→ Si j'avais su que le métro était en grève, j'aurais pris ma voiture.
• Je n'ai pas pu me libérer ; alors je n'ai pas pu venir passer le week-end avec vous.
→ Si j'avais pu me libérer, j'aurais pu venir passer le week-end avec vous.
• Elle n'a pas pu jouer dans le nouveau spectacle ; alors elle n'a pas pu relancer sa carrière.
→ Si elle avait pu jouer dans le nouveau spectacle, elle aurait pu relancer sa carrière.

Exercice 65. S'exclamer.
Écoutez.
Oh ! là là ! vous faites un métier pas facile.

Répétez.
Oh ! là là ! qu'est-ce qu'elle peut m'énerver !
Oh ! là là ! qu'est-ce qu'il mange !
Oh ! là là ! qu'est-ce qu'elle chante bien !
Oh ! là là ! qu'est-ce qu'il travaille bien !
Oh ! là là ! qu'est-ce qu'il pleut !

■ Objectifs

Communication
Faire le portrait de quelqu'un.

Grammaire
Caractériser une personne : la qualification.

Vocabulaire
Les noms des métiers.

Culture
Les nouveaux métiers, les nouveaux héros
des Français.

Prononciation
Caractériser en reliant deux phrases.

■ Découverte du document

1 Origine et sujet du document.
Activité de lecture globale : il suffit de faire considérer le titre, le sous-titre et la référence en bas de page, à droite pour répondre aux questions posées. Ce sont des extraits d'un dossier paru dans *L'Express*, dédié aux Français d'aujourd'hui représentatifs de nouveaux métiers ou de changements sociaux importants.

2 Activité de lecture individuelle. Réponse :
• Texte A
– agent de police : *gardien de la paix, agent municipal*
– parties d'une bicyclette : *selle, guidon*
– surveiller un quartier : *îloter*
– langage spécialisé : *jargon*
– échanger : *troquer*
– parcourir dans tous les sens : *sillonner*
• Texte B
– vin de grande qualité : *grand cru*
• Texte D
– ouvrir très grand les yeux : *écarquiller les yeux*
– poste de travail : *affectation*
– obtenir, réussir : *décrocher*

3 Titres possibles.
• Texte A : Le policier vététiste • Texte B : La sommelière • Texte C : Un nouveau couple • Texte D : L'enseignant de banlieue.

4 Réponses à comparer avec la réalité du pays des étudiants.
• Texte A : le policier de quartier se déplace à vélo, il surveille tout le quartier, il porte des chaussures montantes, une combinaison, une casquette.
Texte B : le sommelier fait des études d'hôtellerie. Il devient expert en vins dont il s'occupe dans les caves ou qu'il gère dans les restaurants.

Texte D : l'enseignant ne choisit pas son affectation. Souvent ce sont les plus jeunes qui sont nommés dans les ZEP (zones d'enseignement prioritaires), où les élèves sont plus difficiles.

■ Partie « Réfléchissez-comparez »

1 Résultats du travail en petits groupes.
Exemples :
• activités et professions nouvelles : 1, 4, 5, 16, 18, 20, 21, 24, 32
• professions ayant subi des changements importants (présence des femmes dans le métier, nouvelles tâches...) : 2, 26, 36
• personnes qui travaillent dans des milieux défavorisés et dont le travail est donc plus important d'un point de vue social : 3, 19, 27
• personnes témoins de changements sociaux importants (importance de la religion, nouvelles lois...) : 8, 11, 12, 13, 22, 25
• modes et tendances de la société actuelle : 9, 14, 15, 31, 33, 35
• marginaux : 7, 11, 28
• métiers et activités traditionnels, exaltés par les médias dans certaines circonstances (importance de la Petite Moyenne Entreprise pour l'économie actuelle, la chasse contestée par les écologistes...) : 6, 10, 17, 23, 29, 30, 34

2 Le professeur donne des phrases qui caractérisent les personnes de l'encadré p. 119 et les étudiants devinent de qui il s'agit. Exemples de phrases :
• Le webmaster → Il crée des sites sur l'Internet.
• Le casque bleu → On le retrouve là où il est nécessaire de sauvegarder la paix.
• Le grand patron → Il dirige un service dans un établissement hospitalier.
• L'exclu → Il n'a pas de travail et il vit en marge de la société.

L'imam → Autorité religieuse musulmane.
- L'antimondialisation → Il est toujours en train d'organiser une manifestation.
- La handicapée → Elle sait faire respecter ses droits.
- La bouddhiste → Elle fait de longs séjours en Inde.
- La liftée → Elle fait toujours jeune, même à 60 ans.
- Le DJ → Il connaît les bons disques pour animer une soirée.
- Le patron de PME → Il connaît personnellement tous ses ouvriers.
- Le généticien → Il est sûr que ses recherches serviront à éliminer certaines maladies.
- Le spécialiste des effets spéciaux → Il est capable de monter une guerre interplanétaire rien qu'avec un ordinateur.
- La régionaliste → Elle croit dur comme fer aux effets positifs de la décentralisation.
- Le routier → Il conduit de gros camions sur de longs trajets.
- Les pacsés → Ils ne sont pas mariés, mais ils vivent ensemble et ils ont les droits que la loi garantit à cette union civile.
- L'agriculteur bio → Il n'emploie pas d'engrais chimiques pour sa production.
- L'humanitaire → Il travaille pour Médecins sans frontières.
- Le smicard → Il a un tout petit salaire.
- Le coursier → Il transporte du courrier pour une entreprise, une administration…

■ Partie « Présentez votre héros ordinaire »

1 Activité à faire faire en remue-méninges en quelques minutes.

2 Exemple de présentation d'un « héros ordinaire » italien.
Le « pizzaiolo » (celui qui prépare les pizzas) : *Il tient ce métier de son père ou il l'a appris par hasard en arrivant en Italie comme immigré. En tablier et toque blancs, c'est un virtuose de la pâte qu'il fait virevolter pour lui donner sa forme ronde avant de la couvrir des ingrédients classiques : de l'huile d'olive, de la sauce tomate, des bouts de ce fromage particulier qu'on appelle « mozzarella » et quelques feuilles de basilic. Il s'est habitué aux commandes de pizzas peu traditionnelles, mais il n'apprécie pas tout ce qui déforme le goût d'une bonne pizza.*

■ Prononciation et mécanismes

Exercice 66. Caractérisez. Reliez.
- Cet homme ; il aimait les femmes.
- → L'homme qui aimait les femmes.
- Cet homme ; il rit.
- → L'homme qui rit.
- Cet homme ; il voulait être roi.
- → L'homme qui voulait être roi.
- Cette ville ; son prince est un enfant.
- → La ville dont le prince est un enfant.
- Ce pays ; j'en viens.
- → Le pays d'où je viens.
- Cette femme ; elle pleure.
- → La femme qui pleure.

Exercice 67. Caractérisez. Transformez.
- Cette ville ; mille coupoles.
- → La ville aux mille coupoles.
- Cet homme ; une oreille coupée.
- → L'homme à l'oreille coupée.
- Edward ; des mains d'argent.
- → Edward aux mains d'argent.
- Cette fille ; des yeux d'or.
- → La fille aux yeux d'or.
- Cet homme ; un crâne rasé.
- → L'homme au crâne rasé.

■ Objectifs

Communication
Reconnaître une typologie textuelle.

Grammaire
Grammaire de textes : narratif, descriptif, expressif.

Vocabulaire
• un rideau – une façade – une persienne – un pan de muraille – le rez-de-chaussée
• une gargote – un charbonnier – un mercier –

une marchande de parapluies
• un engrenage – un rouage
• aigu – méchant – immense – colossale – chétif – distrait
• déchirer – s'éteindre – bâiller – se fier à quelqu'un – mordre – se combiner – se décomposer

Culture
Textes de D. Pennac, de F. Marceau, d'É. Zola, de V. Hugo.

■ Découverte du document (« Parlez de vos activités de lecture »)

1 Les étudiants répondent au questionnaire individuellement. Suit une mise en commun des réponses. Exemple de réponses :

a. Le soir avant de m'endormir, le matin en voyage vers le travail...

b. En voiture : j'ai le mal de mer, à l'école parce que je suis obligé...

c. Oui, les descriptions trop longues, celles où il y a des répétitions...

d. *Les Misérables* de V. Hugo : il est trop long ; *La Fée carabine* de Pennac parce qu'il est drôle...

e. Des polars, des livres d'aventures, des textes scientifiques, des livres d'histoire...

f. Non : une histoire n'est jamais vraie / Oui, les romans historiques car je revis dans un autre univers...

g. Dans le train, chez le coiffeur, chez le dentiste, chez moi partout même aux toilettes...

h. Oui, quand je suis pressé, quand je cherche une information précise...

i. Non, la lecture se fait dans le silence / Oui, des poèmes.

j. Oui, si je n'ai pas envie de parler de ce que je lis.

2 Lecture et commentaire des « Droits imprescriptibles du lecteur ».
À la lumière des réponses données au questionnaire, les étudiants lisent et commentent le texte de Pennac.
Commentaires possibles :

1. Il a raison sur le « droit de ne pas lire » : on ne peut pas être obligé, on perd le goût du choix...

2. Oui, si c'est une histoire dont on veut connaître la fin le plus tôt possible...

3. Oui, s'il est ennuyeux... si on n'a pas le temps...

4. Pourquoi pas ? Si on a aimé... ou si on n'a pas trop compris...

5. Pourvu qu'on lise...

6. Oui, on a besoin de rêver...

7. D'accord, la lecture ne dérange personne / Pas à table !

8. Non, si on lit pour étudier quelque chose / Oui, si on lit pour son plaisir...

9. Des fois... quand on veut « entendre » la musique d'une page, surtout si c'est un poème...

10. Oui : lire est un acte individuel dont on n'a pas toujours envie de parler...

■ Reconnaître les textes

Les étudiants suivent les textes A, B, C pendant qu'ils en écoutent la lecture proposée par l'enregistrement. Faire remarquer l'importance de cette lecture pour les textes littéraires (effets de sens dus au rythme, à certaines sonorités, aux pauses...).
Ils font ensuite les activités proposées.

1 a. Le personnage principal : Texte A → Denise ; Texte B → La maison ; texte C → Le livre.

b. La suite des actions :
• *Texte A* : Denise se lève, elle va jusqu'à la fenêtre, elle déchire un rideau en bandelettes, elle arrête de le déchirer, elle regarde la chambre.
• *Texte B* : il n'y a pas d'action pour la maison. Seulement Gervaise qui « hausse le menton ».
• *Texte C* : le livre vous saisit, il vous tient. Il y a en lui des forces qui se combinent, se composent, se décomposent, entrent l'une dans l'autre, se dévident, se nouent, s'accouplent, travaillent. Une ligne mord, une autre serre et presse, une autre entraîne, une autre subjugue...

2 On peut se servir de la grille suivante :

	Texte A	Texte B	Texte C
Verbes d'action	– *Denise se lève* – *Elle va jusqu'à..., prend un des rideaux... et le déchire...* – *Denise reprend une à une... et les déchire...* – *Au moment où la déchirure commence...* – *Elle s'arrête de déchirer.* – *Elle se retourne..., regarde la chambre*	– *Gervaise haussait le menton, examinait ...*	– *Il pleut, il faut tuer le temps, vous prenez un livre...., vous vous mettez à lire...* – *Elles se combinent, se composent, se décomposent, entrent l'une dans l'autre, se dévident, se nouent, s'accouplent, travaillent.* – *Telle ligne mord, telle ligne serre et presse, telle ligne entraîne, telle ligne subjugue...*
Verbes d'impression			– *vous vous sentez saisi, votre pensée semble ne plus être..., vous n'êtes plus maître de vous lever et de vous en aller.* – *Quelqu'un vous tient...* – *Ne vous y fiez pas.* – *Prenez garde à...* – *Vous vous sentez tiré par...* – *Il ne vous lâchera qu'après...*
Verbes de description	– *il était déjà déchiré...* – *elle a une curieuse expression... qui s'éteint...* – *c'est... comme la lueur...*	– *la maison avait cinq étages, alignant chacun... dont les persiennes... donnaient un air de...* – *quatre boutiques occupaient le rez-de-chaussée...* – *La maison paraissait... qu'elle s'élevait entre...*	– *un livre est quelqu'un.* – *Un livre est un engrenage.* – *Ce sont des forces.* – *Les idées sont un rouage.*

3 Identifier les textes.

a. Faire lire et expliquer le tableau « Reconnaître les catégories de textes », p. 121.

b. et c. Classement des textes en fonction du tableau.
• *Texte A : narratif.* Les verbes d'action dominent et indiquent une séquence complète autour de la « déchirure du rideau » que fait Denise.
• *Texte B : descriptif.* On a la description de la façade d'une maison, vue à travers le regard d'un personnage, Gervaise. La description procède de l'ensemble (cinq étages) aux détails (les fenêtres et leurs persiennes, puis les magasins du rez-de-chaussée) pour revenir à l'ensemble (elle paraissait colossale...).
• *Texte C : expressif.* Il y a des verbes d'action, des phrases descriptives, mais ce qui domine, ce sont les expressions qui marquent les sensations (vous vous sentez saisi, votre pensée semble ne plus être..., vous n'êtes plus maître de vous lever et de vous en aller...), la mise en garde (Ne vous y fiez pas... Prenez garde à...), les opinions personnelles (Il ne vous lâchera qu'après...).

■ Partie « Observez-Imaginez »

1 Sur la photo, on voit sept femmes d'âges différents. Elles se trouvent peut-être sur leur lieu de travail, dans un bureau...

2 Les sept femmes regardent quelqu'un par terre qui suscite, de toute évidence, des émotions différentes. *Cet homme est le propriétaire d'un grand magasin et ces femmes travaillent pour lui. Il vient de leur annoncer que dans deux semaines, il va cesser l'activité et qu'elles seront donc licenciées. Les sept femmes, angoissées, ont fait une petite réunion pour décider ce qu'elles peuvent faire. Elles ont entendu un grand bruit dans le bureau du chef et elles ont couru pour voir ce qui se passait. Elles viennent de découvrir leur patron évanoui par terre...*

3 Phrases possibles prononcées par les sept femmes (de gauche à droite) :
• *1re femme (étonnement) : Oh mon Dieu ! Il a dû glisser sur le tapis...*
• *2e femme (curiosité) : Vous croyez que c'est grave ?*
• *3e femme (incrédulité) : Il a dû boire...*
• *4e femme (mépris) : Tant pis pour lui ! Il nous a licenciées...*
• *5e femme (indifférence) : On ne va pas se préoccuper pour lui...*
• *6e femme (préoccupation) : On ne peut pas le laisser comme ça...*
• *7e femme (condescendance) : Mais oui, il faut appeler une ambulance...*

■ Objectifs

Communication
Interagir de manière efficace.

Grammaire
Questionnement – fonctions des énoncés.

Vocabulaire
• un maquettiste – la mise en page – l'imprimerie –
une pige – le coffre-fort

• cambrioler – éventrer – se tenir les coudes –
héler – acquiescer

Culture
Scène du film *Les Apprentis* de P. Salvadori.

■ Partie « Découvrez la scène »

Expliquer :
– *pige* (argot de métier) : paye d'un journaliste,
rétribué à la ligne.
– *maquettiste* : technicien spécialisé dans la réalisation de maquettes (modèles de mise en page) pour
l'imprimerie.

Réponses :
• Lieu : *bureau du rédacteur d'un journal.*
• Personnages : *Antoine, le patron du journal, un maquettiste.*
• Résumé : *Dans le bureau du rédacteur de* Karaté
Magazine, *le coffre-fort a été éventré et l'argent a disparu.
Le patron a convoqué Antoine. Il lui communique qu'à
cause du cambriolage il sera moins bien payé pendant
quelque temps et que d'autres collègues vont assurer une
partie de son travail. Antoine accepte tout sans protester,
mais, avant qu'il s'en aille, le patron lui montre les clés de
son appartement, retrouvées près du coffre-fort : c'est la
preuve que le cambrioleur, c'est lui. Antoine justifie son
action par le besoin d'argent. Le patron promet que l'affaire sera réglée sans appeler la police.*

■ Préparer la mise en scène du dialo-
gue

Travail en petits groupes.
• Le patron : Excuse-moi… je t'ai convoqué parce qu'on a
un problème… → *a. il donne des explications – b. il est
calme – c. il lève le visage, il est sérieux, il se redresse et
marche vers Antoine – d. ton brusque, rude, sans sympathie.*
• Antoine : Merde… → *a. il fait un commentaire – b. il est
contrarié – c. grimace de contrariété, accompagnée d'un
geste de la main – d. ton sec.*
• Le patron : On va avoir du mal à… → *a. il donne des pré-*

Pierre Salvadori

Il débute en 1992, avec un court métrage, *Ménage*,
primé dans de nombreux festivals. Les films *Cible
émouvante* (1993), *Les Apprentis* (1995) et *Comme
elle respire* (1998) ont confirmé depuis son talent de
metteur en scène.

*cisions – b. il est un peu nerveux – c. il revient vers le
bureau et déplace des objets pendant qu'il parle avec
Antoine sans le regarder – d. ton hésitant.*
• Antoine : Ben, c'est pas grave. → *a. il donne une appréciation – b. il joue l'indifférent – c. visage détendu ; il
hausse légèrement les épaules et il avance un peu – d. ton
compréhensif (il accepte de recevoir moins d'argent pour
quelque temps).*
• Le patron : Tu trouves ? → *a. il réagit négativement
(malentendu sur la réplique d'Antoine attribuée au cambriolage) – b. il est agressif – c. il arrête de déplacer les
objets, et il regarde fixement Antoine – d. étonnement
négatif.*
• Antoine : J'veux dire, s'il faut faire… J'suis prêt à… Il
faut se tenir… Tu peux compter… → *a. il donne des explications, il rassure – b. il exprime sa sympathie – c. il
sourit légèrement en clarifiant le malentendu et avance un
peu, gêné par le regard des autres employés – d. conciliant, puis rassurant.*
• Le patron : Tu n'as pas à … → *a. il réagit favorablement
– b. il refuse l'aide d'Antoine – c. il le regarde de biais –
d. légèrement ironique.*
• Le patron : … ton article…, Pierre préfère un… entretien.
• Le patron : … Alors, j'ai pensé à… pour… → *a. les deux
répliques donnent des informations – b. il exprime un
calme apparent – c. il s'assoit et ouvre son agenda pendant qu'il parle – d. ton neutre.*

• Antoine : Oui, bonne idée... Bon, ... , je vais y aller... → *a. il fait un commentaire, puis une proposition* – *b. approbation et nervosité* – *c. visiblement gêné, il se déplace continuellement à cause du chat* – *d. ton affirmatif, puis conciliant.*

• Le patron : Pas de problème... → *a. il réagit favorablement* – *b. il exprime l'approbation* – *c. il marque son approbation d'un geste de la main et il incline légèrement la tête* – *d. ton compréhensif.*

• Le patron : C'est la femme de ménage qui... C'est presque comique. → *a. il donne des informations et fait une appréciation* – *b. il exprime son mépris* – *c. il regarde Antoine froidement en lui montrant les clés* – *d. ton dédaigneux.*

• Le patron : Je comprends pas... Alors pourquoi ... ? → *a. il demande des explications* – *b. il est triste* – *c. il se lève et appuie les mains sur son bureau ; il regarde Antoine en posant la question, la tête légèrement inclinée* – *d. Reproche triste.*

• Antoine : Besoin d'argent. → *a. il donne une explication* – *b. il est indifférent* – *c. il ne bouge pas et il n'ose pas regarder le patron* – *d. il parle bas.*

• Le patron : Tout le monde a besoin... On n'a pas prévenu..., j'imagine que ça te soulage. → *a. il fait un commentaire, il donne une information, il rassure son interlocuteur* – *b. il est triste, puis méprisant* – *c. il secoue la tête et après il regarde à nouveau Antoine d'un air méprisant* – *d. ton désolé, puis ironique, voire sarcastique.*

• Le patron : On va régler ça... → *a. il fait une proposition* – *b. il joue le complice* – *c. il s'approche d'Antoine et il prend un air circonspect* – *d. ton familier.*

• Antoine : Ah bon... ? → *a. il réagit favorablement* – *b. il est détendu* – *c. il sourit soulagé* – *d. ton agréablement surpris.*

■ Partie « Imaginez »

1 Exemple :
Le patron voudrait récupérer l'argent volé, mais Antoine lui avoue qu'il s'en est servi pour payer le loyer de son appartement. Le patron garde alors sa promesse de ne pas appeler la police et il communique sa décision aux autres rédacteurs auxquels il dit aussi qu'ils ne pourront pas être payés. Conclusion : Antoine est rossé de coups par ses collègues qui n'acceptent pas de faire les frais de son exploit.

2 Exemple :
Le patron : Oui. Je vais te dire ce que nous allons faire... Toi, tu rapportes l'argent et moi, je vais faire réparer le coffre-fort. Bien entendu, le montant de la réparation sera soustrait de ta paye.
Antoine : Le problème c'est que... je n'ai plus l'argent...
Le patron : Comment ça ?
Antoine : Ben, j'avais quelques mois de loyer à payer et plein de dettes... Je peux rien rapporter...
Le patron : Ça alors !
Il appelle les autres rédacteurs et leur raconte tout.
Le patron : Vous savez ce qui s'est passé. Et il ne peut pas rendre l'argent ! Il a payé ses dettes... Résultat : vous n'aurez pas de paye ce mois-ci.
1er rédacteur : Espèce de salaud ! Lui, il s'en sort et il se fiche de nous...
2e rédacteur : Il peut pas s'en tirer avec un « Désolé, j'en avais besoin... ».
3e rédacteur : Pas de police, d'accord. Mais on va régler ça.
(Il se précipite sur Antoine et il commence à le frapper, suivi des autres...)

■ Partie « À vous de jouer »

Les groupes reprennent l'analyse effectuée et préparent la scène qu'ils jouent à tour de rôle. Ceux qui ne jouent pas évaluent les performances.

■ Partie « Étude de cas »

1 Réponses acceptables : père de Yann et de Martine.
Réponse inacceptable : père de Luc.

2 Père de Luc : sévère, intolérant, autoritaire.
Père de Yann : tolérant, exigeant, prudent.
Père de Martine : indulgent, facile, accommodant.

3 Arguments pour convaincre le père de Martine :
• Possibilité de dormir chez une copine.
• Demander la voiture au voisin.
• Bus jusqu'à l'arrêt à 1 km de la maison et après rentrer à pied.

4 et **5** Les étudiants travaillent selon la démarche indiquée.

■ Objectifs

Communication
Comprendre des poèmes, faire des poèmes.

Grammaire
La comparaison par approximation.

Vocabulaire
• un tag – un graffiti – la foudre – la poésie – un poète – le sens d'un mot – un vers –

la technique – un coquillage
• salir – se retenir – faire cuire – saupoudrer – vivre
• émouvant – énigmatique – étonnant – secret – tendre

Culture
Poèmes de R. Desnos, R. Queneau, Guillevic

■ Découverte du document (« Test : avez-vous l'âme d'un poète ? »)

Questions préalables pour préparer au thème de la leçon : « Aimez-vous la poésie ? », « La trouvez-vous utile / dangereuse / intéressante ? Pourquoi ? », « Lisez-vous des poèmes ? Quand ? »

1 et **2** Faire passer le test et demander le résultat.
Exemple : *J'ai obtenu beaucoup de ●. Je suis un poète*

potentiel. *C'est vrai que parfois j'ai envie de chanter ou de délirer, mais je me retiens. Je devrais me laisser aller...*

■ Partie « Qui sont les poètes ? »

1 Les étudiants écoutent les deux poèmes enregistrés à livre ouvert pour pouvoir en apprécier les sonorités, le rythme et la disposition sur la page. Ils complètent ensuite la grille suivante :

	Guillevic	Queneau
Ce que le poète est	– *travailleur* – *citoyen* – *homme de son temps* – *rêveur*	– *cuisinier* – *alchimiste* – *jongleur* – *magicien*
Ce que le poète fait	– *il rêve d'une société meilleure* – *il lutte pour cette société* – *son arme, ce sont les mots*	– *il joue avec le sens et la forme des mots* – *il crée des mots nouveaux* – *il donne un sens nouveau à de vieux mots*
L'objet de la poésie	– *la société actuelle dans sa réalité problématique* – *la société future qui sera meilleure*	– *les mots et les images qu'ils créent*

Guillevic (Carnac, 1907-Paris, 1997)

Poète d'un lyrisme concentré, Guillevic écrit de courts poèmes qui témoignent de son engagement politique, mais aussi de sa sensibilité à la nature et aux plus simples des objets quotidiens : *Carnac* (1961), *Sphère* (1963), *Avec* (1966), *Autres* (1980), *Le Chant* (1990), *Maintenant* (1993), *Possibles Futurs* (1996).

2 Ce que la poésie représente.

Exemple :
La poésie est un sourire fait de mille gouttelettes ; c'est un champ de blé où chantent les moineaux...
Elle me fait penser à une ronde de mots où l'harmonie se crée même dans la dissonance.
Elle renvoie à des paysages faits d'images et de musique, à des bijoux sonores sur une feuille blanche.
On dirait une grande magie qui permet aux fleurs de parler, aux couleurs de chanter et aux violons de s'envoler.

Raymond Queneau
(Le Havre, 1903-Paris, 1976)

Après des débuts surréalistes (1924-1927), Queneau écrit des romans qui sont autant d'expériences sur le langage : *Le Chiendent* (1933), *Les Enfants du limon* (1938), *Pierrot mon ami* (1942), *Loin de Rueil* (1945). Suivent les *Exercices de style* (1947 et 1963), variations drolatiques sur un seul thème textuel, le recueil d'essais *Bâtons, Chiffres et Lettres* (1950 et 1965), qui introduit à de nouvelles réflexions sur le langage, et *Zazie dans le métro*, son plus grand succès, adapté à l'écran par Louis Malle (1960).

Queneau est parmi les fondateurs du groupe de l'Oulipo (Ouvroir de littérature potentielle) qui étudie les contraintes formelles capables de favoriser la création littéraire. Appartiennent à cette période : *Cent Mille Milliards de poèmes* (1961), et les romans *Les Fleurs bleues* (1965) et *Le Vol d'Icare* (1968).

■ Partie « Devenez poète »

1 Lecture individuelle du poème et réponse aux consignes :

• opposition : fleur/coquillage – bateau/feu – feu/yeux – bateau/cœur – mer/nom – fleur des Alpes/poètes.

• association : coquillage/mer – mer/bateau – coquillage/phosphore.

Robert Desnos
(Paris, 1900-camp de concentration de Terezin, Tchécoslovaquie, 1945)

La brève existence de Robert Desnos est encadrée par les deux guerres mondiales : ses choix politiques et poétiques s'en ressentent, qui le conduisent de l'avant-garde dadaïste et anarchiste au groupe surréaliste, jusqu'à l'engagement antifasciste, la Résistance, enfin le camp nazi de Terez'n, où il meurt quelques jours après la libération du camp. Parmi ses œuvres : *Corps et Biens* (1930), *Le Veilleur du Pont-au-Change* (1930).

2 Exemple de poème.

Chant de la nature

Le vent de la mer disait au brin d'herbe : « tu danses »
Le brin d'herbe disait à la fleur : « tu brilles »
La fleur disait à la rosée : « tu chantes »
La rosée disait au caillou : « tu trembles »
Le caillou me disait : « je tremble moins que son cœur »
La rosée me disait : « je chante moins que ta voix quand elle paraît »
La fleur me disait : « je brille moins que ses yeux en ton amour »
Le brin d'herbe me disait : « je danse moins que son corps dans ton cerveau »
Le vent de la mer me disait : « elle est radieuse »
Je disais : « elle est radieuse, elle est radieuse, elle est touchante »

Corrigé du bilan 10

1. 1. a. Si le monde était à l'envers, on marcherait les pieds en l'air, on mourrait avant de naître, on pleurerait lorsque l'on rit.
b. Si les enfants faisaient la classe, on aurait une école plus amusante, on mettrait de bonnes notes à tout le monde.
c. Si les fleurs étaient des mots, on entendrait leur parfum, on serait tous poètes.
d. Si la mer était à boire, on ne mourrait plus de soif, on ferait du désert un grand jardin.

2. a. tu aurais vu des villes d'art extraordinaires ;
b. tu aurais visité les Hospices de Beaune ;
c. tu aurais admiré la cathédrale de Vézelay ;
d. tu te serais perdu dans le silence de l'abbaye de Fontenay ;

e. tu aurais apprécié les bonbons à l'anis de Flavigny ;
f. tu aurais goûté le meilleur pain d'épices de France ;
g. tu aurais connu les grands crus de Bourgogne ;
h. tu aurais été au musée de la photo à Chalon-sur-Saône ;
i. tu aurais bu un bon kir ;
j. tu aurais mangé du vrai bœuf bourguignon.

2. Exemple de lettre
Londres, le 20 juin 2003

Cher Pierre,
Si chacun de nous peut compter sur une journée noire dans sa vie, eh bien aujourd'hui, c'était la mienne. D'abord le temps : il a plu toute la journée,

➡

ce qui ne remonte pas le moral quand on doit aller chez le dentiste. Eh oui, j'ai trouvé le courage de le faire ce matin, en profitant d'une journée libre. Quelle torture ! En sortant, vers 11 heures, j'ai voulu faire un saut à l'expo sur le design dont je t'avais parlé, mais... pas de chance : j'ai trouvé une queue épouvantable et j'ai renoncé. L'après-midi, j'avais décidé d'aller au cinéma, mais Charlotte est passée sans prévenir, donc pas de cinéma non plus...

Maintenant il est 21 heures et il fait encore jour. Je pourrais sortir mais je n'en ai plus envie. Je préfère rester chez moi et regarder l'affreux bâtiment de dix étages que je vois par la fenêtre de mon appartement. Heureusement que ma chambre donne sur la cour : cela m'évite les bruits de la circulation, mais cela ne m'épargne pas les odeurs de cuisine... Et ce gris qui est partout... J'en ai vraiment assez du mauvais temps, des gens qui courent et ne se parlent pas. Vivement les vacances pour rentrer définitivement et retrouver les gens que j'aime, le soleil et la mer de ma Provence.

À bientôt
Louis

3. Quand je serai montagne
J'écouterai l'histoire des nuages

Quand je serai balcon
J'attraperai la lune

Quand je serai eau
Je parlerai avec les poissons

Quand je serai feu
Je chaufferai la nuit

Quand je serai chemin de fer
J'ouvrirai les voies de l'Univers

4. MONSIEUR A, *avec chaleur* : Oh ! Chère amie. Quelle chance de vous **voir / rencontrer** !
MADAME B, *ravie* : Très heureuse, moi aussi. Très heureuse **de vous voir / rencontrer**, vraiment oui !
MONSIEUR A : Comment allez-vous, depuis que **vous faites du théâtre / vous fréquentez des cours de danse** ?
MADAME B, *très naturelle* : Depuis que ? Eh ! bien ! J'ai continué, vous savez, j'ai continué à **faire du théâtre / fréquenter les cours.**
MONSIEUR A : Comme c'est **intéressant** ! Enfin, oui, vraiment, je trouve que c'est **très intéressant.**
MADAME B, *modeste :* Oh, n'exagérons rien ! C'est seulement, c'est uniquement **pour passer le temps / pour m'amuser.** Je veux dire : ce n'est pas tellement, tellement **important.**
MONSIEUR A, *intrigué mais sceptique* : Pas tellement, pas tellement, vous croyez ?
MADAME B, *restrictive* : Du moins je le **pense** je, je, je **crois.** Enfin !
MONSIEUR A, *avec admiration* : Oui, je comprends : vous êtes trop, vous avez trop de **modestie.**
MADAME B, *toujours modeste, mais flattée* : Mais non, mais non : plutôt pas assez de **volonté / d'application.**
MONSIEUR A, *réconfortant* : Taisez-vous donc ! Vous n'allez pas nous **dire que vous n'avez plus envie de continuer / que vous êtes déjà en crise** ?
MADAME B, *riant franchement* : Non ! Non ! Je n'irai pas jusque-là !
Un temps très long. Ils se regardent l'un l'autre en souriant
MONSIEUR A : Mais, au fait ! Puis-je vous demander où vous **allez** ?
MADAME B, *très précise et décidée* : Mais pas de **problèmes** ! non, non, rien, rien. Je vais jusqu'au **marché**, pour aller chercher mon **fromage**. Puis je reviens à la **maison**.
MONSIEUR A, *engageant et galant, offrant son bras* : Me permettez-vous **de vous accompagner** ?
MADAME B : Mais, bien entendu ! Nous ferons ensemble un bout de **chemin**.

Unité 11
Explorer le passé

Présentation de l'unité

Cette unité est tout entière orientée vers le passé. Pas de nouveautés pour la grammaire qui voit la reprise et l'approfondissement de la discussion d'un point de vue (11(1)), de l'expression de la possibilité et de la probabilité (11(4)) et de la notion d'antériorité-postériorité dans le passé (11(1), (4) et (5)). Une grande importance est accordée à l'enrichissement lexical en fonction des thèmes spécifiques abordés, qui sont tous proches de l'étudiant, sur lesquels il a beaucoup à dire et pour lesquels il se doit de disposer d'un vocabulaire important, les moyens grammaticaux étant désormais maîtrisés et uniquement objets d'approfondissement. Les thèmes abordés sont la vie politique et la relation passé-présent (11(1) et (3)), l'histoire (11(2)), la mémoire (11(1), (2) et (4)), la famille (11(4)), la ville et son histoire (11(2) et (5)), le souvenir en littérature (11(3)).

Observation collective de la page 127

• **Observation et commentaire de la photo.** La photo reproduit un tableau. Que représente-t-il ? Que font les personnages que l'on voit ? Qu'est-ce qu'ils font dans la vie ? Comment sont-ils habillés ? À partir de l'habillement des personnages, pouvez-vous dire à quelle époque se passe la scène ?

Explication par l'enseignant. La photo reproduit le tableau intitulé *Scène de café* peint en 1877 par Henri Gervex (1852-1929). On y voit l'intérieur d'un café où sont assis des hommes et des femmes. Certains parlent entre eux, un homme lit le journal, un autre allume sa pipe, deux autres et la femme à droite fument des cigarettes. On y boit aussi : il y a des verres et une bouteille vide. Les hommes sont peut-être des artistes (des peintres ou des sculpteurs) et les femmes leurs modèles. Les hommes sont en costume et chapeau melon ou canotier et les femmes en chapeau et robes à panier, ce qui situe la scène vers la fin du XIXᵉ siècle.

• **Commentaire des objectifs de l'unité**

Recherche collective d'idées sur le titre de l'unité à partir des questions suivantes : Quelles sensations/émotions suscite en vous ce tableau (indifférence, admiration, curiosité...) ? Pourquoi ? Que signifie pour vous la scène représentée sur le tableau ? Voudriez-vous avoir plus d'informations sur le peintre, sur l'époque... ? Que signifie pour vous « Explorer le passé » ? Est-ce que cela représente un intérêt pour vous ? Pourquoi ?

Objectifs

Communication et grammaire
Exprimer un point de vue et le discuter.

Vocabulaire
Lexique de la vie politique et de l'histoire
(encadré de la p. 129 du livre).

Culture
La vie politique et le rapport passé-présent : un entretien avec J.-P. Le Goff.

Découverte du document

Lecture individuelle de l'entretien et réponses aux consignes du livre.

1 Événements de référence :
a. La défaite de 1940 : *l'occupation de la moitié de la France par l'armée hitlérienne et l'armistice signé par le maréchal Pétain le 25 juin.*
b. L'expérience des totalitarismes : *les régimes fasciste de l'Italie et nazi de l'Allemagne, et les régimes communistes de l'Union soviétique et de certains pays de l'Europe de l'Est.*
c. « Les démocraties européennes ne se sont pas libérées d'une vision très noire de leur passé » : *les démocraties européennes sont encore sous le poids de toutes les horreurs des guerres et des régimes qui les ont provoquées.*

2 **a.** Phrases qui définissent l'attitude de notre société envers le passé : « *nous vivons dans des sociétés démocratiques qui se sont déconnectées de l'histoire* », « *notre rapport au passé est devenu problématique...* », « *nous vivons dans un présent flottant, rempli par l'activisme managérial et communicationnel* », « *les démocraties européennes ne sont pas encore libérées d'une vision très noire de leur passé...* ».
b. Phrases qui définissent son attitude envers la modernisation : « *la modernisation est devenue une fin en soi* », « *peu importe de savoir où l'on va, l'essentiel est de suivre le mouvement de modernisation, chacun étant sommé d'être l'acteur de son propre changement* ».
La société de l'après-Seconde Guerre mondiale n'oublie pas son passé mais, à droite comme à gauche, on travaille à la modernisation de la France avec pour objectif le bien-être et l'émancipation.

3 Phrases reformulées.

a. *Notre société ne tient pas compte de l'Histoire ; nous sommes sans lien avec notre passé.*

b. *Ce qui caractérise la modernisation actuelle, c'est l'absence de projet, il y manque une vision du progrès et son but n'est pas le bonheur de l'homme.*
c. *La société de l'après-Seconde Guerre mondiale avait une autre vision du rôle de la politique : à droite comme à gauche, la modernisation était liée à une vision prospective de l'avenir.*

Partie « Parlez de la vie politique et de l'histoire »

1 Exemple de réponses :
a. *se battre contre la violation des droits de l'homme*
b. *revendiquer le droit d'intervenir par la force*
c. *dénoncer les responsabilités de la communauté internationale dans le conflit*
d. *se trouver confronté à la puissance de l'impérialisme*
e. *se méfier d'un traité qui garantirait les intérêts particuliers d'un État*
f. *proclamer l'unité de la nation*
g. *militer pour les droits collectifs des citoyens*
h. *préférer la république à la monarchie*
i. *provoquer le conflit pour empêcher la négociation*
j. *risquer d'entraîner les individus vers le populisme*

2 Exemple de réponses :
a.4. – b.8. – c.7. – d.6. – e.1. – f.2. – g.3. – i.5.

3 Réponses :
a. *Réclamer le respect des différences favorise **le communautarisme**.*
b. *Le repli sur soi, la peur de l'avenir se traduisent par un renouveau **du populisme**.*
c. *Le respect des droits de l'homme, ce qu'on appelle **droit de l'hommisme**, est devenu une fin en soi des relations internationales.*
d. *La chute du Mur de Berlin a abouti à la dénonciation **des totalitarismes**, qu'ils soient d'extrême droite ou d'extrême gauche, et à l'émergence d'un nouvel **impérialisme**.*

e. La dénonciation des méfaits de la mondialisation a conduit à l'émergence d'une nouvelle forme **d'internationalisme.**

■ Partie « À chacun son point de vue »

a. Classement des slogans :

• Un présent éphémère : *N'attendez pas d'être jeune pour le rester – Maintenant tout est permis.*

• Un souci d'avenir : *Ne jouez pas avec son avenir, donnez-lui le meilleur – Dans la vraie vie, c'est vous qui vivez la suite – Demain cette génération sourira de toutes ses dents – Venez voir pousser l'avenir – Qui surfera, bossera – Un bout de chemin ensemble – La victoire est en nous.*

• Un enracinement : *Être planète ou ne pas être – Derrière ce paysage il y a des agriculteurs qui le préservent avec passion – 20 heures d'avion, 20 000 ans de décalage horaire – La mode qui résiste au temps – Retrouvons nos racines – L'histoire contre-attaque.*

b. Travail de groupe à faire suivre par une mise en commun où l'on discute les choix effectués. Exemples de réponses :

– Être planète ou ne pas être : *un abonnement à l'Internet, une nouvelle carte de crédit, la campagne d'une association pour l'aide aux pays pauvres.*

– Dans la vraie vie, c'est vous qui vivez la suite : *une compagnie d'assurances, une nouvelle voiture.*

– N'attendez pas d'être jeune pour le rester : *une ligne de produits de beauté, un modèle de voiture de sport.*

– Derrière ce paysage il y a des agriculteurs qui le préservent avec passion : *une marque de légumes bio, une campagne pour la sauvegarde du patrimoine naturel.*

– Demain cette génération sourira de toutes ses dents : *une marque de dentifrice, un produit pour les dentiers.*

– Venez voir pousser l'avenir : *une compagnie d'assurances, une marque d'engrais.*

– 20 heures d'avion, 20 000 ans de décalage horaire : *une agence de voyages pour des séjours dans des pays riches en vestiges préhistoriques.*

– La mode qui résiste au temps : *une marque d'apéritif traditionnel, un nouveau modèle d'une marque de stylos bien connue.*

– Maintenant tout est permis : *une compagnie de téléphones pour les services qu'elle offre, un parfum.*

– Qui surfera, bossera : *un institut de formation qui offre des cours d'informatique, un nouveau moteur de recherche sur l'Internet.*

– Retrouvons nos racines : *une agence de voyages pour des séjours culturels dans la France profonde, une herboristerie, un shampoing fortifiant.*

– Un bout de chemin ensemble : *un syndicat, une association d'aide aux SDF, un parti politique.*

– L'histoire contre-attaque : *une nouvelle revue d'histoire, des émissions à la télé sur des événements historiques.*

– La victoire est en nous : *un modèle de chaussures de sport, une ligne de vêtements de sport, un médicament.*

Unité 11
Pages 130-131   Leçon 2

Découvrir les signes du passé

■ Objectifs

Communication et grammaire
• Faire des recherches documentaires.
• Rédiger une plaque commémorative.
• Faire un discours d'inauguration.

Vocabulaire
• naître – vivre – mourir – séjourner – travailler – habiter

• artiste – inventeur – explorateur – écrivain – atelier – souvenir – hommage

Culture
Paris, terre d'accueil politique et artistique.

Cette leçon se déroule selon la logique du projet (voir *Campus 2*, encadré p. 25).

Les étudiants travaillent par petits groupes. La démarche prévue, de type interculturel, comprend trois parties :

1. prise de conscience de la valeur des signes du passé que l'on retrouve dans une ville (« Associez », exercice 1 de « Décrivez », « Discutez ») ;

2. recherche documentaire sur les personnages cités et sur des personnalités francophones ayant vécu dans le pays des étudiants (exercice 2 de « Décrivez », exercices 1 et 2 de « Recherchez »);

3. rédaction de textes commémoratifs pour des personnages de son propre pays ayant vécu en France et présentation des mêmes dans un bref discours inaugural (exercice 3 de « Recherchez »).

■ Associer

Faire décrire brièvement les images aux différents groupes avant de faire faire les activités indiquées dans le livre.

- Régions et monuments :
– *Inde : 3* (Pavillon des Indes anglaises)
– *Europe : 2* (Pavillon de la Suède et de la Norvège) *et 4* (Maison Dolton)
– *Afrique : 5* (Pavillon du Cameroun et du Togo)
– *Russie : 1* (Isba russe)
– *Péninsule indochinoise : 6* (le Dinh)
- Ce qu'ils évoquent.
Exemple pour le monument 4 : *C'est un bâtiment qui fait partie d'un campus universitaire en Angleterre, une chapelle dans laquelle se réunissent professeurs et étudiants pour les cérémonies importantes, où on fait des concerts...*

■ Décrire

1 a. Personnages et catégories
– *homme politique : Jean-Baptiste Le Moyne – Simon Bolivar*
– *peintre : Picasso*
– *écrivain : Carlo Goldoni*
– *cinéaste : les frères Lumière*

b. *Jean-Baptiste Le Moyne, Simon Bolivar, Picasso, Carlo Goldoni, les frères Lumière.*

c. *XVIIIᵉ siècle : Jean-Baptiste Le Moyne, Carlo Goldoni – XIXᵉ siècle : les frères Lumière, Simon Bolivar – XXᵉ siècle : Picasso.*

d. Pays d'origine :
– *Goldoni : Italie*
– *J.-B. Le Moyne : Québec (Canada)*
– *Bolivar : Venezuela*
– *Van Dongen : Hollande*
– *Juan Gris : Espagne*
– *Mac Orlan : France*
– *Picasso : Espagne*
– *André Salmon : France*
– *Les frères Lumières : France*

e. Qui était :
– *libérateur : Bolivar*
– *inventeur : les frères Lumière*
– *fondateur : J.-B. Le Moyne*
– *créateur : Goldoni, Van Dongen, Juan Gris, Mac Orlan, Picasso, André Salmon*

2 Informations sur les personnalités citées.
Faire faire la recherche documentaire : employer des dictionnaires ou l'Internet qui se révèle très motivant et efficace.

Carlo Goldoni (1707-1793)

Auteur dramatique italien qui a rénové la scène en substituant à la pièce à canevas (*commedia dell'arte*) la comédie de mœurs où l'intérêt dramatique est soutenu par un dialogue préalablement écrit : *Le Serviteur de deux maîtres* (1745), *La Locandiera* (1753), *Barouf à Chioggia* (1762), *Le Bourru bienfaisant* (en français, 1771).

Jean-Baptiste Le Moyne (1680-1768)

Fils de Charles Le Moyne (colon français au Canada, interprète au pays des Hurons, anobli pour son courage), il continua l'œuvre de son frère, le chevalier d'Iberville (célèbre pour ses exploits dans la lutte contre les Anglais, et fondateur, à l'embouchure du Mississippi, de la Louisiane). J.-B. Le Moyne fut trois fois gouverneur de la Louisiane.

Simon Bolivar
(Venezuela, 1783-Colombie, 1830)

Général et homme politique sud-américain. Grand admirateur de la Révolution française, il fut le principal protagoniste des guerres d'indépendance des colonies espagnoles d'Amérique du Sud ; il fit proclamer la république de Grande-Colombie (Nouvelle Grenade, Venezuela et Équateur) et libéra par la suite les États actuels de Colombie, de Bolivie et du Pérou. Impuissant à unifier l'Amérique latine, accusé de vouloir la dominer, il se retira et mourut désespéré.

Pablo Picasso
(Malaga, 1881-Mougins, 1983)

Le peintre le plus célèbre du XXᵉ siècle. Attaché à la représentation traditionnelle dans sa « période bleue » (1901-1904) et sa « période rose » (1905-1907), il jette avec Braque les bases du cubisme avec *Les Demoiselles d'Avignon* (1907), puis invente le collage avec sa *Nature morte à la chaise cannée* (1912). Suit une période « romaine » (1920-1921), où on remarque une sorte de nostalgie pour des éléments néo-classiques et un style plus personnel, mélange d'éléments expressionnistes, cubistes et baroques qui demeurera le sien jusqu'à sa mort. Son tableau *Guernica* (1937) est célèbre pour sa valeur de témoignage contre les horreurs de la guerre civile en Espagne.

Les frères Lumière
(Louis, 1864-1948 ; Auguste, 1862-1954)

Industriels, chimistes et créateurs, toujours à la recherche de nouveaux matériels, de nouvelles compositions chimiques, qui font progresser la technologie et l'art photographique, leur nom reste lié surtout à l'épopée du cinéma : en 1895, ils déposent le brevet d'une caméra qui fait office d'appareil de projection et de tireuse. Ils la baptisent « Cinématographe » et le 22 mars de la même année, ils présentent le premier film de l'histoire du cinéma : *La Sortie des usines Lumière*. Le succès de cette nouvelle invention est immédiat. Le sous-sol du Grand Café, à Paris, sert de salle de projection pour de petits films d'une minute chacun : *L'Arrivée d'un train à La Ciotat*, *L'Arroseur arrosé*, *Le Déjeuner de bébé*...

Kees Van Dongen (1877-1968) : peintre français d'origine néerlandaise, célèbre pour ses portraits et pour les scènes de la vie mondaine représentées dans ses tableaux.

Juan Gris (1887-1927) : peintre espagnol, représentant du cubisme avec Braque et Picasso.

Pierre Mac Orlan (1882-1970) : écrivain français, auteur de romans d'aventures où le réel se mêle à l'imaginaire. *Quai des brumes* (1927) et *La Bandera* (1931) ont été adaptés au cinéma avec notamment pour acteur Jean Gabin.

André Salmon (1881-1969) : romancier et poète. Parmi ses œuvres : *Le Calumet* (1910) et *La Négresse du Sacré-Cœur* (1920).

■ Discuter

On peut animer la discussion en partageant les étudiants en deux groupes :
– ceux qui estiment que le fait d'honorer la mémoire des personnages illustres d'un pays est un devoir envers les générations futures ;
– ceux qui pensent qu'une ville est faite pour satisfaire les besoins quotidiens de ses habitants, liés au travail ou à la détente car on vit dans le présent...

■ Rechercher

1 **a.** Exemple pour l'Italie : *Stendhal, Dumas, Lamartine...*

b. Exemple pour Stendhal :
Il séjourne à Milan en 1800-1801 : il mène une vie mondaine entre théâtres et opéra. Un nouveau séjour, plus long, aura lieu à partir de 1814. Il y écrit Histoire de la peinture en Italie *(publié en 1817) et* Rome, Naples et Florence. *Il fréquente les « carbonari », qui luttent pour l'unité de l'Italie, et pour cela il est expulsé du pays en 1821. En 1831, il est nommé consul à Trieste, puis à Civitavecchia. Il y écrit* Souvenirs d'égotisme. *Il regagne Paris en 1836, mais il n'oublie pas l'Italie qui lui inspire* Chroniques italiennes *et* La Chartreuse de Parme. *En 1838, il est de nouveau à Civitavecchia pour un dernier séjour.*

2 et **3** Voir consignes dans le livre.

■ Objectifs

Communication et grammaire
- Comprendre et commenter un texte littéraire
- Organiser une exposition

Vocabulaire
- attentif – invisible – faible – troublant – furtif
- un regard – un écho – une onde – un détail – la mémoire – un passage – une vitre – un verre – un lien – un souvenir – une amnésie

- rompre – transmettre – disparaître – capter – s'amenuiser – s'effacer – se fondre – se confondre

Culture
Le souvenir dans les romans de P. Modiano.

Prononciation
Exercices rythmo-intonatifs : interrogation / affirmation.

■ Découverte du document

1 • Dire qui est Modiano.

• Montrer sur un plan de Paris ces lieux de mémoire. Hormis le quai Conti (Académie française) où Modiano est né, faire remarquer qu'ils sont presque tous situés « rive droite », là où l'occupation nazie croisait la collaboration.

• Lecture individuelle des textes de P. Modiano et relevé suivant la consigne :

> **Patrick Modiano** (1947)
>
> Né après la Seconde Guerre mondiale, ses romans parlent d'une époque qu'il n'a pas connue mais dont il témoigne à sa manière, comme un survivant. Son œuvre est construite autour de lieux de mémoire, le quai Conti, Pigalle, le quartier des Champs-Élysées, l'avenue Henri-Martin, le square du Vivarais, qui sont autant de lieux imaginaires.

Texte	Perception	Disparition	Passage
1	Regard attentif de quelqu'un – détails disparates – fil invisible	Menace de se rompre	Transmettre son expérience
2	On entend l'écho des pas – quelque chose vibre – on capte si on est attentif	Ceux qui ont disparu – des ondes de plus en plus faibles	Traverser les entrées – leur passage
3	J'avais vécu dans le Paris de l'Occupation – certains personnages – détails infimes et troublants	Aucun livre d'histoire ne mentionne...	Ma mémoire précédait ma naissance
4	Avoir l'impression – tous ces détails – la ville d'hier apparaît – reflets furtifs	Le lien s'amenuise et risque de se rompre	Le lien entre...
5	La pluie tombe – mur gris sombre	Effacer – diluer – ne pas avoir le temps de se fixer – il n'y avait plus trace de lui	Se fondre dans le mur – la vitre
6	Rue Coustou – avoir l'impression – se retrouver place Blanche – la petite rue – la chambre	Ne plus franchir la frontière en sens inverse – rester prisonnière	Quitter le présent et glisser dans une zone... – franchir la frontière
7	Le tiroir de la table de nuit – des lunettes de soleil – une pellicule de poussière	Ma tête d'il y a vingt ans	Les verres – la glace
8	Être heureux – une peau qui se durcit	Ne plus avoir de mémoire – une amnésie – plus de passé – plus d'avenir	Se confondre dans la brume du Léman

2 Le temps a tendance à tout effacer et la mémoire est le seul lien fragile qui nous permet de retrouver le passé, de le réinventer, de le recréer en étant « attentif » à tous les détails souvent anecdotiques qui sont susceptibles de rendre vie à ceux que l'Histoire a broyés.

■ Associer texte et image

Avant de faire faire l'activité prévue par le livre, faire écouter l'enregistrement des extraits, la lecture expressive pouvant aider à établir certaines atmosphères et à rendre la tâche plus motivante.

Exemple de réponses :
Photo 1 : texte 6 (*La petite Bijou*) → Le texte mentionne une chambre et dans la photo on voit l'intérieur d'une chambre ; mais cela peut être aussi un salon dans le goût oriental.
Photo 2 : texte 2 (*Rue des boutiques obscures*) → Dans le texte on parle d'entrées d'immeubles et sur la photo on voit des immeubles ; texte 3 (*Livret de famille*) → La photo de la ville sous la neige pourrait correspondre au Paris de l'Occupation. Tout est recouvert, dissimulé comme si une réalité en révélait une autre.
Photo 3 : texte 1 (*Voyage de noces*) → Les deux palmiers et la lune qu'on voit mal pourraient bien correspondre aux « détails disparates reliés par un fil invisible ». Cette photo pourrait évoquer un de ces détails disparates. Où sommes-nous ?
Photo 4 : texte 8 (*Livret de famille*) → Le pont que l'on voit dans la photo pourrait évoquer un des ponts du lac Léman ; texte 4 (*Dora Bruder*) → Le pont que l'on voit sur la photo pourrait être le Paris d'aujourd'hui derrière lequel apparaît quelquefois la ville d'hier. Ce pont apparaît aussi comme une frontière entre deux rives.

Faire remarquer que toutes ces photos essaient de rendre l'indiscernable, l'indécidable (Où est le lieu ? Quel est ce lieu ?).

■ Créer sa propre image

Les groupes peuvent utilement chercher les images dans les autres leçons de *Campus 3*. Exemples :
– *Extrait 3 : photo p. 112 en bas qui peut bien évoquer le Paris de l'Occupation et de la Résistance.*
– *Extrait 1 : photo p. 108 qui pourrait être un des « détails disparates » que l'on veut transmettre.*
– *Extrait 8 : photo de la femme motard p. 53 pour « Plus de passé, plus d'avenir... ».*

On peut citer aussi les photos suivantes : p. 52 (les pendules de Saint-Lazare et le brouillage du temps) ; p. 87 (l'identité insaisissable) ; p. 81 et 139 (le cinéma des années 1960) ; p. 7 (le lecteur comme embrayeur de récit) ; p. 150 (le Trocadéro, lieu modianesque, inquiétant au crépuscule)...

■ Écrire la suite

1 Exemple : On considère le texte 7, tiré de *Quartier perdu*, comme début de roman.

2 Exemple d'intrigue pour le texte 7 :
Une femme retrouve des lunettes dans le tiroir de la table de nuit. Elle a la quarantaine. Quand elle met ces lunettes, elle revit tout son passé. Elle se voit quittant la ville et sa maison à la suite d'une dispute avec ses parents qui ne voulaient pas qu'elle choisisse les métiers du cinéma. Elle ne les a plus revus depuis son départ. Elle a fini ses études en faisant de petits boulots à droite et à gauche. Elle a travaillé comme assistante de metteurs en scène célèbres et maintenant elle est elle-même une cinéaste célèbre. On lui a appris que ses parents sont morts dans un accident et voilà donc qu'elle est revenue dans cette maison où tous les détails lui renvoient des bouts de passé, heureux et moins heureux. Mais elle n'a pas envie de s'attacher à cette maison ; elle la vendra et repartira, seule, vers une nouvelle destination.

■ Organiser une exposition

Suivre les consignes du livre.

■ Prononciation et mécanismes

Exercice 68. C'est un interrogatoire.
Répondez par « Oui... ».
• Vous l'avez revu ?
– Oui, je l'ai revu.
• Il vous a parlé ?
– Oui, il m'a parlé.
• Il vous a demandé où elle habitait ?
– Oui, il me l'a demandé.
• Et vous lui avez dit ?
– Oui, je lui ai dit
• Et il est allé la voir chez elle ?
– Oui, il y est allé.
• Elle a accepté de le recevoir ?
– Oui, elle a accepté.

Exercice 69. C'est un interrogatoire.
Répondez par « Oui... ».
• Il neigeait ce jour-là ?
– Oui, il neigeait.
• Il faisait froid ?
– Oui, il faisait froid.
• On pouvait quand même circuler ?
– Oui, on pouvait quand même circuler.
• Elle habitait loin de chez vous ?
– Oui, elle habitait loin de chez moi.
• Vous alliez parfois la voir ?
– Oui, parfois j'y allais.

■ Objectifs

Communication
Rechercher ses origines.

Culture
La famille, la généalogie.

Grammaire et vocabulaire
Exprimer la possibilité, la probabilité.

Prononciation
Utilisation des formes impersonnelles.

■ Partie « Des photos qui parlent »

Faire d'abord observer et décrire les deux photos. Exemples de réponses :

1 • Première photo : *le « la »* **semble être donné** *par la femme assise qui tient un livre dans les mains.* **C'est peut-être** *un roman qu'elle va lire aux autres...*

• Deuxième photo : *on voit le grand-père et la grand-mère avec leurs enfants et leurs petits-enfants.* **Il est probable que la photo soit** *une photo de studio, comme on en faisait au début du XXᵉ siècle :* **il y a des chances que ce soit une famille** *de la petite-bourgeoisie qui pose pour un portrait officiel.*

2 • Première photo : *les filles se sont mariées et ont vécu à la campagne, sauf deux, celle de gauche sur la photo qui est devenue institutrice et celle à droite qui est devenue couturière.*

• Deuxième photo : *les filles qui portent les mêmes vêtements se sont mariées avec des notables du coin ; le garçon assis, au centre de la photo, est devenu médecin, deux des enfants en bas âge ont repris le métier paternel, un troisième a décidé un beau jour de partir à l'étranger pour faire fortune et la fillette assise sur la table est devenue infirmière.*

■ Partie « Exercez-vous »

a. Dans un atelier de mode
Le grand couturier : *Alors, notre cliente a-t-elle fait son choix ?*
La directrice de l'atelier : *Oui,* **il semble qu'elle prendra** *ce modèle : elle l'aime bien.*
b. Dans une entreprise
Le patron : *Dites, Lesage, vous partez quand ?*
Lesage : **J'ai l'impression que ce voyage sera reporté,** *monsieur, je n'ai pas encore fini la rédaction de l'appel d'offre...*

c. Dans une émission à la télé
Le journaliste : *Est-il vrai que ces statues exceptionnelles datent du Vᵉ siècle av. J.-C. ?*
L'archéologue : *Ben...* **Rien ne prouve qu'elles sont** *du Vᵉ siècle...*
d. Reportage sur une découverte en Sibérie : *des dessins réguliers qui couvrent un grand espace.*
Le reporter : *C'est quoi, selon vous, ces dessins ?*
Un interviewé : **Ils pourraient être** *les traces d'un ancien lieu de culte, mais* **il se peut aussi que ce soit** *une piste d'atterrissage pour vaisseaux spatiaux ou* **c'est peut-être** *un projet de ville...*
e. Un élève et son professeur.
L'élève : *Qu'est-ce qu'on sait sur l'origine de l'Univers?*
Le professeur : **Il y a des chances pour que le Big bang ait été** *la suite d'une catastrophe majeure, mais* **il est possible aussi qu'il soit** *dû au hasard.*

■ Découverte du document sonore

1 Réponse :
– *1,3 million : l'ensemble des noms renfermés dans le fichier de l'Institut national de la statistique.*
– *15 millions : les actes qui figurent sur le site « genealogy.fr ».*
– *30 000 heures : les heures de connexion au site.*
– *3 à 4 millions : les actes envoyés chaque année à « genealogy.fr ».*
– *10 millions : les personnes d'origine étrangère nées en France.*
– *800 000 : les noms répertoriés entre 1966 et 1990.*
– *2/3 : les noms d'origine étrangère sur les 800 000 répertoriés.*

2 a. *à la mairie –* **b.** *aux archives départementales –* **c.** *sur l'Internet.*

3 *Les documents d'état civil à la mairie – les actes aux archives départementales – le fichier de l'Institut national de la statistique – le registre des prisonniers de la Bastille – le registre des officiers tués pendant les* *guerres napoléoniennes – le Dictionnaire des anoblis – le Dictionnaire des ordres royaux, militaires et chevaleresques – le registre de la Légion d'honneur – le site « genealogy.fr ».*

■ Construction d'un arbre généalogique

1 Réponse :

1 : mère de Pierre Bayle
2 : père de Pierre Bayle
3 : grand-père maternel Gérard Lenoir
4 : grand-père paternel
5 : sœur de François Lenoir
6 : arrière-grand-père maternel François Lenoir
7 : arrière-grand-père paternel Adrien Bayle
8 : arrière-grand-mère paternelle Émilie Ducastel

2 Deux moments lient les deux histoires :
– *l'importance de l'industrie textile à Toulouse, liée au pastel ;*
– *la présence de Jaurès à Carmaux pendant les grèves des mineurs en 1892.*

Le pastel

Le pastel est une plante dont on extrait un pigment bleu, destiné à la teinture dans le textile. Il a favorisé la richesse de villes comme Toulouse et Albi où « l'or bleu », comme il est appelé aux XVe et XVIe siècles, est commercialisé. Après la découverte de l'indigo, teinture indienne de même qualité, mais moins chère, le monopole du pastel disparaît. Sa production reste cependant importante au XIXe siècle et son emploi est relancé aujourd'hui dans les domaines des beaux-arts et de la décoration.

Jean Jaurès (1859-1914)

Élu pour la première fois en 1885, Jaurès se tourne définitivement vers la politique à l'époque de la grève des mineurs de Carmaux, en 1892, qu'il soutient vigoureusement.
Député de Carmaux (dans le Tarn) en 1893, son travail de terrain dans les milieux ouvriers et syndicalistes l'ancre définitivement dans le courant socialiste et il joue un rôle majeur dans la réalisation de l'unité du socialisme français en 1905.
Devant les menaces de guerre, Jaurès défend la paix, mais il ne met pas en cause le « devoir de défendre sa patrie ». Le 31 juillet 1914, il est assassiné par le nationaliste Raoul Villain.

■ Rédaction d'une biographie familiale

Suivre les consignes du livre.

■ Prononciation et mécanismes

Exercice 70. Utilisez les formes impersonnelles.

Il partira demain ?
• Il se peut que…
→ Il se peut qu'il parte demain.
• Peut-être que…
→ Peut-être qu'il partira demain.
• Il se pourrait que…
→ Il se pourrait qu'il parte demain.
• Il est probable que…
→ Il est probable qu'il parte demain.
• Il y a peu de chances que…
→ Il y a peu de chances qu'il parte demain.

Exercice 71. Énoncer des faits qui restent à confirmer. Transformez.

• Départ vraisemblablement reporté.
→ Il est vraisemblable que le départ sera reporté.
• Peu de chances de trouver les vraies raisons de l'acte.
→ Il y a peu de chances de trouver les vraies raisons de son acte.
• Visite susceptible d'être confirmée très vite.
→ Il est susceptible de confirmer très vite sa visite.
• Les ruines du phare d'Alexandrie ? Une hypothèse à vérifier.
→ Il se pourrait que ce soit les ruines du phare d'Alexandrie.

Exercice 72. Faire des hypothèses. Utilisez des formes impersonnelles. Transformez.

• Il aimait beaucoup notre modèle ; susceptible de confirmer son achat.
→ Il aimait beaucoup notre modèle, il serait susceptible de confirmer son achat.
• Il fait un temps épouvantable ; départ vraisemblablement reporté.
→ Il fait un temps épouvantable, il est vraisemblable que notre départ soit reporté.
• C'est un tableau exceptionnel ; probablement une œuvre majeure de l'artiste.
→ C'est un tableau exceptionnel, il se pourrait que ce soit une œuvre majeure de l'artiste.
• Cette découverte ? un hasard ? une recherche habilement menée ? On s'interroge…
→ Cette découverte : s'agit-il d'un hasard ? d'une recherche habilement menée ?
• Disparition : peu de chances de découvrir les traces du disparu.
→ Disparition : il y a peu de chances qu'on découvre les traces du disparu.
• Vacances programmées ensemble : probablement annulées.
→ Il se pourrait que les vacances programmées ensemble soient annulées.

■ Objectifs

Communication
Parler des lieux de mémoire.

Grammaire
Utilisation des temps du passé.

Vocabulaire
• un sentier – une promenade – une rue –
une cité – un parc – un quartier – une fête foraine –
une échappée – un hameau – un cabaret

• oublié – célèbre – permanent – joyeux
• déambuler – s'installer – loger – construire

Culture
La ville et son histoire.

Prononciation
Pratiquer le plus-que-parfait.

■ Découverte du document (« Enquêtez »)

Les illustrations de la p. 136 sont les suivantes :
– en bas à gauche : tableau intitulé *Le Cheval de fiacre ou les Batignolles avec la devanture fleurie* (1895), de Pierre Bonnard (1867-1947) ;
– au milieu : photo de Verlaine dans un café ;
– à gauche : gravure ancienne illustrant une scène de *L'Assommoir* de Zola ;
En haut de la p. 137 : photo montrant les montagnes russes au Luna Park.

1 Réponse :
1830 : la rue Lévis
1837 : la rue Boursault
1851 : la rue Nollet
1858 : les Batignolles
1863 : l'avenue de Clichy
1868 : la rue Truffaut
1900 : les folies Maillot
1925 : le cimetière des Batignolles
1948 : la porte Maillot

2 Réponse :
– rue Nollet : Verlaine
– avenue de Clichy : les impressionnistes
– rue Truffaut : Zola
– rue de La Condamine : les impressionnistes
– porte Maillot : Queneau
– rue de Lévis : Jeanne d'Arc
– rue Médéric : les impressionnistes
– rue Alfred-Roll (la cité Lemercier) : Brel
– rue Boursault : Bayard

3 Réponse :
– Peinture : Manet, Stevens, Whistler, Fantin-Latour, Pissarro, Bazille, Renoir, Degas, les impressionnistes, Vuillard.

Frédéric Bazille (1841-1870)

Un des initiateurs de l'impressionnisme. Il adopte très vite une palette claire et étudie la lumière en plein air. Son tableau le plus célèbre est *Réunion de famille* (1867), aujourd'hui au musée d'Orsay.

Camille Pissarro (1830-1903)

On lui doit des paysages et des scènes rustiques. Il pratique les séries et joue des points de vue en plongée ou contre-plongée. Comme ses amis impressionnistes, il pratique la peinture en plein air, mais il conteste la dissolution des formes à laquelle il oppose une solidité géométrique.

Pierre-Auguste Renoir (1841-1919)

Il peint la réalité sociale de la moyenne bourgeoisie, surtout des ambiances de fête, des scènes d'amitiés. Il y a une certaine douceur dans la composition de ses tableaux, un traitement flou, une ambiance diluée. Célèbre pour ses nus, avec un aspect dilué ou représentant des sujets « en chair ». Son tableau universellement connu : *Le Moulin de la Galette* (1876).

Edgar Degas (1834-1917)

Les musiciens, les danseurs et les femmes sont ses sujets favoris. Il travaille toujours de mémoire dans son atelier. Il représente les personnages selon des points de vue inhabituels (de dos). Passionné par l'éclairage artificiel et la composition photographique, il fait beaucoup d'expérimentations (*Femme se peignant*), mais il est surtout connu pour ses tableaux sur la danse : *La Classe de danse*.

Édouard Manet (1832-1883)

Il se forme au contact de l'art des maîtres (Vélasquez) et il formule le principe de peindre «ce qu'il voit», principe qui, loin de rendre plus explicite le sens de son œuvre, apporte à presque toutes ses toiles un profond mystère : plus le tableau impose l'évidence de ce qu'il représente, plus il dérobe au spectateur la réalité. Ses œuvres, de *Lola de Valence* (1862), au *Déjeuner sur l'herbe* (1863) et *Olympia* (1863), ont toujours suscité des scandales à cause de la rupture des conventions et des codes picturaux qui les caractérisent.

Raymond Queneau (1903-1976)

Surréaliste à ses débuts, il garde de ce mouvement un goût pour l'expérimentation dans le langage et les jeux de mots qui caractérisent toute sa production, aussi bien les *Exercices de style* (1947) que *Cent Mille Milliards de poèmes* (1961) ou que ses romans comme *Zazie dans le métro* (1959) ou *Les Fleurs bleues* (1965).

Henri Fantin-Latour (1836-1904) : le principal représentant du réalisme intimiste au XIXᵉ siècle. Parmi ses tableaux : *Hommage à Delacroix* (1864) et *L'Atelier des Batignolles* (1870).

James Whistler (1834-1903) : américain, il vit à Paris et à Londres. Proche des impressionnistes, il cultive une esthétique symboliste dans ses portraits et ses paysages.

Édouard Vuillard (1868-1940) : coloriste délicat, il excelle dans la représentation de scènes d'intérieur bourgeoises.

Émile Zola (1840-1902)

Chef de file de l'école naturaliste, c'est le chantre de la révolution industrielle, de l'ascension et des luttes de la classe ouvrière. Ce qui nourrit chez lui l'imaginaire, ce sont les créations d'une société vouée au profit matériel : les Halles dans *Le Ventre de Paris* (1873) ou un grand magasin dans *Au bonheur des dames* (1883)...

Paul Verlaine (1844-1896)

Traditionnellement associée au symbolisme, la poésie de Verlaine se caractérise par une attention musicale au langage et une tendance à la préciosité, au bizarre, à l'indécision du sens, au flou qui rappellent, dans *Romances sans paroles* (1874) par exemple, l'art des peintres impressionnistes.

– Photographie : *Daguerre, Bayard*.
– Littérature : *Zola, Breton, Péret, Queneau*.

4 Suivre les consignes en cherchant les informations dans des dictionnaires ou sur l'Internet.

5 Suivre la consigne.

■ Interpréter

1 Réponse :
– *Royauté : Versailles – la Coupole*.
– *Révolution française : la Vendée – la mairie – le drapeau bleu blanc rouge – le calendrier républicain – la Marseillaise – le 14 juillet*.
– *Le Consulat et l'Empire : le Code civil – le retour des cendres de Napoléon*.

– *Troisième République : « Le Tour de France par deux enfants » – le Panthéon – les funérailles de V. Hugo – le dictionnaire Larousse – Viollet-le-Duc*.
– *Guerre de 1870 contre la Prusse : le mur des Fédérés – l'Alsace*.
– *Guerre de 1914-18 : le monument aux morts*.

2 *Exemples : France conservatrice et réactionnaire (la Vendée), France éprise de grandeur (Versailles, le Panthéon), France républicaine et laïque (le Code civil, la mairie, le drapeau, la Marseillaise), France intellectuelle (la Coupole, le dictionnaire Larousse)...*

■ Comparer

1 Travail de groupe selon les étapes suivantes :
– Les étudiants dressent une liste des moments les

plus importants de l'histoire de leur pays.

– Ils reprennent la liste des lieux de mémoire français et ils cherchent des équivalents pour leur pays (Quelle est, par exemple, l'histoire du drapeau national ? Y a-t-il un équivalent du 14 juillet ? Quel grand événement peut correspondre aux funérailles de V. Hugo ?...).

– Ils cherchent les lieux de mémoire les plus importants pour les périodes identifiées.

Exemple : pour l'Italie, le 25 avril, date de la fin de la Seconde Guerre mondiale, a la même importance que le 14 juillet en France, tout en n'étant pas la fête nationale.

2 Mise en commun des travaux et comparaison avec la France.

Ce moment interculturel sera plus ou moins important, selon les connaissances historiques des étudiants et le désir qu'ils manifestent d'approfondir ces connaissances ainsi que le rapport avec les représentations et les symboles qui s'en dégagent.

■ Réaliser une affiche

Suivre la consigne du livre.

■ Prononciation et mécanismes

Exercice 73. Parler des lieux de mémoire. Pratiquez le plus-que-parfait.

• C'est vrai qu'avant de devenir le rendez-vous des impressionnistes, ce café avait déjà accueilli Manet ?
– Oui, c'est vrai, il l'avait déjà accueilli.
• C'est vrai qu'avant de devenir le cimetière des surréalistes, ce cimetière avait déjà reçu les cendres de Verlaine ?
– Oui, c'est vrai, il avait déjà reçu ses cendres.
• C'est vrai qu'avant d'écrire *L'Assommoir*, Zola avait beaucoup observé les blanchisseuses du lavoir à côté de chez lui ?
– Oui, c'est vrai, il les avait beaucoup observées.
• C'est vrai qu'Hippolyte Bayard avait réussi les premiers tirages sur papier bien avant Daguerre ?
– Oui, c'est vrai, il les avait réussis bien avant lui.
• C'est vrai qu'avant de devenir un quartier d'affaires, la Porte Maillot avait été un quartier de fête populaire ?
– Oui, c'est vrai, il l'avait été.

Corrigé du bilan 11

1. a. Les sociétés démocratiques sont **déconnectées** de l'Histoire.
b. Notre rapport au passé est devenu **problématique**.
c. La modernisation tourne **à vide** ; elle est devenue **une fin en soi**.
d. Nous vivons dans un présent **flottant**, rempli par l'activisme managérial et communicationnel.
e. L'histoire est inséparable du tragique dans la mesure où elle est toujours **ambivalente**.
f. Il s'agit de renouer les fils entre présent et passé pour dessiner une vision **prospective** de l'avenir.

2. Exemple de réponses :
Dénoncer **les crimes contre l'humanité**
Proclamer **la république**
Revendiquer **l'indépendance**
Faire face **à ses responsabilités nationales**
Militer pour **les droits de l'homme**
Dire **le droit à la différence**
Faire valoir **le pouvoir diplomatique**
Cultiver **les relations internationales pour éviter le conflit**
Se battre **pour empêcher la dictature**
Défendre **la patrie**

3. Exemples de textes :
• « Ici vécut **Confucius**, le philosophe dont la pensée a uni la modération au respect des usages pour former le *junzi*, l'homme de bien, ennemi des extrêmes. »
• « Dans cette maison séjourna **Marie Curie**, première femme professeur à la Sorbonne, prix Nobel de physique en 1903 et de chimie en 1911, bienfaitrice de l'humanité pour la découverte du radium. »
• « Dans cette prison, **Nelson Mandela**, prix Nobel de la paix en 1993, demeura 28 ans (1962-1990) pour avoir lutté contre l'apartheid. »

4. Réponses possibles :
• *Météo* : Rien ne laisse penser à une tempête dans le Sud-Ouest, alors que les vents violents attendus dans le Midi restent très probables. De fortes pluies sont probables aussi dans le Languedoc et la région parisienne et il se peut qu'il y ait des risques d'inondation dans la région nîmoise. Il y a de fortes chances qu'il y ait de la neige en abondance en montagne. Attention ! Des avalanches sont possibles.

➡

• *Prospection immobilière* – Rue de la Victoire (9ᵉ arrondissement) : il est possible que quelqu'un, intéressé par le quatre-pièces, puisse faire une offre. – Rue de Tocqueville (17ᵉ arrondissement) : les contacts sont plutôt négatifs. Il est peu vraisemblable que le propriétaire vende.

• *Proposition de poste* – Peut-être que je serai nommé à Zurich (Suisse) – Il semble que la prise de poste soit fixée pour le 1ᵉʳ septembre – À mon avis, je pourrai déménager fin septembre si tout va bien.

5. Exemples de réponses
• **Goûts des Français**
Boisson : vin et apéritifs
Nourriture : pain, croissants et pains au chocolat, viandes et sauces
Habitation : grandes maisons à la campagne, petits appartements en ville
Sport : football, ski, tennis, cyclisme
• **Leur mémoire**
Trois événements importants de leur histoire : la Révolution française, la Seconde Guerre mondiale, la Troisième République
Cinq personnages souvent cités : Vercingétorix, Jeanne d'Arc, Louis XIV, Napoléon, de Gaulle
Les périodes de l'histoire :
– *dont ils sont le plus fiers* : le règne de Louis XIV, la Révolution française, la Troisième République
– *qu'ils ont du mal à affronter* : le régime de Vichy, la guerre d'Algérie

• *Leurs symboles*
« *Liberté, Égalité, Fraternité* » : liberté individuelle (d'opinion, de culte...), égalité des droits, solidarité citoyenne. Comme dans tout pays, on ne peut pas dire : « oui, toujours » ou « non, jamais ».
Le coq : c'est le symbole des Gaulois (en latin le mot *gallus* signifie « gaulois », mais aussi « coq »). Il est le symbole de la tradition, mais parfois il prend aussi une valeur négative comme symbole de prétention
Marianne : ce nom familier a été donné à la sculpture qui représente la République française. On la trouve dans toutes les mairies de France sous les traits de la femme française la plus célèbre du moment. C'est un symbole très positif, surtout qu'à l'origine le nom avait un sens péjoratif : c'étaient en effet les royalistes du Second Empire qui l'avaient adopté par allusion à une société républicaine secrète de l'époque.

• **Leur personnalité**
Qualités : raffinés, bons vivants, brillants, spirituels, francs...
Défauts : prétentieux, bagarreurs, individualistes, frondeurs...

À chaque étudiant de conclure en fonction de la proximité ou de la distance culturelle personnelle et de son pays par rapport à la France.

Unité 12
Voyager

Présentation de l'unité

Toute l'unité est organisée autour de l'idée du voyage et du regard.
Les points de grammaire qui seront développés concernent l'expression de sentiments et d'états d'âme (12(2), (3), (4) et (5))
Parmi les thèmes abordés : les vacances (12(1)), les voyages (12(2), (4) et (5)), les sentiments (12(2), (3), (4) et (5)), l'image (12(3) et (4)).

Observation collective de la page 139

• **Observation et commentaire de la photo.** Où a été prise cette photo ? Que pouvez-vous dire des différents personnages (âge, physique, statut social…) ? Quelle est leur attitude les uns vis-à-vis des autres ? Quelle est l'ambiance ?

Explication par l'enseignant. Cette photo est extraite du film de Jacques Demy, *Les Parapluies de Cherbourg* (1963), avec Catherine Deneuve. La musique de ce film, entièrement chanté, est de Michel Legrand.

La scène se passe à la gare : la jeune fille (Catherine Deneuve) accompagne son amoureux appelé par l'armée en Algérie. Elle regarde le jeune homme qui est en train de lui dire quelque chose. Elle est visiblement triste à cause de cette séparation et l'idée de tristesse est accentuée par la pluie et le gris qui domine sur la photo.

• Commentaire des objectifs de l'unité

→ Que signifie pour vous « voyager » ? Quels types de voyages avez-vous faits ? Comment avez-vous voyagé ? Où avez-vous été ? Où aimeriez-vous aller ?

→ Avez-vous eu besoin d'une langue étrangère pendant vos voyages ? Si oui, dans quelles circonstances ? Quelle est la place du français dans votre idée du voyage ?

Découvrir un comportement

■ Objectifs

■ Découverte du document

1 Travail individuel. Réponse :

• Le « mangeur d'images » : *il a toujours sur lui une caméra ou un appareil photo dernier modèle – ce qui compte pour lui, c'est seulement ce qui peut être photographié.*
• Le « décontracté » : *il ne se sert jamais de guide et il n'aime pas les monuments – découvrir la vie sociale : parler avec les gens, manger les spécialités du coin...*
• L'« érudit » : *il ne se sépare jamais de son guide – retrouver dans les lieux qu'il visite les informations qu'il avait lues dans les guides.*
• Le « routard » : *normalement il ne voyage pas en groupe, il fait du stop ou il choisit des solutions bon marché – faire le maximum de kilomètres avec le minimum de moyens.*

2 Les étudiants travaillent en petits groupes.
Exemple de réponses :

a. *Le « mangeur d'images » se renseigne sur ce qu'il y a de beau à voir. – Le « décontracté » veut savoir si les gens sont sympas et si on mange bien. – L'« érudit » cherche quels sont les musées à ne pas manquer. – Le « routard » choisit un pays lointain.*
b. *Le « mangeur d'images » pense uniquement à sa caméra, à son appareil photo et aux films et cassettes qui vont avec. – Le « décontracté » achète un petit dictionnaire bilingue. – L'« érudit » met son guide dans le sac à main. – Le « routard » prépare son sac à dos dans lequel il met des cartes routières et des plans de villes très détaillés.*
c. *Le « mangeur d'images » prend une photo de l'hôtel. – Le « décontracté » demande où est le restaurant. – L'« érudit » vérifie l'horaire d'ouverture des musées. – Le « routard » demande si le centre-ville est loin.*
d. *Le « mangeurs d'images » filme tout, y compris les boutiques de souvenirs. – Le « décontracté » demande à un passant quel est le plat typique du coin. – L'« érudit » contrôle si ce qu'il voit est bien décrit dans son guide. – Le*

« routard » regarde souvent sa montre : il a d'autres sites à voir dans la journée.

3 Activité à faire faire oralement pour engager une discussion au sein du groupe et une comparaison avec les stéréotypes qui circulent dans leur pays.
Exemples d'autres types de touristes : le « tout vu, tout connu » (ce n'est pas la première fois qu'il visite les lieux, il voyage partout, il sait tout, il donne des explications qu'on ne lui demande pas...), le « régionaliste » (il dit : « c'est beau, mais rien de comparable au paysage de chez moi, ce plat n'est pas mal mais rien ne vaut notre... »).

■ Partie « Écoutez le reportage »

1 Les étudiants lisent l'introduction en écoutant la première partie du reportage et suivent les consignes.
• Ce qui a changé dans le comportement des Français :
– *On ne dépense plus seulement pour les vacances d'été ce qu'on a épargné pendant toute l'année.*
– *Les Français dépensent moins et ils choisissent mieux leurs lieux de vacances.*
– *Ils suivent aussi les modes.*

• Raisons de ce changement. Exemples :
– *Ils ne vont plus à la plage se dorer au soleil : ce n'est plus à la mode. Ils préfèrent partir à l'étranger visiter des villes d'art.*
– *Ils dépensent moins car ils gagnent moins et ils sont donc obligés de partir en vacances pour des périodes plus courtes.*

Expliquer :
– *itinérant :* se dit de quelqu'un qui se déplace sans avoir de résidence fixe ; le mot est employé ici pour

désigner les vacanciers qui se déplacent toujours à la recherche de la dernière nouveauté.
– *select* : vieil anglicisme qui désigne quelqu'un de distingué ; le mot est employé ici pour désigner des vacanciers très attentifs à tout ce qui est culturel.

2 Les étudiants écoutent la deuxième partie du reportage et ils remplissent la grille suivante :

	Nouveaux itinérants	Sélects
Âge	30-40 ans	
Profession		Notables
Niveau de vie	Plutôt élevé	Plutôt élevé (ce sont des bourgeois)
Goûts	Ils recherchent l'innovation : les expériences nouvelles, les nouvelles technologies.	Ils cherchent à retrouver leurs racines et les valeurs d'autrefois.
Objectifs pour leurs vacances	Ils recherchent des stages intensifs hyper spécialisés, par exemple le ski nautique en Floride, ou d'autres expériences nouvelles.	Ils s'orientent vers une recherche culturelle.

3 Exemples de réponses :
– Le « routard – nouvel itinérant » : il ira faire du trekking sur l'Himalaya.
– Le « décontracté – sélect » : il ira passer une petite semaine dans un magnifique château du XVIIe siècle, aménagé en hôtel, où les manifestations culturelles font bon ménage avec la bonne table.
– Le « mangeur d'images – sélect » : il ne prend que des photos d'art et pour cela il emploie seulement des appareils professionnels, pas de numérique.
– L'« érudit – sélect » : il sillonne sa région natale en faisant le guide pour les amis qui viennent le voir.

■ Partie « Jouez la scène »

Comme d'habitude pour ce type d'activité, après avoir préparé la scène, les groupes jouent à tour de rôle et ceux qui ne jouent pas évaluent les performances.
Exemple de scène :
L'employé : Écoutez, j'ai quelque chose qui va sûrement vous plaire. J'ai ici un circuit dans trois villes d'art italiennes, Rome, Naples et Florence, à un prix très intéressant, pour la seconde quinzaine du mois d'août.
1re personne : Ces trois villes au mois d'août ? Non, mais… on va crever de chaleur !
2e personne : Pour une fois qu'on quitte la pluie et le brouillard… Pour moi, c'est génial ! Et le prix est vraiment intéressant.
3e personne : C'est vrai, mais il est vrai aussi qu'on va fondre. Et à notre âge…

1re personne : Et il y aura plein de monde. On finira par faire des queues épouvantables aux musées… sous le soleil qui tape dur.
2e personne : Tu exagères ! Je sais qu'en été, on peut visiter les musées même le soir…
3e personne : Oui, moi aussi, j'ai lu ça quelque part, mais c'est vrai qu'il va y avoir beaucoup de touristes… Moi, je ne sais pas… Les villes sont belles, le prix est bon, mais…
L'employé : Excusez-moi, mais j'ai d'autres clients qui attendent… Je vous laisse réfléchir…

■ Partie « Discutez »

1 Portrait du guide idéal. Exemple de réponse :
Mon guide idéal parle la langue des touristes. Il leur explique le contexte historique des monuments et il leur laisse le temps de regarder. Il répond volontiers aux questions qu'on lui pose et il demande aussi l'opinion des visiteurs. Il montre de l'enthousiasme pour ce qu'il décrit, il exige le respect des lieux et il donne de bons conseils sur le rapport qualité-prix des restaurants du coin.

2 Portrait du guide idéal pour le touriste « décontracté ». Exemple de réponse :
Il parle la langue des touristes, il raconte des anecdotes, il montre beaucoup de choses en peu de temps, il parle de son travail, il fait rire, il indique des magasins où on peut acheter des souvenirs et surtout les petits restaurants qui font de la cuisine traditionnelle.

■ Objectifs

Communication
Comprendre les caractéristiques d'un récit de voyage.

Grammaire
Comparaison entre deux phrases : emploi de « alors que, contrairement à ce que, tandis que, comme... ».

Vocabulaire
• l'ivresse – la treille – la rumeur
• un amas – une cité – un chant

• la steppe – la prairie – une tribu de peaux-rouges – un troupeau de bisons – un trappeur
• suprême – mystérieux – inexprimable – immense – imposant – innombrable
• éprouver – être saisi – s'étendre – mourir

Culture
Le voyage littéraire : textes de P. Morand, R. Caillé, B. Cendrars.

■ Découverte des textes « Naples » et « Tombouctou »

1 Les étudiants lisent les deux textes p. 142 en écoutant aussi l'enregistrement, puis ils remplissent la grille suivante :

	Naples	**Tombouctou**
Lieux évoqués et détails sur ces lieux	*Naples, quartier Saint-Elme*	*Tombouctou, la capitale du Soudan, ville élevée au milieu des sables* *Elle n'offre... qu'un amas de maisons en terre, mal construites* *On ne voit que des plaines immenses de sable mouvant... et de la plus grande nudité* *Le plus grand silence y règne...* *On n'entend pas le chant d'un seul oiseau*
Situation du narrateur	*Il déjeune sous une treille*	*Il entre à Tombouctou au coucher du soleil*
Attente du narrateur		*Ville but de tous ses désirs, grande et riche*
Sensation et émotion éprouvées	*Ivresse physique et morale*	*Sentiment inexprimable de satisfaction... joie extrême* *Enthousiasme*
Pensées, idées suggérées par les lieux	*Des millions d'années m'avaient attendu pour m'offrir ce cadeau suprême...* *Une tradition... assurait... une place prédestinée* *J'entrais dans la vie pour toucher mon dû* *L'Italie se préparait...*	*Le spectacle... ne répondait pas à mon attente...* *Tout est triste dans la nature* *Cependant il y a un je ne sais quoi d'imposant...* *on admire les efforts...*

- Exemple de titres : « Une matinée sous la treille »
- « Tombouctou, la reine des sables ».

3 L'enseignant pose les questions de la consigne pour déclencher la discussion.

Exemple de réponses : *« J'aimerais bien me retrouver dans la situation de René Caillé. C'est le rêve qui devient réalité. »* – *« Moi, je me vois bien dans la peau de Paul Morand. Quoi de mieux que le plaisir inattendu d'un déjeuner solitaire sous une treille : on se croit seul au monde, maître de l'univers pendant que le reste de la ville travaille comme d'habitude. »*

■ Découverte du texte « L'Ouest »

Réponses :

a. *Des territoires immenses – des terres fertiles – des steppes arides – la prairie, la patrie des tribus de peaux-rouges et des grands troupeaux de bisons…*

b. *Un pays enchanté, villes d'or, femmes qui n'ont qu'un sein – pays merveilleux où les fruits sont d'or et d'argent.*

c. *Qu'est-ce que l'Ouest ? – mais après, mais derrière ? – L'Ouest ? Qu'est-ce que c'est ? – Qu'est-ce qu'il y a ? Pourquoi y a-t-il tant d'hommes…. ? … mais celui qui passe outre ? …. mais celui qui traverse les déserts ? … mais celui qui franchit le col ? – Où est-il ? – Qu'a-t-il vu ? – Pourquoi y en a-t-il tant… qui piquent… ?*
Un mélange de crainte et de curiosité devant l'inconnu, le mystère et l'envie de dévoiler ce mystère, de trouver des explications.

d. *Pour le personnage du texte, l'Ouest est un concentré de mythes. L'immensité des espaces et les contrastes qui y règnent (« terres fertiles » et « steppes arides »), les tribus de peaux-rouges et les troupeaux de bisons, les légendes des « villes d'or » et des « fruits d'or et d'argent » ne peuvent pas ne pas attirer ceux qui sont tentés par l'aventure de la découverte et qui, au nom de cela, sont prêts à affronter tous les dangers.*

■ Partie « Évoquez une impression de voyage »

Exemple de récit.

Je garde un souvenir très vif d'un moment passé à Saint-Pétersbourg. J'étais arrivé à l'aéroport un soir de fin juin. Je m'apprêtais à jouir d'une semaine de nuits blanches où le soleil ne se couche jamais. Ce fut donc avec un sentiment d'impatience joyeuse que je pris un taxi pour l'hôtel. J'avais beaucoup lu sur la ville et je m'attendais à une « reconnaissance » des lieux, selon le bon cliché du touriste averti. Mais au fur et à mesure que le taxi avançait vers le centre de la ville où se trouvait mon hôtel, je voyais se dérouler devant mes yeux un rêve de pierre fait de palais splendides, dont les couleurs étaient particulièrement exaltées par la lumière chaude de ce soleil du soir. Une sorte de vertige s'empara de moi et je me surpris à penser à ceux qui avaient voulu ces splendeurs et à la vie différente qui, pendant des siècles, les avait animées.

René Caillié (1799-1838)

Aventurier, explorateur, naturaliste, René Caillié atteint Tombouctou en 1828. Il reste treize jours dans la capitale du sel avant de retraverser le désert : destination Tanger, où il reçoit les félicitations du Consul de France, puis à Toulon, celles des membres de la Société de Géographie. Pour l'histoire, René Caillié n'est pas le premier Occidental à avoir atteint Tombouctou mais il est le premier à en être sorti vivant.

Paul Morand (Paris, 1888-1976)

Diplomate de carrière, écrivain cosmopolite par vocation, il est le chroniqueur brillant et impertinent de l'Europe des années 20, mais il se révèle aussi fin moraliste dans l'analyse de l'histoire et du passé. Parmi ses œuvres : *L'Europe galante* (1926), *Londres* (1933), *Fin de siècle* (1957), *Le Nouveau Londres* (1963), *Venises* (1971).

Blaise Cendrars
(La Chaux-de-Fonds, Suisse, 1887 – Paris, 1961)

De son vrai nom Frédéric Sauser-Hall, grand voyageur, il puise son inspiration (prose et poésie) dans son existence aventureuse : il fait le tour de l'Europe, parcourt l'Inde, la Chine, la Russie, l'Amérique latine. Parmi ses poèmes : *Pâques à New York* (1912), *La Prose du Transsibérien et de la petite Jehanne de France* (1913), *Du monde entier* (1919). Sa prose chante également l'exaltation que provoque le voyage : *L'Or* (1925), *Éloge de la vie dangereuse* (1926), *Emmène-moi au bout du monde* (1955). Remarquables ses récits autobiographiques : *L'Homme foudroyé* (1945), *Bourlinguer* (1948).

■ Partie « Jouez »

Les étudiants jouent selon les indications données dans le livre. Ne pas oublier de donner des contraintes de temps (de 5 à 10 minutes).

■ Partie « Donnez votre opinion »

Voir consigne dans le livre.

Exemple de réponse : *Je choisirais New York parce que c'est une métropole pleine de contrastes, qui surprend à tout moment.*

■ Objectifs

Communication
Exprimer ses sentiments.

Grammaire
• Le subjonctif dans les phrases qui expriment des sentiments.
• Caractérisation par l'adjectif.

Vocabulaire
• gaspillage – escroquerie – suie – poisse – misère – abjection – brouillard – bienfaiteur – superstar – ivrogne

• furieux – indigné – prodigieux – sale – tenace – vertueux – joyeux
• se prendre en main – sortir/ressortir quelque chose – exhiber

Culture
Les exclus de la société.

Prononciation
L'expression des sentiments.

■ Découverte du document

Avant de faire lire le document, faire décrire et commenter la photo :
Où est-on ? → Dans une ville, un soir d'hiver.
Qu'est-ce qu'on voit ? → Un homme couché sur le trottoir, un clochard.
Y a-t-il des clochards dans votre ville ? Si oui, comment vivent-ils ?

1 Expressions qui concernent :
• les SDF : *des sous-hommes – des intouchables – des « sans domicile fixe » – SDF superstar – le figurant le plus familier des intermittents de la société du spectacle – très bon produit média de fin d'année – Frankenstein social ;*
• la société des médias : *les petites ou grandes abjections – la caméra braquée sur... – une escroquerie morale – SDF business – spécialité SDF – la concurrence des bienfaiteurs qui viennent devant la caméra... – on exhibe à la fenêtre de nos télés... – on ressort le même reportage que...*

2 Solution :
1b – 2b – 3a – 4c – 5c – 6b – 7b – 8a – 9a.

Daniel Mermet (1942)

Journaliste, producteur de radio, Daniel Mermet va sur les routes depuis plus de dix ans, ici, là-bas, dans les coins les plus reculés. Il tend une oreille, ouvre son micro, écoute puis donne la parole, dans *Là-bas si j'y suis* sur France Inter, à ceux que l'on n'entend jamais. De son émission, qui dure depuis 1989, a été tiré un livre, publié en 1999.

3 Expressions qui marquent l'indignation.
– *Comment ne pas voir... ce qui n'est qu'une escroquerie... ?*
– *De toutes les petites et grandes abjections... il y a la spécialité SDF...*
– *Chaque hiver le revoilà, SDF superstar, le figurant le plus familier des intermittents...*
– *On exhibe à la fenêtre de nos télés ce Frankenstein social...*
– *Partout la même vertueuse gonflette...*

La correction de cette activité permet des mises au point lexicales et des explications supplémentaires :
– *Saint-Étienne* : chef-lieu du département de la Loire, ville industrielle et universitaire.
– *poisse* : vieux mot pour « misère », il signifie aussi « ennui ».
– *gueule* : bouche des animaux, employé en français familier pour « visage humain ».
– *Frankenstein* : dans le langage commun, nom donné à la Créature (c'est ainsi qu'on l'appelle dans le film), monstre créé par le docteur Frankenstein, à partir de différents cadavres, pour en faire un sujet d'études.

4 Faire discuter l'opinion sur le ton du texte.
Exemple : *Pour moi le ton du texte est à la fois ironique et indigné contre la société du spectacle. Ce qui le montre, c'est le choix de certaines expressions : « spécialité SDF », « SDF superstar, le plus familier des intermittents... », où l'ironie ressort à cause de l'emploi du vocabulaire du spectacle appliqué aux SDF, et « le chanteur de variété indigné... et toute la ronde des vertueuses... », « la même vertueuse gonflette... », « nous voilà ... braves*

gens », « les indignations de réveillon » où la qualification positive des actions se perd par sa référence à l'occasion unique des fêtes de Noël.

■ La partie « Exercez-vous »

Expliquer l'encadré « Expression des sentiments », p. 145, et faire faire l'exercice proposé.

• Exemples de situations :
– *Satisfaction* : Marion vient d'apprendre qu'elle a eu son bac avec mention. Elle court l'annoncer à ses parents qui expriment leur satisfaction pour ce bon résultat.
– *Fascination* : Deux touristes visitent Notre-Dame à Paris. L'un d'eux ressent profondément le charme du lieu et exprime cette sensation, l'autre n'est pas enthousiaste.
– *Indifférence* : Chantal lit dans le journal les commentaires sur la dernière tournée européenne de son groupe rock préféré. Jean-Pierre, qui l'écoute, exprime son indifférence la plus complète face à l'événement.
– *Indignation* : Deux femmes commentent le licenciement d'un ami commun, excellent publicitaire, qui a été mis à la porte parce qu'il n'a pas voulu employer de bébé dans un spot pour une lessive.

• Exemple de scène pour l'expression de l'indifférence :
Chantal : Dis, tu savais que les « Magic rock » sont en tournée en Europe ?
Jean-Pierre : Non, pourquoi ? J'aurais dû le savoir ?
Chantal : Ben, tous les journaux en parlent...
Jean-Pierre : Ah bon ! Moi, je n'ai rien lu....
Chantal : Écoute. Ici on dit qu'ils vont chanter ici la semaine prochaine. On prend les billets ?
Jean-Pierre : Moi, ça m'est égal... Si tu y tiens...
Chantal : De quoi perdre tout enthousiasme avec toi. Tu le veux ou pas ton billet ?
Jean-Pierre : Franchement, ça ne m'intéresse pas. Je préfère aller au cinéma.

■ Réagir à un événement

Exemples de réaction :
• Image du bébé avec son ourson
Première réaction (irritation) : *ça m'énerve de voir un bébé utilisé pour faire de la pub pour une peluche !*
Deuxième réaction (fascination) : *Tu as vu le bébé dans cette pub ? Il est génial ! D'un naturel...*
• Image de guerre
Première réaction (résignation) : *On ne peut rien faire, il faut se résigner à voir ces images. La télé ne fait que montrer la réalité.*

Deuxième réaction (intérêt) : *C'est intéressant comme image ! Le reportage est bien fait. On voit bien le désastre produit par la guerre.*

■ Partie « Écrivez »

Exemple de lettre au courrier des lecteurs.
Vous menez depuis quelque temps une campagne contre les images violentes que la télé propose de plus en plus. J'ajoute ma voix à la vôtre. Je trouve inadmissible que dans neuf films sur dix on ne voie que des gens qui s'entretuent, des explosions, des massacres. On ne peut pas admettre que des enfants puissent regarder de telles images à toutes les heures. Si c'est révoltant pour toute sensibilité, il faut surtout penser au danger que courent des petits qui font mal la différence entre fiction et réalité. Et a-t-on besoin de montrer toutes les atrocités de la réalité quotidienne sous prétexte que l'information est prioritaire ? Continuez, chers amis. Votre campagne est juste et vous aurez le soutien qu'elle mérite.

■ Prononciation et mécanismes

Exercice 74. Que répondez-vous quand vous voulez exprimer...

• ... votre satisfaction ?
– Alors, elle te plaît, cette montre ?
– Oui, c'est ce que je voulais.
• ... votre plaisir ?
– Ça te ferait plaisir de venir passer quelques jours à la maison ?
– Oui, ça me ferait très plaisir
• ... votre intérêt ?
– Comment tu as trouvé le livre ?
– Je l'ai trouvé très intéressant.
• ... votre indifférence ?
– Qu'est-ce que tu veux voir, le match de foot ou le film ?
– Ça m'est égal.
• ... votre insatisfaction ?
– J'ai dit qu'on arriverait dimanche, ça te convient ?
– Non, ça ne me convient pas du tout.
• ... votre déception ?
– Et vous, comment avez-vous trouvé la pièce ?
– Nous sommes très déçus.
• ... votre indignation ?
– Vous avez vu son comportement avec moi, l'autre soir, vous trouvez ça normal ?
– Non, c'est inadmissible.
– Non, c'est intolérable.

■ Objectifs

Communication
Décrire et commenter une image.

Grammaire
Les points de vue dans le récit.

Vocabulaire
• l'angoisse – la peur – la crainte – une galerie – un quartier – une note
• un figurant – un chameau – un désert – le sable – un fort

• agressif – sérieux – crispé
• adresser la parole à quelqu'un – avoir mauvaise conscience – se dérouiller – viser

Culture
Un photographe : Raymond Depardon.

Prononciation
Nominalisation.

■ Découverte du document

1 Lecture individuelle. Réponse : Il est photographe reporter. Il est à New York, apparemment en vacances (« je n'avais aucun ordre du jour », « j'étais à New York à ne rien faire ») et il a un sentiment de malaise (« J'avais peur. Je trouvais les regards des gens très agressifs »).

Expliquer :

Tchad : Pays de l'Afrique centrale (capitale N'Djamena), théâtre d'une guerre sanglante en 1981.

2 Réponse :

Raymond Depardon
(Villefranche-sur-Saône, 1942)

D'abord reporter photographe et cinéaste remarquable, Raymond Depardon – aujourd'hui à l'agence Magnum – a publié douze livres depuis 1978 : *Tchad, Notes, Correspondance new-yorkaise, Le Désert américain, San Clemente, Les Fiancés de Saigon, Hivers, Vues, La Pointe du Raz, Depardon cinéma, La Colline des Anges* et *La Ferme du Garet.*

Éléments objectifs de la réalité	États d'âme et/ou sensations du photographe face à cette réalité
– *J'errais des heures dans les rues.* – *Je ne faisais aucune photo.* – *Il commençait à faire froid. C'était le début de l'hiver.* – *... je restais des jours entiers sans adresser la parole...* – *Je me réfugiais dans les rues. J'étais mal équipé et le froid me pénétrait partout. ... je rentrais dans les galeries où je passais les journées à regarder les livres. D'autres jours je marchais...* – *Paris était loin. J'étais oublié de tous. Je n'avais aucun ordre du jour.* – *C'était la guerre au Tchad.* – *J'étais à New York à ne rien faire.* – *J'écrivais des notes comme toujours en voyage.*	– *J'avais peur.* – *Je trouvais les regards des gens...* – *Je n'avais envie de voir personne.* – *Je me sentais bien. Cela me permettait de réfléchir, de penser à des projets, de rêver tout haut, de faire passer des angoisses.* – *Je me laissais aller à l'envie du moment.* – *J'avais un peu mauvaise conscience.* – *... tout doucement, par défi ou pour me « dérouiller », je commençais à faire des photos..., sans viser, ... sans prendre cela au sérieux, pour essayer d'avoir moins peur, pour m'approcher des gens, pour ne plus être crispé, pour prendre confiance en moi...*

3 Il est mal dans sa peau, il trouve les gens agressifs, il a froid, il a mauvaise conscience car il n'a pas de travail précis à accomplir (« pas d'ordre du jour »).

4 Réponse :
– un homme seul dans les rues de New York
– le regard hostile des gens
– la ville en hiver
– les galeries pleines de livres et l'homme qui les regarde
– l'homme qui prend des notes
– l'homme qui prend des photos en marchant

■ Partie « Écrivez »

Exemple de texte :
« *Je n'avais pas le temps de noter quoi que ce soit. Je voulais tout voir. Je sortais de l'hôtel le matin de bonne heure et j'attrapais le premier bus qui s'arrêtait. Je descendais dans les grandes avenues du centre et je mettais tout de suite en marche mon appareil numérique : les boutiques de luxe, les grands hôtels, les gratte-ciel, rien n'échappait à mon objectif. Et quand j'avais fait deux ou trois avenues, je me précipitais dans le métro, je descendais à l'autre bout de la ville et je sautais dans un bateau pour aller prendre des photos de la Statue de la Liberté. Et quand enfin, fatigué de ma journée, je rentrais à l'hôtel, je pouvais encore prendre une dernière photo de la fenêtre de ma chambre qui donnait sur un joli square.* »

■ Partie « Commentez les photos »

1 Réponses :
• *Première photo* : Au premier plan, dans le coin en bas à gauche, une dame d'un certain âge assise sur un banc, au fond, un grand mur sur lequel on lit MGM et, au-dessous, le numéro de l'immeuble et le nom de l'avenue, à droite de la photo, un homme marche le long du mur en regardant l'air.
• *Deuxième photo* : Un taxi de New York (on l'identifie grâce au damier sur la carrosserie et à la phrase en anglais qu'on lit sur la vitre) pris de côté. On voit à l'intérieur la séparation entre le chauffeur et les clients. Ces derniers sont : une fillette au premier plan, blonde, qui regarde dehors, très intéressée, et deux femmes, une plus âgée, l'autre plus jeune, probablement la grand-mère et la mère de la fillette.

Expliquer :
MGM : sigle de la Metro Goldwin Mayer, une des grandes sociétés de production de films américaines.

2 Réponse : *On sait à quelle époque de l'année la photo a été prise et on en déduit que ce n'est pas un été très* chaud, vu l'habillement des deux personnes. On sait qu'on est devant le building de la MGM.

3 Réponse possible : *L'homme que l'on voit sur la photo pourrait être le photographe lui-même, il marche en regardant en l'air, comme s'il rêvait des grands films qu'évoque le sigle MGM.*

4 Exemples de réponse : « *Je pense à un peplum, avec plein de figurants pour faire l'armée romaine, de belles matrones, un empereur méchant et les gladiateurs qui luttent dans l'arène.* » Ou « *Je vois un grand western avec plein d'Indiens qui attaquent une diligence et des cowboys qui la défendent jusqu'au bout.* »

■ Partie « Rédigez la suite de l'histoire »

1 Les étudiants suivent la consigne. On peut comparer après leurs légendes avec celle de R. Depardon :
« *22 juillet 1981. New York. Je ne saurai jamais rien de cette petite fille que j'ai croisée dans un taxi au coin de la 42ᵉ rue et de Broadway. C'était peut-être la première fois qu'elle visitait New York. Habitué depuis 20 ans à couvrir des "histoires". Libéré… ! je me sens un peu perdu. Il me faut réapprendre à regarder.* »

2 *C'était la première fois qu'elle visitait New York. C'était son cadeau d'anniversaire, offert par sa grand-mère. Arrivée d'une petite ville du centre des États-Unis, elle avait déjà été impressionnée par la gare où le train les avait déposées : grande, immense, avec des gens qui couraient dans tous les sens. Maintenant, dans le taxi qui les mène à l'hôtel, elle ouvre de grands yeux devant les buildings gigantesques dont elle n'arrive pas à voir le sommet. Même les rues n'en finissent jamais et parmi les gens, il y en a qu'elle trouve vraiment bizarres. Elle pose des questions tout le temps, sa grand-mère et sa mère répondent, amusées.*

■ Prononciation et mécanismes

Exercice 75. Voici le verbe, trouvez le nom.
se promener → la promenade
errer → l'errance
se réfugier → le refuge
déambuler → la déambulation
parcourir → le parcours
dériver → la dérive
vagabonder → le vagabondage

Puisque vous partez en voyage...

■ Objectifs

Communication
Exprimer ses sentiments.

Grammaire
Caractériser son état d'âme.

Vocabulaire
• un adieu – un bouquet – une cage – un cigare –
un contrôleur – un couloir – un départ – un fumeur –
une marche – un quai – une tactique – le trouble
• affreux – amoureux – chéri – horrible – incorrigible –
inquiet

• s'angoisser – assommer – cacher – démarrer –
détendre – jurer – promettre – resurgir –
se moquer de... – sourire

Culture
• Une chanson de Françoise Hardy et Jacques Dutronc.
• Un texte de Roland Barthes.

Prononciation
Caractériser l'état.

■ Découverte du document (« Imaginez »)

Travail de groupe. Expliquer le sens de « puisque »,
synonyme de « étant donné que ».

a. Exemples de suites possibles :
*Puisque vous partez en voyage, je vais en profiter pour invi-
ter ma mère. – ... je vais passer beaucoup de soirées au
cinéma. – ... je vais finir les petits travaux qu'on avait com-
mencés dans le jardin.*

b. Phrases sur le même modèle. Exemples :
– *Puisque vous ne serez pas là, je vais bien m'ennuyer.* (tri-
stesse)
– *Puisque vous n'écrivez pas, j'ai décidé de venir voir ce
qui se passe.* (inquiétude)
– *Puisque vous n'arrivez pas à décider, on laisse tomber.*
(indifférence)
– *Puisque vous partez pour quinze jours, je vais enfin être
tranquille.* (satisfaction)
– *Puisque vous êtes revenu, il faut fêter ça.* (joie)

■ Découverte de la chanson

1 Situation évoquée par la chanson.

• *lieu : une gare*
• *personnes : deux amoureux*
• *ce que font ces personnes :*
– *la femme sourit ;*
– *l'homme a déposé ses bagages, il prépare son mouchoir
pour les adieux ;*
– *la femme lui demande d'être sage et de penser toujours
à elle ;*
– *l'homme lui rappelle sa promesse de lui écrire de longues lettres tous les jours ;*

Françoise Hardy (1944)

Auteur et interprète, Françoise Hardy connaît son
premier grand succès avec la chanson *Tous les garçons et les filles* en 1962. Suivent une série de
« tubes » dans les années 60 qui la font grimper à la
première place des hits-parades européens. Après
avoir collaboré avec beaucoup d'artistes pendant les
années 70, elle décide d'arrêter de chanter en 1988,
mais elle change d'avis 8 ans plus tard et connaît de
nouveau le succès avec son album *Clair obscur*
(2000), dont le premier extrait est *Puisque vous partez en voyage*, chantée en duo avec **Jacques
Dutronc**, avec qui elle vit depuis 1966.

Jacques Dutronc (1943)

Il commence sa carrière artistique comme compositeur. Il obtient son premier succès comme chanteur,
en 1966 avec *Et moi, et moi, et moi*. À la sortie de *Il
est 5 heures, Paris s'éveille* (1968), il est définitivement consacré grand interprète et grand compositeur.
Pendant toute cette période, il vit avec **Françoise
Hardy** qu'il épousera en 1981.
Remarquable aussi comme acteur, il tourne avec les
plus grands réalisateurs français et en 1992, il obtient
le César du meilleur acteur pour le *Van Gogh* de
Maurice Pialat.

– la femme lui demande de baisser la vitre pour pouvoir encore le voir ;
– l'homme avoue qu'il n'a pas le courage de la quitter ;
– la femme dit qu'elle déteste Paris ;
– l'homme s'en prend au contrôleur qui rappelle que le train va partir ;
– la femme dit que s'il crie encore une fois elle partira avec lui ;
– ils partent ensemble tous les deux.

2 Repérage.
– type de musique : douce, mélancolique
– instruments : piano
– voix : masculine et féminine qui se répondent en duo
– genre de la chanson : chanson d'amour

■ Donnez votre opinion

Exemples de réponses :
a. Réactions à la chanson :
– surprise parce qu'elle alterne le parlé et le chanté,
– tristesse parce que ce sont deux amoureux qui se quittent,
– mélancolie à cause de la mélodie...
b. Explication de la phrase finale : *impossibilité pour les amoureux de se séparer.*
c. La chanson est une reprise d'une chanson des années 30, époque où on se vouvoyait même entre mari et femme.
d. Sujets de chansons :
– désespoir de l'amoureux(euse) abandonné(e) qui pense à son bonheur perdu ;
– elle et lui se rappellent leurs vacances, sur la plage, ensemble ;
– joie d'être avec une bande d'amis pour faire la fête...

■ Transcription de la chanson

Réponse :
Lui : puisque **nous nous quittons ce soir**
Vous **avez posé vos bagages**
Lui : j'ai préparé mon grand mouchoir
Elle : et vous **me verrez dans la gare**
Elle : de **penser à moi tous les jours**

Lui : vous **m'avez promis mon chéri**
Lui : pour que **je voie votre visage**
Elle : et moi **je déteste Paris**
Elle et Lui : **j'ai mon amour pour seul bagage**
Elle et Lui : mon chéri, **je pars avec vous.**

■ Jouez la scène

Expliquer :

1 Réponses possibles :
• *Une personne n'a pas de nouvelles d'un(e) ami(e) parti(e) seul(e) pour une expérience de méditation en Inde : inquiétude, angoisse, colère, indifférence.*
• *Une femme n'a pas de nouvelles de son mari parti faire du camping à la montagne avec des copains : colère, incompréhension, peur, angoisse.*

Roland Barthes
(Cherbourg, 1915 – Paris, 1980).

Écrivain et linguiste, il publie, en 1953, le *Degré zéro de l'écriture*, essai brillant qui ouvre la voie à un changement profond dans la critique littéraire.
En 1957, il publie *Mythologies*, où sont analysés l'idéologie et les discours véhiculés par la presse à grand tirage, suivi des *Éléments de sémiologie* (1965) et du *Système de la mode* (1967), analyse des signes de la mode vestimentaire.
Poursuivant son œuvre critique, il publie *Sur Racine* (1963) et *Essais critiques* (1964).
L'admirable *Empire des signes* (1970) montre un Barthes raffiné, à la recherche d'un art de vivre, qui donnera ensuite *Le Plaisir du texte* (1973), *Fragments d'un discours amoureux* (1977) et *La Chambre claire* (1980), sur la photographie.

2 Les étudiants font cette activité en tandem selon les consignes du livre.
a. *Vous cachez votre trouble : « Alors, tu as eu du beau temps sur la côte ? »*
b. *Vous êtes agressif(ve) : « Je trouve que tu exagères. Tu aurais pu me passer un coup de fil ! »*
c. *Vous montrez votre affection : « J'étais très inquiet(ète), mais je ne savais pas comment te contacter. »*
d. *Vous vous efforcez de cacher l'angoisse dans laquelle vous avez vécu sans nouvelles : « J'étais tranquille, mais j'aurais aimé que tu donnes signe de vie : un mél, un coup de fil, une carte postale... »*

■ Prononciation et mécanismes
Exercice 76. Voici le sentiment, donnez l'adjectif avec lequel on caractérise l'état.
l'inquiétude → inquiet
la solitude → seul
la sympathie → sympathique
l'indifférence → indifférent
l'angoisse → angoissé
l'agressivité → agressif
l'effroi → effroyable
le trouble → troublé
la culpabilité → coupable
la tendresse → tendre

Exercice 77. Changer d'intonation.
Écoutez.
Parti(e) en vacances sans moi, il/elle n'a pas donné signe de vie. Quand il/elle rentrera que lui dirai-je ?

Répétez.
• *Indifférent :* Comment vas-tu ?
• *Agressif :* Tu aurais quand même pu donner de tes nouvelles !
• *Passionné :* Tu vois dans quel état je suis ?
• *Délicat, léger :* Tu sais, j'ai été quand même un peu inquiète.

Corrigé du bilan 12

1. Faux : a. – b. – e. – Vrai : c. – d.

2. Exemple :
Je connaissais Naples à travers les pages des écrivains qui y ont séjourné : une ville avec le Vésuve au fond, sa mer limpide, ses rues ensoleillées avec des gens pleins de gaieté, ses monuments, ses musées... J'ai devant les yeux, au contraire, une mer polluée et une ville chaotique où les voitures ne cessent de klaxonner. De quoi détruire tout enthousiasme ! Mais je retrouve une partie de mon rêve avec les gens qui bavardent avec moi en attendant le bus ou devant ces immeubles fantastiques qui, même en mauvais état, me font imaginer l'époque où Naples était la capitale d'un royaume.

3. Exemples :
a. Quelle surprise ! Qu'est-ce que je suis content(e) de vous revoir !
b. Ce matin, le patron m'a communiqué que j'allais avoir une augmentation de salaire à partir du mois prochain. C'est ce que je voulais...
c. Pourrais-tu me rendre mon appareil photo ? Ça fait un mois que je te l'ai prêté. C'est inadmissible !
d. Et toi, tu as pu dire ça dans mon dos ? Je suis vraiment déçu(e)...
e. On ne peut pas admettre qu'à la télé on fasse passer des films où les morts se comptent par dizaines.
f. C'est dommage que tu ne sois pas avec nous ! Tout est tellement beau ! Le paradis sur terre...

4. Exemples :
– accident : Est-il/elle tombé(e) en panne dans un endroit d'où il ne peut pas communiquer ?
– indifférence : Et si ça lui était égal de me donner de ses nouvelles ?
– simple oubli : Pourquoi n'a-t-il/elle pas téléphoné ? Est-ce qu'il/elle a oublié ? Il/elle en est capable...
– grève de la poste : Il n'écrit toujours pas... Y aurait-il une grève de la poste ?
– prise de distance : Veut-il/elle me faire comprendre qu'il/elle n'en veut plus de moi ?
– envie de ne communiquer avec personne : Et s'il/elle voulait rester un peu tout(e) seul(e) ?

5. Exemple :
Mon **petit chou**,
Je pense à toi quand **la nuit tombe** et je me sens **triste**.
Je voudrais **voler chez toi**.
Cette ville sous la pluie me rappelle que **mon bonheur est parti avec toi**.
Tu es **mon ciel, mon rire, ma faim**. Avec toi ma vie **est une aube sans fin**.
Sans toi, **elle serait une plage déserte**.
Quand tu reviendras **le soleil se lèvera pour nous**.
J'espère **t'embrasser bientôt**
Ton **chat aimé**

Fiches vidéo

Visionnez le reportage sans le son.

1. Cochez ce que vous avez vu.

❏ une voiture à cheval ❏ une voiture ❏ un camion

❏ un bateau roulant ❏ un garage ❏ des drapeaux

❏ un bateau à voile ❏ un capitaine ❏ un bar roulant

2. Regardez bien le paysage : cochez ce que vous avez vu :

❏ des champs ❏ des maisons ❏ une rivière

❏ des prés ❏ des arbres ❏ des vignes

❏ des hangars ❏ des forêts ❏ des fleurs

et déduisez-en la région où se passe ce reportage : est-ce au nord de la France ou au sud ? ....

Justifiez votre réponse. ....

....

3. Quel est le métier de ce « Talent de vie »?

❏ capitaine ❏ navigateur ❏ garagiste

❏ mécanicien ❏ buraliste ❏ taxi

4. Quel est le véhicule insolite de ce reportage? ....

....

Quel est l'autre véhicule insolite que vous avez vu à l'image? ....

....

5. Avez-vous été attentif à l'image : comment s'appelle le bateau? ....

....

6. Arrêt sur image : portrait physique et psychologique du personnage. Choisissez dans la liste les adjectifs qui vous semblent qualifier le mieux le personnage de ce « Talent de vie ».

C'est un homme ....

joyeux – Inquiet – amical – loufoque – astucieux – intelligent – heureux – habile – économe – fier – bricoleur – imaginatif – jovial – orgueilleux – pratique

🔊 **Visionnez le reportage avec le son.**

7. Comment s'appelle le personnage ? .... (C'est le diminutif de « Joël ».)

Qu'aime-t-il faire dans la vie ?

	VRAI	FAUX
a. Il n'aime pas la routine.	❑	❑
b. Il aime les gens.	❑	❑
c. Il n'aime pas se déplacer.	❑	❑
d. Il aime les voitures de série.	❑	❑
e. Il aime faire des économies.	❑	❑
f. Il aime boire avec ses amis.	❑	❑

8. Que construit exactement Jojo ? Connaissez-vous ces sigles ? Essayez de deviner en réécoutant la vidéo.

❑ des ORNI   ❑ des OVNI

9. Écrivez la transcription de ces objets bizarres.

ORNI = ...

10. Écoutez le texte de la journaliste et notez les verbes et les adjectifs qui caractérisent l'attitude de Jojo dans la vie.

Jojo aime .... : lorsqu'une idée germe dans son esprit ...., elle ne tarde

pas à sortir du ventre de son atelier. Pour .... son monde, Jojo construit des objets

roulants non identifiés. Il s'amuse avec toutes sortes de véhicules toujours .... Jojo embarque

ses amis dans un monde de .... roulant.

11. Quel est le précepte, le conseil, donné par la journaliste à la fin de ce reportage ?

....

12. Cherchez les bonnes définitions de « buvette ». Une buvette, c'est...

❑ **a.** un comptoir dans un établissement où l'on offre à boire
❑ **b.** le zinc du café où l'on consomme debout
❑ **c.** un petit café où l'on peut boire gratuitement
❑ **d.** un petit café monté sur des roulettes

13. Aimeriez-vous être avec les amis de Jojo sur sa buvette roulante ?

❑ Oui, cela me plairait .... parce que ....

❑ Oui, pourquoi pas ? Je trouve que ....

❑ Non, absolument pas. Je n'aime pas ....

❑ Non, pas du tout. Jojo est sympathique mais ....

📵 **Visionnez le reportage sans le son.**

1. Notez ce que vous avez vu dans ce reportage.

a. Le paysage

❏ des arbres ❏ une prairie ❏ un bois ❏ un bosquet

❏ une futaie[1] ❏ une clairière ❏ un pré ❏ un terrier[2]

b. Les personnes et leurs objets

❏ un père et sa fille ❏ des randonneurs ❏ un garde-forestier

❏ un braconnier[3] ❏ un chasseur ❏ un entomologiste[4] ❏ une loupe

❏ un chasseur de papillon ❏ un sac à dos ❏ des jumelles ❏ un sac de couchage

c. Les animaux

❏ un blaireau ❏ un lapin ❏ un chien de chasse ❏ une chouette

❏ une perdrix ❏ un lièvre ❏ une taupe ❏ une hirondelle

1. une futaie = une forêt d'arbres très élevés. – 2. un terrier est l'abri creusé sous la terre par certains petits animaux des bois. – 3. un braconnier est un chasseur qui tend des collets pour attraper le gibier illégalement : il chasse souvent la nuit. – 4. un entomologiste observe les insectes scientifiquement.

📢 **Visionnez le reportage avec le son.**

2. Lisez d'abord les questions suivantes puis écoutez le texte.

Vous jouez le rôle de Frédéric. (Vous avez le droit de prendre des notes pendant l'écoute du document.)

Journaliste : Bonjour, Frédéric, vous considérez-vous comme un chasseur ?

Frédéric : Tout à fait, je suis un ....

Journaliste : Pensez-vous avoir un bon sens de l'observation ?

Frédéric : Mes amis me comparent souvent à un « .... » qui est

doté d'un sens ....

Journaliste : Faut-il être patient pour « débusquer » vos proies, pour trouver ces animaux que vous cherchez ?

Frédéric : ....

Journaliste : Quel est le moment de la journée que vous préférez pour voir vos amis ?

Frédéric ....

Journaliste : Si je vous demande ce que vous aimez particulièrement dans cette observation des animaux, que me répondez-vous ?

Frédéric : Pour moi, c'est ....

Journaliste : Merci de m'avoir reçu si gentiment.

3. Relevez les adjectifs qui caractérisent le talent de Frédéric pour « chasser avec émotion » ses amis, les animaux de la forêt.

• Une fête ....

• « Ça va être .... ! »

4. Dites autrement ce que dit la journaliste : « sa patience n'<u>a d'égale que</u> sa science du monde animal ».

a. ....

b. ....

5. Comment comprenez-vous la dernière expression employée par la journaliste qui contient un « jeu de mots » :

une passion « à coucher dehors » (expression idiomatique familière)

❏ Pour vivre cette passion de voir vivre les animaux de la forêt, il faut coucher dehors.

❏ Cette passion est bonne et admirable mais aussi difficile que les noms qui sont « à coucher dehors » parce qu'imprononçables pour un Français, bien sûr !

🔇 **Visionnez le reportage sans le son.**

1. Devinez en regardant les différents plans, qui est ce « Talent de vie » ?

❏ une institutrice

❏ une engagée volontaire de MSF[1] en Afrique

❏ une actrice

❏ une femme responsable d'une garderie d'enfants

❏ une assistante maternelle

❏ une conteuse

❏ une chanteuse

❏ une maîtresse d'école maternelle

1. MSF = Médecins sans frontières, organisation française qui envoie des médecins bénévoles dans le monde.

2. Regardez attentivement son visage et ses mains : que fait-elle ?
Choisissez les verbes qui vous semblent correspondre à ce que vous pensez.

❏ elle chante

❏ elle dessine des objets imaginaires

❏ elle se tait

❏ elle parle

❏ elle raconte une histoire

❏ elle mime des personnages

❏ elle suggère des situations en faisant des gestes

3. Comment trouvez-vous son visage et son allure générale ?

a. Son visage est :

❏ expressif   ❏ mobile   ❏ suggestif   ❏ vivant   ❏ triste   ❏ souriant

b. Elle a une allure :

❏ sympathique   ❏ antipathique   ❏ accueillante   ❏ bizarre

c. Vous diriez… ?

❏ elle est forte

❏ elle est « bien dans sa peau » (registre familier)

❏ elle a des yeux pétillants

❏ elle est agréable à regarder

❏ elle joue bien avec son corps

❏ elle a de l'embonpoint

❏ elle a un très beau sourire

❏ elle semble heureuse

❏ elle n'est pas mince

❏ elle n'est pas laide

❏ elle est fatiguée

❏ elle est jeune

4. Faites ici le portrait de ce « Talent de vie » (en vous servant de ce que vous avez coché en 1, en 2 et en 3).

....

....

....

....

🔊 **Visionnez le reportage avec le son.**

5. Après écoute du texte, quel est le talent de Caroline ?

....

6. Que raconte-t-elle ?

❏ des contes africains   ❏ des légendes nordiques   ❏ des contes pour enfants

7. Réécoutez une deuxième fois le document et répondez à la question :
quelle est la devise de conteuse que Caroline a adoptée :

« Je pense que .... , c'est .... »

Belle devise vraiment !

8. De quoi parle le conte qu'elle est en train de conter aux enfants ?

❏ de coquillages   ❏ de mer   ❏ de fantastique
❏ de fée   ❏ de petite sirène ❏ de poissons   ❏ de pierres posées
❏ d'Afrique   ❏ de Maghreb   ❏ de sable   ❏ d'amour   ❏ d'amitié

9. Caroline essaie de ressembler à qui ?

❏ à une fée   ❏ à un enfant
❏ à une sirène   ❏ à une maman
❏ à une petite fille ❏ à une grand-mère

Pour quoi faire ?

....

10. Retranscrivez la dernière phrase de la journaliste.

....

Comprenez-vous le jeu de mots ?

Si oui, expliquez-le : ....

(Si non, demandez à votre professeur qui vous expliquera les homophones de la langue française.)

Visionnez le reportage sans le son.

1. Où se passe ce reportage?

❑ dans un village de pêcheurs ❑ sur une île ❑ sur une presqu'île
❑ au bord de la mer Méditerranée ❑ au bord de l'océan Atlantique

2. Que fait cette femme?

❑ pêcheur ❑ conductrice de ferry-boat ❑ institutrice ❑ guide touristique
❑ mère de famille nombreuse ❑ monitrice de colonie de vacances ❑ une botaniste
❑ professeur de dessin ❑ peintre ❑ artiste ❑ ostréicultrice[1]

1. Personne qui élève des huîtres.

3. Qu'avez-vous vu à l'image? Cochez ce que vous avez vu.

❑ des pinceaux ❑ un chat ❑ des écoliers
❑ des cartons à dessin ❑ un marché aux poissons ❑ des enfants en vacances
❑ des paniers à huîtres ❑ des filets de pêcheurs ❑ des bateaux ❑ un quai
❑ des crabes ❑ des poissons ❑ des tableaux ❑ la mer ❑ l'océan
❑ le soleil ❑ le ciel ❑ des nuages ❑ un chien

4. Rédigez un texte qui résume votre compréhension du reportage.

....

....

....

....

Visionnez le reportage avec le son.

5. Quel est le métier de Sylvie? ....

Où habite-t-elle? ....

Pourquoi est-elle avec les enfants? ....

....

6. Vrai ou faux? Cochez les propositions qui vous semblent correspondre à la situation de Sylvie.

	Vrai	Faux
a. Sylvie travaille avec les enfants parce qu'elle ne gagne pas assez d'argent avec son métier d'ostréicultrice.	❑	❑
b. Sylvie aime partager son art de vivre avec les autres.	❑	❑
c. Elle aime faire découvrir le monde de la mer aux enfants.	❑	❑
d. Elle n'aime pas exercer son métier qui est trop dur.	❑	❑
e. Sylvie veut donner de la chaleur affective aux enfants.	❑	❑

7. Chercher des expressions synonymes et ensuite compléter le texte.

a. avoir le vague à l'âme

b. initier qqn à qqch

c. une cabane

d. le phénomène de la marée

(1) le flux et le reflux de la mer

(2) se sentir triste

(3) apprendre pour la première fois qqch à qqn

(4) une petite maison en bois

Écoutez encore une fois le reportage et complétez le texte.

Sylvie, ostréicultrice, n'a jamais ……………………………………………… . Sur sa

……………………………………, elle …………………………………… le sens de ……………………………

…………………………………… et …………………………………… .

Sylvie …………………………………… les plus petits à la nature qui les entoure.

Elle …………………………………… et …………………………………… le monde

dans toute sa beauté.

8. Écoutez attentivement ce que dit Sylvie d'elle-même et de son rapport aux enfants et répondez à sa place aux questions posées par la journaliste.

a. Est-ce que vous vous ennuyez sur votre presqu'île ?

……

b. Trouvez-vous que votre métier soit rude (difficile, pénible) ?

……

c. Que recherchez-vous avec les enfants ?

……

d. Ne regrettez-vous pas de ne pas être institutrice ?

……

9. La dernière phrase du reportage est : « Et des huîtres pour le goûter, ça vous dirait ? » Choisissez dans la liste proposée d'autres expressions synonymes que vous pourriez dire pour inviter des enfants à venir goûter un gâteau ou des friandises que vous avez préparés pour eux.

« …ça vous dirait ? » =

❏ « ça vous plairait ? »

❏ « vous en avez envie ? »

❏ « ça vous va ? »

❏ « ça vous dit ? »

❏ « vous aimez ? »

❏ « c'est bon ? »

❏ « vous en voulez ? »

❏ « ça vous fait plaisir ? »

❏ « ça vous branche ? »

❏ « ça vous ferait plaisir ? »

Visionnez le reportage avec le son.

1. Après une première écoute, répondez aux questions suivantes :

a. Mathieu est-il
- ❏ marin ?
- ❏ parisien ?
- ❏ breton ?

A-t-il des enfants ?
- ❏ Oui
- ❏ Non

b. Où se passe ce reportage ?
- ❏ à Paris
- ❏ dans la banlieue parisienne
- ❏ au bord de la mer
- ❏ sur le canal Saint-Martin à Paris
- ❏ en Essonne
- ❏ en Belgique

2. Après une deuxième écoute, pouvez-vous répondre aux questions suivantes ?

a. Où est filmé ce reportage ? ....

b. Mathieu a-t-il construit sa barque tout seul ?

....

c. Quel est son plus grand plaisir ?

....

d. Est-il nerveux ?

....

3. Complétez le texte avec les mots que vous entendez.

Quand on est fils de marin, on a le goût de l'eau... Et ce n'est pas parce que Mathieu est parisien

qu'il .... à naviguer...

Mathieu .... à se contenter de peu.

Et les Terres Inconnues, il les a découvertes à .... des rames.

4. Faites un arrêt sur image sur la personne de Mathieu et faites son portrait physique et moral.

....
....
....
....

5. Lexique.

Trouvez le ou les verbe(s) de la même famille que le mot donné.

Exemple : une rame → ramer

a. un navire ....

b. une barque (1) .... (2) ....

c. une exploration ....

d. une vague ....

6. « Ohé, ohé matelot, matelot navigue sur les flots. »

Cette chanson est apprise par les enfants dans les familles françaises ou à l'école. En connaissez-vous d'autres qui parlent de la mer et des marins ? en français ou dans votre langue ?

....

....

....

© CLE International/VUEF. Fiche photocopiable pour une classe seulement.

FICHE VIDÉO

Visionnez le reportage sans le son.

1. Répondez.

a. Où se passe ce reportage ?

❏ dans le sud de la France   ❏ dans le nord   ❏ au bord de la mer

Quel est l'arbre qui vous aide à trouver l'endroit où a été filmé ce reportage en France ?

....

b. Qui parle ? ....

c. Est-ce... ? ❏ un ingénieur paysagiste ?

❏ un photographe ?

❏ un touriste ?

d. Que fait-il ? ....

e. Quelles sont les couleurs des photos prises ?

....

....

f. Des formes apparaissent sur ces photos. À quoi vous font-elles penser ?

....

....

....

Visionnez le reportage avec le son.

2. Un journaliste interroge Cédric pour mieux le connaître. Répondez pour lui.

a. Passez-vous beaucoup de temps à photographier les arbres ?

....

b. Est-ce que vous <u>regardez</u> les arbres ou bien avez-vous un autre verbe pour exprimer votre travail de photographe ?

Vous avez raison, je ne les regarde pas, je les ....

c. Quelle est votre définition de la beauté ?

....

d. Est-ce que les gens vous prennent parfois pour un original ?

Oui, parfois, les gens me prennent un peu pour un ....

e. Vous êtes vraiment à mes yeux un grand photographe, vous sentez-vous supérieur aux autres ?

Non, j'essaie de me mettre ....

f. Comment appelez-vous les photos que vous faites ?

....

g. Pensez-vous que vous rendez service à la nature en la photographiant ainsi ?

Oui, certainement, je lui .... comme à une princesse

que l'on admire ! Certainement, oui !

h. Que voyez-vous dans toutes ces écorces d'arbre ?

....

i. Avez-vous beaucoup d'amis ou bien êtes-vous solitaire ?

....

j. Est-ce que vos amis partagent avec vous leur découverte ?

....

k. Pour terminer cet entretien, si je vous demandais un seul mot pour vous définir comme « Talent de vie », que diriez-vous ?

Modestement, je dirais que je suis ....

3. Connaissez-vous les mots qui aident à parler des arbres ? En voici quelques-uns, essayez de les placer sur le dessin ci-dessous.

le tronc – la tête – la cime – l'écorce – les branches – les feuilles – les racines – les tiges – le pied – la moelle – le cœur – la verdure – la frondaison – les ramures – le feuillage

🔇 Visionnez le reportage sans le son.

Ce reportage se prête à un travail intéressant sur l'image seule qui devrait vous permettre d'écrire vous-même le commentaire de la journaliste à quelques mots près.

1. Où et quand se passe ce reportage ?

❑ dans une ville ❑ dans un village ❑ en sortant de l'école

❑ à la campagne ❑ en été ❑ au milieu d'un village

2. Comment caractériseriez-vous le personnage de ce « Talent de vie » ?

❑ un petit garçon ❑ un garçonnet ❑ un touche-à-tout

❑ un bricoleur ❑ un talent en herbe ❑ un magicien

❑ un amoureux des cailloux ❑ un petit écolier ❑ un gamin

❑ un petit malin ❑ un tagueur[1] ❑ un apprenti-peintre

❑ un petit bonhomme au sourire merveilleux ❑ un enfant aux yeux pétillants de malice

1. un tagueur peint sur les murs des villes.

3. Qu'est-ce qu'il fait ?

❑ des dessins ❑ des personnages ❑ de l'« art brut » ❑ des bêtises

❑ de la sculpture ❑ des œuvres d'art ❑ de la taille de pierres précieuses

❑ des produits pour son usine ❑ du commerce de cailloux ❑ des peintures

4. Fiche d'identité du personnage. Complétez.

• **Prénom :** .... • **Âge :** .... • **Lieu préféré :** ....

• **Conseils écrits :** *(ex. : merci)* ....

• **Couleurs préférées :** ....

• **Dessins de formes reconnues :** *(ex. : le soleil)* ....

5. Faites le résumé de ce « Talent de vie ».

Ce reportage montre... ....

....

....

....

🔊 **Visionnez le reportage avec le son.**

6. Vous avez entendu la jolie petite voix de Mathieu. Répondez à la question :
Pourquoi cet enfant fabrique-t-il toutes ces « œuvres d'art » ?

....

....

Mathieu est « un sacré petit bonhomme » dit la journaliste.

Quel est le sens de « sacré » dans cette phrase :

❑ saint ❑ drôle ❑ étonnant ❑ bizarre ❑ surprenant
❑ incroyable ❑ sage ❑ intouchable ❑ divin ❑ religieux

7. Est-ce que tout le monde apprécie ses œuvres ?

• **Oui : donnez le texte dit ici.** « .... »

• **Non : qui n'aime pas son travail ?** ....

8. Mathieu est comparé par la journaliste au « petit Poucet ». Connaissez-vous ce conte de
Charles Perrault qui s'appelle : « le petit Poucet » ?
(Demandez à votre professeur de vous raconter le conte si vous ne le connaissez pas : c'est l'histoire d'un petit garçon avec
des cailloux...)

Et connaissez-vous le nom des cinq doigts de la main ?

le pouce
l'index
l'annulaire
le majeur
le petit doigt ou l'auriculaire

9. Sur le geste final de Mathieu. Quelques expressions idiomatiques et gestuelles.

À la fin du reportage, Mathieu lève les deux pouces en l'air, c'est un signe de victoire, il a
gagné. Mais que signifient les gestes ci-dessous ?

Il fait de l'auto-stop. ➜ ....

Il ne fait rien ; il est paresseux : « il se tourne les pouces. » ➜ ....

Super ! ➜ ....

a.   b.   c.

🔊 **Visionnez le reportage avec le son dès la première fois.**

1. Fiche de ce « Talent de vie ».

a. Comment s'appelle ce « Talent de vie » ? ....

b. Quel est son métier ? ....

c. Comment gagne-t-il sa vie ? Cochez votre réponse.

❏ En élevant des vaches à l'étable.

❏ En faisant pousser des fleurs dans ses champs.

2. Pourquoi a-t-il eu cette idée de fleurir ses champs ?

	Vrai	Faux
a. Parce qu'il adore les couleurs des fleurs.	❏	❏
b. Parce qu'il aime rencontrer les belles femmes de sa région.	❏	❏
c. Parce qu'il aime la convivialité.	❏	❏
d. Parce qu'il veut que tout le monde soit heureux.	❏	❏
e. Parce qu'il a compris que c'était comme cela qu'il gagnerait beaucoup d'argent.	❏	❏
f. Parce que les fleurs sont plus faciles à cultiver que les pommes de terre.	❏	❏
g. Parce qu'il soigne les gens avec les fleurs.	❏	❏
h. Parce qu'il en avait assez de s'occuper de ses vaches.	❏	❏

3. Cherchez les synonymes des expressions employées par la journaliste et par Jean-Luc.

a. du coup	(1) le bonheur
b. la félicité	(2) le plaisir de vivre avec les autres
c. la convivialité	(3) un geste rapide et juste du peintre
d. être ravi	(4) dire des mots d'amour à celle que l'on aime
e. embellir	(5) un onguent, une pommade pour soigner
f. conter fleurette	(6) c'est pourquoi
g. enivrant	(7) rendre un environnement plus beau
h. cueillir	(8) qui rend ivre grâce à leur parfum
i. un baume	(9) ramasser
j. la cueillette	(10) être heureux
k. le boulot (registre familier)	(11) la récolte des fleurs
l. une touche	(12) le travail

4. Complétez le texte avec les mots que vous avez cherchés en question 3.

Jean-Luc est un agriculteur qui ....

...., il a eu l'idée de ....

« Aujourd'hui, on offre toutes ces fleurs-là, à qui veut bien venir les cueillir, ce qui nous permet d'avoir un contact privilégié. »

En .... la vie, Jean-Luc transmet son plaisir par petites ....

.... colorées et ....

Ce qui le ...., c'est pouvoir .... aux personnes qui passent au bord de ses champs.

Avec Jean-Luc, les promeneurs retrouvent le bonheur simple de la ....

« J'ai eu des témoignages de gens qui me disaient : "Tiens, j'ai vu tes fleurs, c'est superbe, ça m'a mis du .... au cœur pour partir au ...." Ben, je crois que là, c'est la plus grande satisfaction de la journée. Je trouve cela formidable ! »

Faites comme Jean-Luc, dites-le avec des fleurs.

5. Connaissez-vous la symbolique des fleurs ?

La fleur	Le sentiment exprimé
a. la rose rouge	(1) la majesté
b. la tulipe	(2) l'amour déclaré
c. l'œillet	(3) l'amour sincère
d. le lys	(4) la beauté, l'amour passion
e. la marguerite	(5) la timidité
f. la pivoine	(6) l'innocence
et d'autres...	

Visionnez le reportage sans le son.

1. Portrait physique et comportemental du personnage. Cochez les expressions et les adjectifs qui peuvent le définir :

a. C'est un homme...

❏ âgé   ❏ chauve   ❏ d'un certain âge   ❏ il a le crâne dégarni   ❏ il n'a plus de cheveux

b. il est :

❏ malade   ❏ énergique   ❏ très habile   ❏ bricoleur   ❏ actif

❏ contemplatif   ❏ rêveur   ❏ distrait   ❏ astucieux   ❏ délicat

❏ riche   ❏ pauvre   ❏ sans ressources   ❏ nécessiteux   ❏ assez riche

c. Qu'est-ce qu'il fait ? Justifiez votre choix en faisant des arrêts sur image.

❏ il fait les décharges publiques   ❏ il décharge les vieux objets des greniers

❏ il travaille dans une déchetterie[1]   ❏ il est antiquaire   ❏ il est sculpteur

❏ il est chiffonnier[2]   ❏ il répare les vieilles chaises

❏ il nettoie les déchets jetés dans les bacs   ❏ il est peintre   ❏ il est tapissier[3]

❏ il est brocanteur[4]   ❏ il recolle les chaises cassées   ❏ il cherche un trésor

1. Une déchetterie est le lieu où l'on jette les objets, les petits meubles dont on veut se débarrasser, les déchets : chaises cassées, vieux tabourets, vieilles affaires, plâtres, bois, etc. Un tri doit être fait entre les différents matériaux : cartons, bois, plâtres, etc. – **2.** Un chiffonnier fait les poubelles pour chercher tout ce qui est en tissu : les vieux vêtements, les vieilles étoffes., les chiffons... – **3.** Un tapissier habille de tissu les fauteuils, les canapés ou les chaises. – **4.** Un brocanteur vend tout ce qui est ancien mais sans grande valeur.

2. Écrivez ici le portrait physique et comportemental de ce « Talent de vie » : tel que l'image seule vous le présente.

À mon avis, cet homme... ....

....

....

....

Visionnez le reportage avec le son.

3. Écoutez bien en premier les propos de Bernard et essayez de répondre à cette question : Quelle est la philosophie de Bernard ?

Notez la phrase dite par lui qui résume son attitude et justifie son activité :

« .... »

4. Cherchez le sens des mots suivants grâce aux synonymes donnés.

a. avoir le bon goût de faire qqch

b. le moindre objet

c. inestimable

d. un accoudoir

e. la silhouette

f. un retraité

g. une mutation

h. être issu(e) de quelque part

i. un bac

(1) sans prix

(2) venir de quelque part

(3) une transformation

(4) le plus petit objet

(5) avoir la bonne idée de faire qqch

(6) un bras de fauteuil

(7) la forme

(8) une grande cuve

(9) une personne qui touche une retraite (= une pension constituée pendant sa vie active)

5. Puis réécoutez le reportage et complétez le texte avec les mots travaillés précédemment, en 4.

Bernard a .... de surprendre. Le .... objet façonné par la main de l'homme a une valeur ....à ses yeux.

« Il y a des .... qui s'opèrent. Rien ne meurt. Ça réapparaît autrement avec un autre œil, avec un autre regard... quoi ! »

Bernard sait voir l'harmonie d'une courbe dans un .... cassé ou apprécier .... d'un pied de chaise hors d'usage. Alors il les assemble et les peint pour leur redonner vie.

Ce jeune .... est fier de fournir la preuve qu'on peut très bien faire du beau avec du vieux.

« Mes productions, elles .... de la déchetterie. Donc, on a pensé que c'était intéressant de présenter des expositions au-dessus .... Ça peut, peut-être, amener les gens à un autre regard sur ce qu'ils vont jeter. »

6. La « petite morale » de la fin du reportage est :

« .... »

Que veut dire « accommoder » ?

❏ mettre ensemble les choses n'importe comment

❏ rendre commode, pratique qqch qui ne l'est pas

❏ arranger convenablement

❏ disposer harmonieusement

❏ préparer des aliments pour les consommer

Visionnez le reportage sans le son.

1. Mettez dans l'ordre d'apparition à l'écran les plans suivants :

a. Une cave avec des tonneaux

b. Un atelier de sculpteur

c. Un drôle d'oiseau en fer forgé

d. Une jeune femme souriante en gros plan

e. Deux mains gantées qui travaillent au chalumeau (= appareil qui permet de souder)

Ordre : – Plan 1 .... – Plan 2 : .... – Plan 3 : .... – Plan 4 : .... – Plan 5 : ....

Visionnez le reportage avec le son.

2. Quel est le métier de Pascale?

....

3. Comprenez-vous en quoi consiste son travail? Cochez ce qui vous semble correct.

❑ elle est une personne qualifiée pour faire le vin

❑ elle est responsable de la vente du vin

❑ elle exerce une surveillance sur les fûts

4. Cochez les mots dits dans le reportage et ceux qui vous semblent correspondre au personnage.

❑ une ferrailleuse ❑ un sculpteur ❑ une bricoleuse

❑ une mère de famille ❑ une artiste ❑ un forgeron ❑ un œnologue[1]

❑ un vigneron[2] ❑ une viticultrice[3] ❑ une caviste ❑ un poète

1. Un œnologue est un goûteur de vin professionnel, c'est son métier de goûter les vins. – **2.** Un vigneron est un homme qui entretient les vignes et fait du vin, il est viticulteur. – **3.** Une viticultrice est une femme qui cultive la vigne et fait du vin.

5. Pascale se définit comme une « ferrailleuse » parce qu'elle a le sens de l'humour.

• **Quel est le masculin de ce mot?** Un ....

• **Que vend-il?** Il vend de la ....

6. Réécoutez le reportage et complétez le texte suivant après avoir lu les expressions synonymes proposées.

Pascale aime partager (1) .... son sens de .... (2).

Elle (3) .... un monde (4) .... de créatures (5)

....

Le désir de rendre l'existence plus (6) .... tourne la tête à ce maître

de chai.

Alors ses personnages lui (7) .... et prennent leur indépendance.

Ils vivent leur (8) .... et (9) .... joyeusement tout

aussi (10) .... qu'elle de se trouver là.

(1) (jusqu'au bout, complètement)	(6) (amusant, rigolo)
(2) (elle aime bien rire y compris d'elle-même)	(7) (s'en aller, partir)
(3) (se construire qqch pour elle dans son atelier de forgeron)	8) (une existence)
(4) (être habité)	(9) (bouger, remuer pour un oiseau)
(5) (qui aiment sourire)	(10) (être étonnés)

7. À qui Pascale compare-t-elle ses sculptures forgées?

Elle les compare à ....

Elle dit à la journaliste : « C'est mes .... Et elles partent, elles ont

presque .... Je ne peux pas les laisser partir comme ça! »

8. Est-ce que la journaliste a aimé les « créatures souriantes » de Pascale?

....

Elle dit à la fin du reportage : « .... »

🔇 **Visionnez le reportage sans le son.**

1. Essayez de mettre dans l'ordre d'apparition à l'écran les plans suivants :

• Plan 1 : ....

• Plan 2 : ....

• Plan 3 : c. des verres en gros plan

• Plan 4 : ....

• Plan 5 : ....

• Plan 6 : ....

a. un passage couvert – **b.** l'intérieur d'un café – **c.** des verres en gros plan – **d.** un dessin sur une nappe en papier – **e.** un gros plan sur le personnage – **f.** un gros plan sur le garçon de café.

2. À votre avis, ce « Talent de vie » est...?

❏ une artiste ❏ une dessinatrice de mode ❏ une « prof » de dessin

❏ une amie du garçon de café ❏ une galeriste ❏ un peintre

❏ un pilier de bistrot[1] ❏ une touriste ❏ une Parisienne

1. En langage familier, se dit de quelqu'un qui passe une grande partie de son temps dans les cafés, un bistrot étant un café « sympa » où se retrouvent les habitués du quartier ou « du bistrot ».

3. Relevez toutes les couleurs des dessins.

....

....

....

4. À votre avis, avec quoi peint cette femme ?

....

....

🔊 **Visionnez le reportage avec le son.**

5. Avez-vous compris avec quoi elle peint ? Quelles sont les boissons qui sont nommées ?

....

....

6. Écoutez bien le récit fait par Martine et racontez à votre tour comment lui est venue l'idée de peindre avec des boissons.

....

....

....

....

....

....

Quelques mots pour vous aider : de la grenadine, la transparence, tout à coup...

7. Quels sont les outils du peintre ?

Relevez dans le texte de la journaliste les mots employés :

a. ....   **b.** ....   **c.** ....

Ce qui est original avec Martine, c'est que sa toile, c'est .... !

8. Comment Martine regarde-t-elle le quotidien ?

....

....

9. Elle dit : « d'une façon hyper-chouette »...

Cet animal nocturne « la chouette » a donné naissance à un emploi figuré d'un adjectif familier que les Français emploient très souvent.

« **C'est chouette !** » signifie ❑ **a.** « c'est sympa ! »

❑ **b.** « c'est gentil ! »

❑ **c.** « c'est extraordinaire ! »

❑ **d.** « c'est bon ! »

❑ **e.** « c'est fou ! »

❑ **f.** « c'est beau ! »

🔇 Visionnez le reportage sans le son.

1. Mettez en ordre les différents lieux vus à l'écran (de 1 à 5).

a. La salle à manger de la ferme

b. Le sommet d'une colline

c. Le seuil de la porte d'entrée de la ferme

d. La photo de famille sur le pas de la porte de la ferme

e. L'arrivée du motard

1. b. – **2.** .... – **3.** .... – **4.** .... – **5.** ....

2. Parmi les photos, cochez ce que vous avez vu.

❏ un baptême   ❏ un défilé   ❏ un mariage   ❏ des femmes   ❏ des hommes

❏ des enfants   ❏ des travaux des champs   ❏ des bérets   ❏ une casquette

3. À votre avis, cet homme à moto qui va chez les gens, est-il...?

❏ un facteur   ❏ un employé de la Sécurité sociale   ❏ un gendarme

❏ un percepteur d'impôts   ❏ un médecin   ❏ un curé   ❏ un maire de village

❏ un photographe   ❏ un journaliste   ❏ un cousin de la famille

4. Apporte-t-il avec lui...?

❏ de la joie   ❏ de la tristesse   ❏ de l'argent   ❏ des soucis

❏ de la gaieté   ❏ du bonheur   ❏ de la nostalgie   ❏ des fruits   ❏ des légumes

5. Les personnes que vous voyez à l'image, à votre avis, sont-elles...?

(Plusieurs réponses sont possibles.)

❏ des paysans   ❏ des ouvriers   ❏ des marins   ❏ des vieux

❏ des montagnards   ❏ des agriculteurs   ❏ des pêcheurs   ❏ des travailleurs

🔊 Visionnez le reportage avec le son.

1. Dites les phrases qui sont vraies.

❏ **a.** René a une très grande famille qu'il aime prendre en photo.

❏ **b.** Il fait un livre d'histoire régionale et recherche les vieilles photos d'autrefois.

❏ **c.** Il a décidé de faire un album de photos pour chaque village de sa région.

❏ **d.** Il prête ses photos à ses amis.

❏ **e.** René aime collectionner les détails de la vie quotidienne.

❏ **f.** Pour lui, ce sont les grands hommes qui font les grandes nations.

❏ **g.** Pour lui, les petites gens sont les vrais grands hommes.

❏ **h.** René trouve que la vie quotidienne du passé est plus riche que celle d'aujourd'hui.

❏ **i.** Il estime que ces photos sont dignes d'être gardées pour l'histoire de sa région.

❏ **j.** René n'est pas aimé parce qu'il prend les photos de famille.

7. Écrivez la phrase-clé du reportage qui indique le rôle positif joué par René auprès de ces gens.

....

8. Lexique.

« Ce sont tous ces petits secrets <u>mis bout à bout</u> qui <u>forgent</u> l'histoire quotidienne de tous ces paysans, de tous ces marins. »

• « Mettre bout à bout » signifie :

❏ additionner   ❏ mettre ensemble   ❏ soustraire   ❏ aller au bout de l'histoire

• « Forger » signifie :

❏ façonner   ❏ forcer   ❏ raconter   ❏ fournir   ❏ construire

9. Et vous, qu'en pensez-vous ?

❏ Il est important de garder des images du passé, de sauvegarder les vieilles choses, les souvenirs, les histoires passées.

❏ Cela est inutile car « le passé est le passé » et il est bon d'en faire table rase pour regarder l'avenir ?

....
....
....
....
....

▧ **Visionnez le reportage sans le son.**

1. Regardez bien les plans.

• **Où pensez-vous que se passe ce reportage ?**

❏ en France ❏ au Maroc ❏ en Algérie

• **Dans quel lieu précis ?**

❏ dans une usine ❏ dans une salle des fêtes ❏ dans une grande maison

❏ dans un restaurant ❏ dans un salon d'un grand hôtel

• **À quelle occasion ?**

❏ pour célébrer un anniversaire ❏ un mariage ❏ un méchoui

❏ fêter une fête nationale ❏ une réunion de famille ❏ un bal

• **Portrait du « Talent de vie présenté ».**

❏ un chef d'entreprise ❏ un responsable de club de vacances

❏ un animateur de soirée dansante ❏ un père de famille

❏ un grand cuisinier ❏ un responsable religieux ❏ un guide touristique

3. Visionnez une autre fois le reportage sans le son et regardez les personnes qui sont filmées avec le personnage principal. Qui sont-ils ?

❏ des employés ❏ des amis ❏ des invités ❏ des voisins

❏ des touristes ❏ des membres d'une grande famille

❏ des habitués du restaurant

4. Imaginez la situation et faites votre commentaire en faisant des arrêts sur image pour justifier votre point de vue.

....

....

....

◁)) **Visionnez le reportage avec le son.**

5. Après avoir visionné une fois le document avec le son, faites le portrait de ce « Talent de vie » (nom, nationalité, profession, activités).

....

....

....

6. Est-il riche ? Relevez les expressions employées par la journaliste et par le personnage lui-même qui justifient votre réponse.

- **Expression 1.** Il est ....

- **Expression 2.** Il dit : « il y a un proverbe qui dit .... »

- **Expression 3.** Il organise ....

7. Pourquoi ce personnage organise-t-il ces fêtes ?

❏ par appât du gain   ❏ par goût du partage   ❏ par amour des autres

❏ par goût de la bonne cuisine   ❏ par amitié   ❏ par altruisme

❏ par humanisme   ❏ par désir de mieux connaître ses voisins   ❏ par charité

❏ par bonté   ❏ par sens de la famille

8. Ce personnage emploie une expression « branchée » du français parlé.

Il dit : « Quand je vois les gens se rassembler, discuter, <u>faire la tchatche</u>... ça me fait plaisir ! »

À votre avis, que signifie cette expression ?

Faire la tchatche = ❏ **a.** « parler en riant »

❏ **b.** « parler beaucoup »

❏ **c.** « faire la tête »

❏ **d.** « baratiner »

❏ **e.** « parler pour ne rien dire »

❏ **f.** « mentir »

9. Lexique : « il adore aider les autres à sortir de leur routine ! »

Cette expression signifie ❏ **a.** sortir des sentiers battus

❏ **b.** changer leurs habitudes

❏ **c.** sortir de la route autorisée

❏ **d.** changer de direction

🔊 **Visionnez le reportage avec le son.**

1. Après avoir visionné le reportage une première fois, cochez ce qui vous semble correspondre à ce que vous avez vu et entendu.

a. Où François exerce-t-il son talent ?

❏ en forêt   ❏ dans les champs   ❏ dans la nature

❏ au bord des bois   ❏ à la campagne   ❏ en montagne   ❏ en grande banlieue

b. Avec qui François travaille-t-il ?

❏ avec des paysans   ❏ avec des agriculteurs   ❏ avec des artistes

❏ avec des étrangers   ❏ avec des amis   ❏ avec sa famille

❏ avec des poètes   ❏ avec des bûcherons   ❏ avec des écologistes

c. Que réalise-t-il ?

❏ des installations   ❏ des sculptures monumentales   ❏ des œuvres d'art éphémères

❏ des relations   ❏ des poèmes visuels   ❏ des souvenirs de forêt

2. Après avoir visionné le reportage une deuxième fois, jouez le rôle de François et répondez aux questions d'une journaliste venue le rencontrer sur son terrain d'élection : la nature.

a. *La Journaliste :* « Aimez-vous vivre à la campagne ? »

François : « .... »

b. *La Journaliste :* « Quel est votre plus grand rêve ? »

François : « .... »

c. *La Journaliste :* « Qui invitez-vous pour réaliser ce spectacle grandeur nature ? »

François : « .... »

d. *La Journaliste :* « Qu'est-ce qui vous pousse à agir ainsi ? »

François : « .... »

e. *La Journaliste :* « Ce désir de faire se rencontrer des gens qui n'ont rien en commun vous semble utile ? »

François : « Utile non, mais .... »

La Journaliste : « Je vous remercie, grâce à vous, l'art rencontre la nature ! »

3. À vous de compléter le texte de la journaliste tel qu'elle l'a écrit pour « Talent de vie ».

François aime .... la campagne à la poursuite de ses rêves.

Et quand il les atteint, c'est pour devenir .... d'un spectacle

grandeur nature.

François .... des artistes du monde entier à partager le quotidien des

....

De leurs échanges naît .... qui fait plaisir à voir. C'est dans ces

moments .... que François trouve ....

Grâce à François, l'imagination a le champ libre.

4. Écoutez attentivement ce que dit François et écrivez le mot de registre familier employé par lui.

« Le plaisir de faire danser ensemble des artistes et une population qui n'a pas l'habitude de rencon-

trer des artistes ; c'est .... qui pour moi est extraordinaire ! »

• Que pourriez-vous dire à la place de ce mot, en registre standard ?

❏ un événement   ❏ une occasion   ❏ une chose rare   ❏ un sentiment

❏ un bonheur   ❏ une sensation   ❏ une expérience   ❏ un moment

🔇 **Visionnez le reportage sans le son, une première fois, pour le plaisir.**

1. Regardez le reportage une deuxième fois en faisant des arrêts sur image plan par plan.

Notez les insectes différents que vous voyez en vous aidant du tableau ci-dessous : essayez de reconnaître ceux qui piquent et ceux qui ne piquent pas.

Plan	Insecte	Pique	Ne pique pas
1	la sauterelle		
2	une abeille		
3	un bourdon		
4	un criquet		
5	une mante		
6	une araignée		
7	une mouche		
8	un scarabée		
9	un papillon		

🔊 **Regardez le reportage une troisième fois mais avec le son.**

2. Répondez aux questions suivantes :

a. Hugues a-t-il du plaisir à chercher ces insectes ?

....

b. Combien d'espèces d'insectes la France compte-t-elle ?

....

c. Hugues a-t-il perdu son enthousiasme à force d'observer la nature ?

....

3. Relevez les métaphores et les expressions idiomatiques qui essaiment le texte très bien écrit de la journaliste.

a. Métaphores

sens concret   *sens abstrait, métaphorique*

• l'araignée tisse sa toile   Hugues ....

• le bourdon pique   Hugues ....

b. Expression idiomatique

« il prendrait vite la mouche »

• **sens concret :** attraper vite une mouche avec le filet ou avec la main

• **Quel est le sens métaphorique ?**

❏ **a.** il partirait vite si vous lui dites ne pas aimer les insectes.

❏ **b.** il se vexerait si vous n'aimez pas sa passion.

❏ **c.** il goberait[1] une mouche comme on gobe un œuf !

❏ **d.** il se fâcherait si vous n'êtes pas comme lui passionné par la vie des insectes.

1. Gober = avaler d'un trait sans mâcher.

4. Recherchez dans le texte en le réécoutant les mots employés pour signifier :

(les mots suivent l'ordre du texte)

a. un plaisir **énorme**　　　　　　　　　un plaisir ....

b. son **admiration**　　　　　　　　　　son ....

c. son désir de connaissance　　　　　sa ....

d. toute **cette quantité** d'insectes　　tout ce .... d'insectes

e. son savoir **convainc** tous ceux qu'il entraîne　　son savoir .... de....

f. ses petites **bêtes**　　　　　　　　　ses petites ....

5. Reformulez la phrase suivante telle que Hugues l'a dite :

Même si j'ai vu cinquante fois une mante attraper une abeille, à chaque fois je suis ébahi (étonné, surpris).

« .... »

6. La « petite morale » de ce « Talent de vie » est : « Pas le genre à avoir le bourdon, Hugues ! »

Cette expression idiomatique signifie :

❏ **a.** Hugues n'est pas le genre de garçon à s'ennuyer.

❏ **b.** Hugues n'est pas le genre de garçon à faire du bruit comme un bourdon !

❏ **c.** Hugues n'est pas le genre de garçon à tuer un bourdon.

❏ **d.** Hugues n'est pas du genre à tuer les insectes.

🔇 **Regardez le reportage sans le son.**

1. Cochez ce que vous avez vu sur les photos.

❏ un clocher   ❏ un escalier en pierre   ❏ un gratte-ciel   ❏ une rivière

❏ une église   ❏ une rue en pente   ❏ un ciel orageux   ❏ une vieille maison

❏ un chien   ❏ un réverbère   ❏ un lampadaire   ❏ un lac   ❏ une forêt

❏ une poubelle   ❏ une rampe d'escalier   ❏ la butte Montmartre à Paris

❏ un arbre   ❏ un papillon   ❏ une petite fille   ❏ une vieille dame

2. Quels sont les verbes que vous emploieriez pour dire ce que fait ce personnage ?

❏ il coupe   ❏ il colle   ❏ il compose   ❏ il recompose   ❏ il photographie

❏ il additionne   ❏ il efface   ❏ il change   ❏ il dessine   ❏ il manipule

❏ il attend

❏ il transforme   ❏ il s'amuse à…   ❏ il imagine   ❏ il rêve   ❏ il marche

❏ il s'arrête   ❏ il découvre   ❏ il regarde   ❏ il règle son objectif

❏ il cadre   ❏ il saisit dans son objectif le monde   ❏ il fait un tableau

❏ il recadre   ❏ il casse   ❏ il jette   ❏ il ne parle pas   ❏ il vit tout seul

3. Savez-vous comment s'appelle ce genre de travail artistique ?

❏ des photos-collages   ❏ des photos-coupées   ❏ des photos-montages

Connaissez-vous le mouvement artistique du début du XXᵉ siècle qui a pratiqué les collages photographiques ?

....

4. Quelle est la photo que vous trouvez la plus réussie ? Faites un arrêt sur image pour la montrer à la classe et expliquez pourquoi vous l'avez choisie.

🔊 **Visionnez le reportage avec le son.**

5. Après une première écoute, répondez à ces trois questions :

a. Quelles sont les qualités de Christian ?

....

b. Christian expose-t-il ses images ou bien les offre-t-il en cadeau ?

....

c. Christian aimerait-il vivre ailleurs ?

....

6. Cherchez les synonymes de :

a. Il y a belle lurette

b. Ses atouts

c. Une grande modestie

d. Voir le monde à sa façon

(1) Ses qualités

(2) Une grande simplicité

(3) Voir le monde comme il le sent

(4) Il y a bien longtemps

7. Christian, à votre avis, est-il heureux ?

Justifiez votre réponse en faisant référence à ce qu'il dit à la fin de l'entretien avec la journaliste.

....

....

....

8. La dernière phrase du reportage est : « Quelle belle perspective ! »

Selon vous, cela veut dire : ❏ **a.** Christian a un bel avenir devant lui.

❏ **b.** Il compose des photos avec de belles perspectives.

❏ **c.** Il peut continuer ainsi et avoir confiance en lui.

❏ **d.** Je suis admirative de son travail !

🔇 Visionnez le reportage sans le son.

1. Où se passe ce reportage ?

❏ en Bretagne

❏ dans une carrière[1] de pierres

❏ dans un village de Gaulois

❏ dans un club de vacances

❏ dans une communauté de hippies

❏ en plein air

❏ chez des artistes alternatifs

❏ dans une colonie de vacances

1. Une carrière est un lieu naturel d'où l'on extrait des blocs de pierre.

2. Qui sont les deux personnages de ce « Talent de vie » ?

❏ des animateurs du lieu

❏ des sculpteurs

❏ un couple d'exposants

❏ des étudiants des Beaux-Arts

❏ des gens du cirque

❏ des forains

❏ un couple de copains

❏ des artistes

❏ de jeunes agriculteurs

3. Cochez ce que vous reconnaissez avoir vu.

❏ une palissade en bois

❏ un cercle de pierres dressées

❏ un feu de camp

❏ un garçon qui joue de la guimbarde[1]

❏ une tour en fer

❏ un chien

❏ un filet

❏ des blocs de pierre

❏ un escalier en plâtre

❏ une énorme serrure

❏ des tentes

❏ des accrochages

❏ un champ

❏ des enfants

❏ un cheval

❏ un bois

1. Une guimbarde est un petit instrument de musique, métallique, rudimentaire que l'on place devant la bouche pour en faire sortir un son proche de celui d'une corde de guitare.

🔊 Visionnez le reportage avec le son.

4. Après avoir écouté le commentaire de la journaliste, pouvez-vous dire quelle est la forme géométrique qui symbolise leur idée ?

5. Relevez les mots qui expriment leur idée.

a. Ils se façonnent un monde ....

b. « l'idée du .... , c'est déjà ....
....

c. Dans leur .... de l'amitié règne une magie douce.

6. Ces jeunes créateurs ont-ils la volonté de faire des œuvres qui durent ?

....

7. La « petite morale » de la fin du reportage dit : « difficile de rester de pierre devant une telle énergie ».

Que veut dire « rester de pierre » qui est une variante de « rester de marbre », le marbre étant la plus belle des pierres ?

❏ **a.** Difficile de ne pas être ému.

❏ **b.** Difficile de rester debout à côté de la pierre.

❏ **c.** Difficile de toucher la pierre.

❏ **d.** Difficile de ne pas réagir face à une telle énergie.

▧ Visionnez le reportage sans le son.

1. Où se passe ce reportage?

Cochez ce qui vous semble correspondre à ce que vous avez vu.

❑ dans un jardin   ❑ dans un potager   ❑ dans un paradis de verdure

❑ dans un jardin anglais ❑ dans un verger   ❑ dans un parc

2. Qui est le personnage de ce « Talent de vie »?

Plusieurs réponses sont possibles.

❑ une mère de famille   ❑ une femme « jardinier »   ❑ une fleuriste

❑ une cuisinière   ❑ une spécialiste des légumes ❑ une horticultrice

❑ une maraîchère   ❑ une arboricultrice   ❑ une botaniste

3. Que cultive-t-elle?

Plusieurs réponses sont possibles.

❑ des fleurs   ❑ des légumes   ❑ des épices   ❑ des plantes potagères

❑ des plantes   ❑ des primeurs   ❑ des fruits

◀))) Visionnez le reportage avec le son.

4. Après une première écoute, répondez aux questions suivantes :

a. Comment s'appelle cette femme? ....

b. Mange-t-elle de la viande? ....

c. Combien a-t-elle de variétés de légumes et d'aromates autour d'elle? ....

d. Quelle est sa spécialité? ....

5. Après une deuxième écoute.

La journaliste emploie un lexique approprié à la situation : cherchez les synonymes.

a. avoir la main verte   (1) les goûts

b. avoir une passion dévorante   (2) elle fait pousser plein d'idées

c. elle fait germer plein d'idées   (3) de petits plaisirs

d. les saveurs   (4) avoir le don de faire pousser les plantes

e. de menus plaisirs   (5) avoir une grande passion

6. Faites le résumé écrit de ce reportage.

Josiane a la .... Voilà qui tombe bien puisqu'elle

est ....

Elle a .... pour ....

Elle fait .... plein d'idées. Les ....

qu'elle découvre sont multiples. Elles sont de .... plaisirs qu'elle

souhaite partager.

7. La dernière phrase du reportage est : « Et ça, c'est pas des salades... »

Il y a un jeu de mots sur le mot « salade ».

• Au sens concret, « une salade » c'est un légume vert.

• Au sens métaphorique (et de registre familier), dire à quelqu'un : « ce que tu dis, ce sont des salades », cela signifie que ce qui est dit est faux, ce sont des mensonges, des balivernes !

Ici, ce ne sont pas des salades, c'est-à-dire que c'est vrai !

Employez cette expression à votre tour en jouant une scène avec un de vos camarades. Imaginez la situation « dans un jardin », pourquoi pas ?

Regardez le reportage sans le son.

1. Où a été filmé ce reportage ?

❑ en France

❑ dans une galerie de peinture

❑ dans un atelier

❑ dans un appartement

❑ dans un village africain

❑ en Afrique

❑ dans une grande famille africaine

❑ dans la savane

❑ dans une communauté africaine

❑ dans une ville africaine

2. À l'occasion de quel événement ?

❑ un mariage   ❑ une fête rituelle africaine   ❑ un anniversaire   ❑ un repas

❑ une réunion politique   ❑ un vernissage[1] d'une exposition de peinture

❑ une réunion de quartier

1. Un vernissage est le premier jour d'ouverture d'une exposition artistique.

3. Quel est le métier de ce « Talent de vie » ?

❑ peintre   ❑ ethnologue   ❑ photographe   ❑ portraitiste   ❑ mère de famille

4. Cochez ce que vous avez vu.

❑ un éléphant   ❑ des tubes de peinture   ❑ des pinceaux   ❑ un chevalet

❑ des toiles peintes   ❑ des tableaux   ❑ un modèle   ❑ un homme en boubou[1]

❑ un salon   ❑ un girafe   ❑ une case[2]   ❑ un palmier   ❑ le désert   ❑ la savane

1. Un boubou = longue tunique que portent les Africains. – **2.** Une case = maison en terre sèche.

5. À votre avis, ce « Talent de vie » vit-elle en Afrique ?

....

Justifiez votre réponse en vous servant des réponses que vous avez faites en 1, 2, 3 et 4. Discutez-en avec votre voisin.

Visionnez le reportage avec le son.

6. Un journaliste vous pose les questions suivantes et vous devez répondre à la place de Sandrine.

a. Avez-vous navigué sur le Zambèze, grand fleuve tumultueux d'Afrique ?

....

b. Êtes-vous déjà allée en Afrique ?

....

c. Aimez-vous voyager ?

....

d. Toutes vos toiles montrent l'Afrique rurale. Avez-vous des modèles africains ?

....

e. Quel est le moment où vous voyagez le plus ?

....

f. Jouez-vous du tam-tam ?

....

7. À qui Sandrine donne-t-elle ses tableaux ?

....

8. En regardant la fin du reportage, faites des hypothèses sur les personnes réunies autour de Sandrine :

❏ **a.** des collectionneurs d'œuvres d'art

❏ **b.** une association de femmes africaines en France

❏ **c.** une famille africaine qui a adopté Sandrine comme un de ses membres

❏ **d.** des amis africains qui la félicitent pour ses peintures dans lesquelles ils se reconnaissent

❏ **e.** des copains de quartier

Visionnez sans le son.

1. Cochez ce que vous avez vu :

❏ des enfants ❏ des livres de poche ❏ des BD[1]

❏ des livres d'images ❏ des tables ❏ des chaises ❏ des adolescents

❏ des adultes ❏ un homme au chapeau de cow-boy ❏ des chaises longues

❏ des arbres ❏ des fleurs ❏ des voitures ❏ des livres d'art ❏ des romans

1. Une BD = un album de bandes dessinées.

2. Le personnage de ce « Talent de vie » exerce quelle profession ?

❏ une libraire ❏ une bibliothécaire ❏ un professeur ❏ une institutrice

❏ une lectrice ❏ une propriétaire d'un café culturel ❏ une commerçante

❏ une animatrice de maison de jeunes ❏ une artiste

3. À votre avis, est-elle installée… ?

❏ dans un village ❏ une grande ville ❏ une petite ville de province

❏ un quartier de Paris ❏ une banlieue populaire ❏ une banlieue chic

4. Aime-t-elle ce qu'elle fait ? Justifiez votre réponse en vous référant à l'image choisie par vous sur la vidéo.

....

....

5. Et vous, aimez-vous lire… ?

❏ dehors ❏ allongé ❏ sur la plage ❏ dans un fauteuil

❏ avec un ami ❏ tout seul dans votre chambre ❏ dans le train ❏ dans le train

Que lisez-vous ?

❏ des BD ❏ des romans ❏ des journaux ❏ des livres d'amour

❏ des livres de science-fiction ❏ des romans policiers ❏ des romanciers français

Visionnez le reportage avec le son.

6. Comment pourriez-vous définir Dominique ?

❏ une libraire ❏ une amoureuse des livres ❏ madame portes-ouvertes

❏ une femme altruiste ❏ une passionnée de lecture ❏ une femme qui partage

❏ une excentrique ❏ une idéaliste ❏ une personne généreuse

7. Résumez en une phrase l'idée-force de Dominique.

Elle a inversé le rapport lecteur-livre :

« .... »

8. Est-ce que Dominique veut arrêter de partager des livres avec les autres?

....

9. Cherchez dans le document les mots employés par la journaliste pour parler de :

a. la qualité des conseils de Dominique

....

b. le dynamisme de Dominique

....

c. les toquades, les admirations de Dominique

....

10. Écoutez bien l'intonation de la dernière phrase dite par la journaliste : « Allez, prêtez-m'en un ! »

Qu'exprime cette intonation?

Elle souligne : ❏ **a.** le désir d'avoir un livre

               ❏ **b.** le pardon

               ❏ **c.** la demande affective

               ❏ **e.** l'amusement

🔊 **Visionnez le reportage avec le son.**

1. Regardez et écoutez. Cochez le nom de la voiture à cheval que vous avez vue à l'image.

❏ un char à banc   ❏ un carrosse   ❏ une calèche

❏ une charrette   ❏ un char à foin   ❏ un fiacre

2. Cochez ce que vous avez vu.

❏ une rivière   ❏ un marteau   ❏ une roue

❏ un essieu   ❏ une burette de mécanicien   ❏ un fouet

❏ une jument   ❏ un cheval   ❏ une barque

❏ un chien   ❏ des poules   ❏ un chat

3. Regardez bien le reportage et écoutez le texte. Cochez votre réponse.

a. À votre avis, un cheval ou une jument…

❏ marche   ❏ trotte   ❏ galope   ❏ court

b. … et il/elle a :

❏ des pieds   ❏ des sabots   ❏ des jambes   ❏ des pattes   ❏ un dos

❏ des oreilles   ❏ des cheveux   ❏ une crinière   ❏ une peau   ❏ un pelage

❏ une robe   ❏ une queue   ❏ une croupe

c. Et on l'harnache[1] avec…

❏ un harnais   ❏ des rênes   ❏ des œillères   ❏ un mors

d. Et comment s'appelle la personne qui le conduit ?

❏ un conducteur   ❏ un cow-boy   ❏ un cocher   ❏ un cavalier

1. Harnacher un cheval = équiper un cheval pour le monter ou pour travailler avec lui dans le cadre des travaux des champs ; autrefois les chevaux tiraient les charrues, aujourd'hui ils sont remplacés par les tracteurs.

4. Complétez le texte dit par la journaliste en vous aidant des expressions synonymes proposées.

• **Cherchez les correspondances.**

a. aller à bonne allure   (1) avoir un sujet favori

b. avoir un cheval de bataille   (2) merveilleux

c. s'atteler[1] à un travail   (3) être calme

d. fabuleux   (4) commencer un travail avec courage

e. être tranquille   (5) marcher assez vite

1. On attelle le cheval quand on l'attache à la voiture ou à la charrue.

• **Complétez le texte.**

Christophe est un homme ………………………………… qui va …………………………………………

Son ………………………………… à lui, c'est le bonheur qui ……………………………… (*cf.* 3.a.)

à l'ancienne…

Dès qu'il le peut, il ……………………………………… à la restauration de vieilles calèches…

5. Christophe aime faire plaisir aux autres. Relevez deux expressions dites par lui qui le prouvent :

a. « ……………………………………………………………………………………………………… »

b. « ……………………………………………………………………………………………………… »

6. Vous voulez faire une promenade avec Christophe, qu'est-ce que vous lui demandez ? Cochez toutes les possibilités.

Christophe, je voudrais faire…

❏ un tour de manège   ❏ un tour de village

❏ un tour d'attelage   ❏ un tour en calèche

❏ une balade en calèche   ❏ une randonnée à cheval

7. La journaliste dit : « il partage son "dada" en promenant sa famille et tous ses amis ». Connaissez-vous les différents sens de ce mot « dada » ?

À votre avis, « un dada » c'est :

❏ un cheval en langage pour les enfants (registre familier)

❏ un vieux cheval attelé à une vieille carriole

❏ un hobby (en anglais), un violon d'Ingres (en français)

❏ une passion

❏ un cheval de bataille

❏ un papa si vous parlez comme un enfant anglais

❏ un mouvement surréaliste dont Salvador Dali est un célèbre représentant

🔊 **Visionnez le reportage sans le son.**

1. Regardez attentivement le personnage de ce « Talent de vie » et le décor du reportage et répondez aux questions.

a. Cette femme est-elle costumée ? ❏ oui ❏ non

b. Avez-vous vu à l'image des objets appartenant au passé ? ❏ oui ❏ non

2. Cochez les objets du passé que vous avez vus.

❏ une cruche ❏ un char ❏ des paniers en osier

❏ un fichu ❏ une robe longue en gros drap ❏ un pot dans un feu de bois

❏ une grande scie à main ❏ une hutte ❏ un chevalier ❏ un cor

❏ un château fort ❏ Astérix le Gaulois[1] ❏ une belle dame du temps jadis

1. Astérix est un héros gaulois d'une bande dessinée créée par Uderzo et Goscinny.

3. Que prépare cette femme à l'allure de...

Choisissez le mot qui vous semble convenir pour caractériser ce personnage.

❏ de jardinière ❏ de sorcière ❏ de grand-mère

❏ de cuisinière ❏ de fée ❏ de châtelaine[1]

1. Autrefois, un châtelain, une châtelaine étaient les habitants, les propriétaires du château.

🔊 **Visionnez le reportage avec le son.**

4. Alors, que prépare-t-elle ? Cochez les mots entendus.

❏ de la potion[1] magique ❏ un breuvage[2] ❏ une boisson empoisonnée

❏ de la soupe ❏ un philtre d'amour ❏ un bouillon de légumes

1. Une potion est un médicament liquide préparé selon une ordonnance médicale et destiné à être bu. – **2.** Le mot « breuvage » est un mot ancien qui date du XVIe siècle. Il est de la famille du verbe « boire » et signifie : boisson d'une composition spéciale ou ayant une vertu particulière.

5. À votre avis ? Est-elle une sorcière ou une bonne fée ?

....

6. Écoutez bien Françoise : elle fait des soupes de quel siècle ? Cochez votre réponse.

❏ du XVIe siècle ❏ du XIIIe siècle ❏ du XIe siècle

7. Relevez dans le document les mots qui se réfèrent à cette époque ancienne.

Autrefois, pour Françoise, les légumes étaient meilleurs...

Synonymes des mots dits dans le reportage

autrefois — *dans un autre temps*

a. les goûts d'avant ....

b. un lieu de construction moyenâgeux ....

c. madame la soupe ....

d. sa soupe ....

e. aux femmes nobles ....

f. aux hommes bien nés ....

8. Est-ce que ces amis qui aiment revivre avec elle cette époque du Moyen Âge apprécient ses soupes aux saveurs anciennes ?

Que dit le petit garçon ? « .... »

Que dit Françoise ? « Quelquefois, on me dit : "Mais ....

.... ? Est-ce que tu es sûre que .... ?"

Mais, une fois, qu'on .... , elle est

.... »

9. Jeux de lexique avec le mot « pot ».

Ce mot est un vieux mot de la langue française. Il était fort utilisé autrefois puisqu'il servait à contenir toutes sortes de liquides et d'aliments. Il a donné naissance à de nombreuses expressions idiomatiques très utilisées encore en 2003.

Classez les phrases suivantes selon les différents sens du mot « pot » :

a. Tu viens, on va prendre un pot.

b. Manque de pot !

c. J'ai eu du pot !

d. Arrête de tourner autour du pot !

e. J'ai fait une erreur, je dois maintenant en payer les pots cassés !

f. Tu es sourd comme un pot ou quoi ? Tu n'entends pas ce que je te dis ?

g. C'est dans les vieux pots qu'on fait les bonnes soupes !

Phrases

(1) « Pot » a le sens de « chance » ....

(2) « Pot » a le sens de « verre » **a.**

(3) « Pot » a le sens de « conséquences » ....

(4) « Pot » a le sens de « personnes âgées » ....

(5) « Pot » a le sens de « sujet » dans une conversation ....

Visionnez le reportage sans le son.

1. Où sommes-nous avec ce « Talent de vie »?

❏ dans une bibliothèque   ❏ dans un bureau   ❏ dans un laboratoire   ❏ dans un salon

2. Chez qui sommes-nous?

❏ chez un écrivain   ❏ chez un collectionneur   ❏ chez un explorateur

❏ chez un ethnologue   ❏ chez un libraire   ❏ chez un voyageur

❏ chez un géographe   ❏ chez un professeur d'histoire   ❏ chez un chimiste

Notez les pays dont les noms apparaissent à l'écran :

....

....

3. À votre avis, que manipule ce personnage?

❏ du sel   ❏ de la poudre   ❏ du sable

4. Regardez le visage et les gestes de ce personnage. A-t-il l'air...

❏ heureux   ❏ triste   ❏ calme   ❏ nerveux

❏ distrait   ❏ attentif   ❏ délicat   ❏ brute

❏ soucieux   ❏ apaisé   ❏ sensible   ❏ insensible

❏ habile   ❏ maladroit   ❏ rêveur   ❏ concret

Visionnez le reportage avec le son.

5. Après la première écoute, pouvez-vous dire qui est Patrick?

❏ un doux rêveur   ❏ un collectionneur   ❏ un magicien un peu fou

6. Retrouvez les mots du reportage pour :

a. Il garde avec soin : ....

b. ses échantillons de sable : ....

c. Il tourne les pages de ses livres : ....

Écrivez toute la phrase dite :

Il y ....

7. Testez votre compréhension, répondez par oui ou par non.

	Oui	Non
a. Patrick a-t-il voyagé en Afrique ?	❏	❏
b. A-t-il touché le sable du Maroc ?	❏	❏
c. Est-il allé sur la Lune ?	❏	❏
d. Est-il un marchand de sable ?	❏	❏
e. Est-il très malheureux de rester chez lui ?	❏	❏

8. Donnez deux synonymes de « pays » dits par la journaliste.

a. .... – **b.** ....

9. Connaissez-vous la référence culturelle « au marchand de sable » ?
Que veut dire cette expression familière : « après le passage du marchand de sable » ?
Cochez les bonnes réponses.
Cela veut dire que :
❏ **a.** Il est temps d'aller se coucher.
❏ **b.** Les enfants ont sommeil, les yeux leur piquent.
❏ **c.** C'est le temps d'aller travailler.
❏ **d.** Le marchand n'a rien vendu.
❏ **e.** Il est trop tard pour travailler.
❏ **f.** C'est la nuit, tout est calme.

10. Parmi ces définitions de « sable », quelles sont celles que vous avez entendues ?
Le sable, c'est...
❏ **a.** des grains de folie
❏ **b.** un ensemble de petits grains minéraux séparés, recouvrant le sol
❏ **c.** une poudre magique
❏ **d.** du quartz

11. Ce mot « sable » a donné naissance à des expressions françaises riches de signification.
Trouvez la correspondance :
Ex. : *un manteau sable = un manteau couleur sable (= beige grisé très clair)*

a. sabler le champagne	(1) engager une action inutile
b. être sur le sable	(2) boire du champagne en abondance lors d'une fête
c. semer sur le sable	(3) petit gâteau sec à pâte friable
d. un sablé	(4) se retrouver sans argent

Visionnez le reportage sans le son.

1. Dans quelle ville est filmé ce reportage ?

❑ Marseille ❑ Lyon ❑ Nantes ❑ Paris

2. Qui est le personnage de ce « Talent de vie » ?

❑ une championne de ski ❑ une sportive ❑ une grande sœur et son petit frère

❑ une mère et son fils ❑ une patineuse à glace ❑ une femme pressée

❑ une championne de patinage artistique ❑ une écologiste

3. Mettez en ordre ces plans vus à l'écran.

	Plans
a. un gros plan sur le personnage	....
b. un passage sans voiture	....
c. le long du fleuve	....
d. un papa africain avec sa poussette	....
e. le bouclage de la chaussure de roller	1
f. un arrêt de bus	....
g. des grandes vitrines de magasins	....
h. la sortie de l'école	....

4. Est-ce que dans votre ville, il y a aussi beaucoup de personnes qui font du roller pour se déplacer, faire leurs courses ?

....

Visionnez le reportage avec le son.

5. Après une première écoute. Répondez aux questions.

a. Qui sont ces deux personnes ? ....

b. Comment s'appellent-elles ? ....

c. Sont-ils des sportifs de haut niveau ? ....

d. Sont-ils heureux de faire du roller ? ....

6. Après une deuxième écoute. La journaliste compare la ville à un élément de la nature. Cochez ce qui vous semble juste.

Tout d'abord, la ville est comparée à :

❏ la mer   ❏ un fleuve   ❏ un océan

puis la jeune femme est comparée à :

❏ un prince   ❏ un dauphin   ❏ un poisson

7. Pourquoi la jeune femme se déplace-t-elle en roller ?

....

....

8. Stanislas aime-t-il faire les courses avec sa mère ?

....

9. Donnez les deux mots-clés dits par Adeline qui prouvent que faire du roller est bon pour les relations familiales :

....

....

10. Mots positifs liés à la pratique du roller :

ex. : *sources de bien-être*

....

....

....

Mots négatifs liés à la vie quotidienne urbaine :

ex. : *les contraintes du quotidien*

....

....

....

11. Que pensez-vous de ce mode de locomotion dans les villes ?

❏ Êtes-vous pour un environnement urbain favorisant la circulation des rollers, des patinettes, des planches à roulettes (skates) ?

❏ Au contraire, pensez-vous qu'il faut l'interdire ?

....

....

Corrigé des activités des fiches vidéo

● **Fiche vidéo p. 164-165**

Jojo : La buvette à roulettes

1. un bateau roulant – un garage – un bar roulant – des drapeaux – un capitaine – une voiture.

2. des champs – des hangars – des arbres – des vignes – des maisons.
La région est fort probablement le sud de la France ou du moins une région où il y a des vignes. Montrer aux étudiants une carte de la France avec les régions vinicoles les plus connues.

3. Les réponses des étudiants sont nécessairement des hypothèses liées à la compréhension de l'image. Les faire argumenter sur leurs réponses.

4. Le véhicule insolite : le bateau roulant.
L'autre véhicule insolite : le bar roulant.

5. *La Belle Julie.*

6. Vous laisserez les étudiants choisir les adjectifs qui leur semblent qualifier le mieux ce personnage. Cela sera l'occasion d'affiner la valeur énonciative et sémantique des adjectifs, par exemple entre « loufoque » et « fou » (non donné) ou encore entre « astucieux » et « bricoleur ».

7. Jojo.
Remarque : En français parlé, dans un registre familier, quand on dit de quelque chose : « ce n'est pas jojo », cela veut dire que cet objet n'est pas joli ! (« jojo » est l'abréviation de « joli »).
Vrai → a. (il aime surprendre) – b. (Jojo embarque ses amis).
Faux → c. (il adore tout ce qui roule) – d. (il bricole ses propres véhicules à roulettes) – e. (sa dernière trouvaille n'est pas économique, au contraire, elle consomme beaucoup) – f. (il ne boit pas puisqu'il conduit).

8. Des ORNI.

9. OVNI = objets volants non identifiés (type soucoupes volantes, etc.)
ORNI = objets roulants non identifiés.

10. Correction avec la transcription.

11. Oui, bien sûr, parce que…
Non, parce qu'elle consomme beaucoup.

● **Fiche vidéo p. 166-167**

Frédéric : Sur les traces de Frédéric

*Comme ce reportage fait appel à un lexique de la campagne généralement peu connu des élèves, l'enseignant aura sans doute intérêt à **faire des arrêts sur image pour expliquer le sens des mots donnés avant** de laisser les élèves faire leur propre sélection.*

1. a. des arbres – une prairie – un bois – un bosquet – une clairière – un terrier.
b. Tous les mots proposés sont corrects et plausibles à l'exception du braconnier.
c. un blaireau.

2. Pour que les élèves jouent avec plaisir le rôle de Frédéric, laissez-leur le temps – 2 ou 3 écoutes – pour prendre des notes.
– *Frédéric 1 :* Tout à fait, je suis un chasseur d'émotions.
– *Frédéric 2 :* Mes amis me comparent souvent à un fin limier qui est doté d'un sens aigu de l'observation.
(Un limier est un grand chien de chasse employé à guetter et à détourner l'animal chassé.)
– *Frédéric 3 :* Oui, il faut passer parfois des heures à attendre avant que l'animal ne sorte !
– *Frédéric 4 :* C'est le soir, quand tout est calme…
– *Frédéric 5 :* Pour moi, c'est une grande émotion à chaque fois, je ne m'en lasse pas…

3. une fête éblouissante et unique – Ça va être extraordinaire…

4. il est aussi patient qu'il est connaisseur du monde animal / il a autant de patience pour chercher les animaux de la forêt que pour son travail scientifique / sa patience est proportionnée à sa connaissance scientifique du monde animal.

5. L'expression « une passion à coucher dehors » est ici à comprendre dans son sens propre car Frédéric couche dehors vraiment (*cf.* le sac de couchage vu à l'image), mais il sera intéressant d'expliquer le sens métaphorique de l'expression « un nom à coucher dehors » (= imprononçable).

● **Fiche vidéo p. 168-169**

Caroline : Les contes du quartier

1. Réponses libres à affiner avec la prise de parole des élèves.

2. Plusieurs propositions de réponse sont synonymes ; elles devraient favoriser une expression personnelle de l'élève pour apprendre à décrire une gestuelle.

3. Les adjectifs proposés en a. et b. sont donnés pour approfondir le lexique. N'hésitez pas à en proposer d'autres. La richesse du lexique à ce niveau de compétence est exigée de la part des élèves. Le « vous diriez ? » avec des expressions pour décrire l'embonpoint de Caroline devrait être l'occasion de travailler en classe les a priori contemporains sur la minceur des mannequins… Caroline semble être très bien dans son corps et n'est-ce pas ce qui compte prioritairement ? À développer selon l'intérêt de la classe pour cette question du « look ».

4. On profitera de cette rédaction pour travailler l'art du portrait. Pourquoi ne pas aller relire ceux de La Bruyère *(Les Caractères),* merveilleusement actuels et surtout très « formateurs » dans leur rhétorique interne (le physiologique étant en harmonie avec le psychologique ou la dimension morale du « caractère » du personnage).

5. Elle est conteuse.

6. Elle raconte des contes pour enfants mais certainement agréables à écouter pour les adultes aussi.

7. « Je pense que savoir raconter, c'est savoir écouter. »

8. Ce conte parle de coquillages, de mer, de petite sirène, de pierres posées, d'Afrique et de Maghreb.

9. Caroline essaie de ressembler à une petite fille (elle le dit), mais elle ressemble aussi à une bonne fée qui raconte de belles histoires, et aussi à une maman et à une grand-mère. Les grands-mères ne sont-elles pas, parfois, les meilleures conteuses?

10. « Les bons contes font les bons amis! » Jeu sur l'homophonie du mot « compte » du verbe « compter », ou faire les comptes de l'entreprise, et le mot « conte », de la famille de conter une histoire, raconter une histoire.
Il serait possible de continuer à travailler avec les contes traditionnels connus par les élèves, ceux de France comme ceux de leur propre pays. Le conte a une valeur morale universelle *(cf.* le livre de B. Bettelheim sur « la psychanalyse des contes de fée »).

• Fiche vidéo p. 170-171
Sylvie : Leçon de choses

1. dans un village de pêcheurs – sur une île – sur une presqu'île – au bord de l'océan Atlantique.

2. Plusieurs réponses sont possibles et comme l'image est très significative, il sera très intéressant de laisser les élèves faire des hypothèses avec des arrêts sur image.
Elle est une ostréicultrice mais rien ne permet à l'image de le savoir sauf les paniers qu'on aperçoit à un moment donné.

3. Tout sauf : un chat – un marché aux poissons – des crabes – un chien – des tableaux.

4. Résumé personnel fait par chaque élève.

5. Sylvie est ostréicultrice. Elle habite sur une presqu'île. Elle apprend aux enfants les choses de la mer et elle leur fait découvrir la nature en mangeant des huîtres.

6. Vrai → b. – e.

7. a.(2) – b.(3) – c.(4) – d.(1).
Correction avec la transcription.

8. a. Non, je n'ai jamais le vague à l'âme, j'ai toujours quelque chose à faire.

b. Oui, c'est un métier très rude, très fatigant.
c. J'aime partager avec les enfants mon amour de la mer, leur faire connaître un peu mieux la nature, la marée... ils m'apportent une chaleur affective, une communication que j'aime bien.
d. C'est amusant que vous me posiez cette question; oui, je crois que j'aurais aimé être institutrice mais ma vie s'est construite autrement.

9. Toutes les expressions sont synonymes et valables. Il faudrait les expliquer selon les nuances de registres, du plus « soutenu » (ça vous plairait?) au plus relâché (ça vous branche?).

• Fiche vidéo p. 172-173
Mathieu : Un canal, des canots

1. a. Mathieu est fils de marin. Il est parisien. Il a des enfants.
b. Ce reportage se passe près de Paris, dans l'Essonne (un plan montre « l'Écluse de Fresnes »; Fresnes est une banlieue au sud de Paris).

2. a. Sur des canaux au sud de Paris.
b. Oui, il l'a construite de ses mains.
c. C'est d'emmener famille et amis dans une grande aventure.
d. Non, il trouve que ramer, ça repose et cela fait du bien après le stress de la vie à Paris.

3. Correction avec la transcription.

5. a. naviguer – b. (1) embarquer; (2) débarquer – c. explorer – d. voguer.

• Fiche vidéo p. 174-175
Cédric : La beauté cachée des arbres

1. a. Dans le sud de la France à cause du pin parasol. Ce reportage se passe probablement à Nice.
b. Un garçon qui prend des photos et qui touche les arbres.
c. On laissera les élèves justifier leur point de vue en leur demandant de montrer à l'image leurs hypothèses.
d. Laisser dire tous les verbes qui expriment l'activité de Cédric : il touche les arbres, il les photographie, il les contemple...
e. On aura à cœur d'aider les élèves à nuancer : un bleu azur, un marron foncé, un brun rougeâtre, etc.
f. On peut reconnaître des formes de lèvres, de cœur, de nuages, etc. Laisser chaque élève imaginer ce que ces formes lui évoquent ou lui rappellent.

Avant de visionner le document avec le son, préparer la classe en distribuant les questions soit par groupe soit par élève, cela crée une dynamique d'écoute très propice au partage et stimule l'écoute. Le partage et la réponse aux questions n'en seront que meilleurs. Faire jouer le rôle du journaliste par des élèves et le rôle de Cédric par d'autres en distribuant les questions et les réponses aux uns et aux autres.

2. a. Oui, je peux passer des heures.
b. Je ne les regarde pas, je les contemple.

c. Pour moi, la beauté est partout, même au coin de la rue.
d. Oui, parfois, les gens me prennent un peu pour un martien.
e. Non, j'essaie de me mettre à la portée de tous.
f. Je les appelle des clichés.
g. Oui, certainement, je lui rends hommage comme à une princesse que l'on admire ! Certainement, oui !
h. J'y vois des paysages que personne ou presque ne soupçonne.
i. J'ai plein d'amis.
j. Oui, ils me disent que maintenant, grâce à mes photos, ils ne regardent plus les arbres comme avant.
k. Modestement, je dirais que je suis un révélateur.

3. Donner la correction au tableau en mettant les termes exacts en face de chaque partie de l'arbre.

• **Fiche vidéo p. 176-177**
Mathieu : Le monde de Mathieu

Ce reportage sur un enfant, Mathieu, qui s'amuse à faire des « œuvres d'art » d'enfant devrait se prêter à un bon travail d'observation à l'image, seule, et favoriser la créativité langagière des élèves. Ils devraient être capables d'écrire eux-mêmes, à quelques mots près, le texte proposé par la journaliste de ce « Talent de vie ».

1. à la campagne – dans un village – en sortant de l'école.

2. un petit écolier – un gamin – *un petit bonhomme au sourire merveilleux.* Cette expression est proposée aux élèves pour qu'ils créent eux-mêmes d'autres expressions personnelles de même type.

3. Le choix des réponses devrait permettre un partage sur les expressions les plus adéquates.
Note : L'art « brut » est un mouvement de l'art moderne du XXe siècle qui privilégiait le travail des matériaux bruts non retravaillés par la main de l'artiste.

4. Mathieu – 11 ans – Lieu préféré : son « usine » – Conseils écrits : ne pas toucher, merci.

5. On laissera les élèves faire leur résumé *très personnel* en fonction de ce qu'ils auront noté à l'image. Favoriser le travail à deux pour faire un résumé écrit est aussi une bonne manière de faire : cela stimule le partage et la compétence d'écrit.

6. Mathieu fabrique toutes ses petites œuvres d'art uniquement pour son plaisir.
« Sacré petit bonhomme » veut dire « surprenant ». L'adjectif placé avant le nom a un sens subjectif. S'il était placé après le nom, le sens serait objectif et il aurait un sens différent ; par exemple, dire qu'une chose est sacrée, cela signifie qu'elle doit être respectée comme quelque chose d'intouchable ou de divin (*ex.* : la vache en Inde est sacrée pour les Hindous, on n'a pas le droit de la tuer ni de la manger…).

7. Oui : « Presque tout le monde s'en réjouit ! »
Non : « Mon papy, il dit que c'est pas beau ! »

8. Raconter aux élèves l'histoire du Petit Poucet, le conte de Charles Perrault.

9. Travail ludique avec la gestuelle des mains.

• **Fiche vidéo p. 178-179**
Jean-Luc : Le semeur de paysage

1. a. Jean-Luc.
b. Il est agriculteur.
c. En élevant des vaches.

2. Réponses : c. – d.

3. a.(6) – b.(1) – c.(2) – d.(10) – e.(7) – f.(4) – g.(8) – h.(9) – i.(5) – j. (11) – k.(12) – l.(3).
On aura à cœur d'expliquer aux étudiants « conter fleurette » qui est l'ancêtre du « flirt » anglais !

4. Correction avec la transcription.

5. a.(4) – b.(2) – c.(3) – d.(1) – e.(6) – f.(5).
On ira avec profit sur le site http://www.arbustea.com qui complétera ce début de liste des sentiments dits « avec des fleurs »…

• **Fiche vidéo p. 180-181**
Bernard : L'art d'accommoder les restes

Ce « Talent de vie » demande de connaître le lexique de la « déchetterie ». Aussi serait-il plus facile pour les élèves de le connaître avant de regarder la vidéo sans le son. Faire un remue-méninges sur les mots qu'ils connaissent concernant ce problème important de la vie quotidienne : comment jette-t-on les déchets dans leur pays ? Cela pose le problème écologique du tri des ordures ménagères : plastique, verre, journaux, etc.

1. a. C'est un homme chauve, d'un certain âge. Il a le crâne dégarni : cela veut dire qu'il n'a plus de cheveux.
b. Il est bricoleur, astucieux, assez riche, très habile, actif.
c. Il fait les décharges publiques, il est sculpteur, il est peintre.

2. À mon avis, cet homme récupère les vieilles choses, les vieux meubles pour en faire des panneaux peints, il bricole…
On favorisera le travail sur l'image et la capacité des élèves à « lire » l'image et à faire des déductions.

3. Écoute différenciée. La première écoute consiste à repérer les paroles de Bernard pour comprendre son attitude « philosophique » face à la vie et par rapport aux objets qu'il fabrique.
La phrase qui résume son attitude : « Rien ne meurt. »

4. a.(5) – b.(4) – c.(1) – d.(6) – e.(7) – f.(9) – g.(3) – h.(2) – i.(8).

5. Correction avec la transcription.

6. « Savoir accommoder les restes est un art. »
« Accommoder » veut dire : rendre commode qqch qui ne l'est pas – arranger convenablement – disposer harmonieusement. On expliquera que « commode » a un sens pratique et que cet adjectif a donné naissance à beaucoup de mots et de verbes comme « une commode » (le meuble), « raccommoder une robe ou des chaussettes », « accommoder un poisson » (a le sens en cuisine de « préparer »). Dire de quelqu'un : « il est accommodant » veut dire qu'il aime chercher une conciliation, un consensus avec les autres.

• Fiche vidéo p. 182-183
Pascale : La ferraille de Pascale

1. Plan 1 : a. – Plan 2 : b. – Plan 3 : d. – Plan 4 : c. – Plan 5 : e.

2. Elle est maître de chai. Se servir de l'image pour expliquer le travail de Pascale.
Un chai (forme régionale du Poitou de « quai ») est un magasin situé au rez-de-chaussée. On y emmagasine des alcools et les vins en fûts (un fût est un gros tonneau). Synonymes de chai : une cave – un cellier.

3. Elle exerce une surveillance sur les fûts.

4. une ferrailleuse – un sculpteur.

5. Pascale se définit comme une ferrailleuse. Le masculin de ce mot est « un ferrailleur »; il vend de la ferraille. Vous pouvez travailler avec d'autres exemples le sens pas toujours péjoratif attaché au suffixe « -aille ». On dit « la marmaille » (marmot = gamin), groupe de jeunes enfants qui crient et pleurent, mais aussi la volaille, la piétaille, les victuailles, les épousailles, la mitraille...

6. Faire rechercher les expressions entendues à partir des synonymies données. Correction avec la transcription.

7. Elle les compare à des enfants puisqu'elle dit : « c'est mes bébés... »

8. Oui, la journaliste a aimé les créatures souriantes de Pascale puisqu'elle est prête à en adopter un (« bébé »).

• Fiche vidéo p. 184-185
Martine : La peinture au café

1. Plan 1 : a. – Plan 2 : b. – Plan 3 : c. – Plan 4 : d. – Plan 5 : e. – Plan 6 : f.

2. une artiste – un peintre – une Parisienne – une « prof » de dessin.

3. couleur sépia – rose (grenadine) – verte (menthe à l'eau) – marron couleur chocolat.

4. Un pinceau, quelque chose qu'elle goûte, qu'elle met à la bouche : du café peut-être, de l'eau.

5. de la grenadine, du café, un sirop de menthe, un chocolat.

6. *Récit fait par Martine :* elle était avec des enfants dans un café, ils buvaient de la grenadine. Elle a eu envie de peindre sur le papier de la table du café parce qu'elle a été émerveillée par la transparence et la belle couleur du sirop de grenadine, surtout qu'elle n'avait pas avec elle ses couleurs habituelles. C'est comme cela qu'elle a commencé à dessiner les enfants avec du sirop de grenadine !

7. a. les couleurs – b. la palette – c. le pinceau.
Ce qui est original avec Martine, c'est que le papier de la table du café lui sert de toile !

8. « Elle aime immortaliser les moments simples, ces petits détails lumineux que l'on retient toujours sans jamais vraiment savoir pourquoi. »

9. « C'est chouette » signifie :
– c'est sympa ! (d'être venus à une fête par exemple : remerciements) ;
– c'est gentil ! (de me prêter ton vélo : remerciements) ;
– c'est beau ! (ta robe, ton blouson : jugement).

• Fiche vidéo p. 186-187
René : Album de famille de village

1. 1.b. – 2.e. – 3.c. – 4.a. – 5.d.

2. Tout sauf : un baptême – un défilé – des enfants.

3. Laisser les élèves répondre selon leur déduction. Solliciter leur prise de parole en leur proposant de faire des arrêts sur image pour justifier leurs dires.

4. de la joie – de la gaieté.
Demander aux élèves de justifier leur avis avec retour sur l'image du reportage.

5. des paysans – des ouvriers – des agriculteurs – des vieux – des travailleurs.
L'image seule ne permet pas de deviner ce que révèle le texte lors de l'écoute : ce sont aussi des marins !

6. Phrases vraies : b. – c. – e. – g. – h. – i.

7. « Tous réalisent que leurs existences sont des trésors qui n'ont pas de prix... »

8. « Mettre bout à bout » : additionner – mettre ensemble.
« Forger » : façonner – construire. La métaphore du forgeron est belle car elle indique un travail difficile voire pénible pour obtenir un résultat qui peut avoir la valeur d'une œuvre d'art.

9. Cette question sur la conservation d'un patrimoine soit familial soit régional soit national nous semble intéressante à poser à ce niveau de compétence linguistique car elle demande d'argumenter son avis avec des exemples précis.

Fiche vidéo p. 188-189

Mohammed : Un cœur gros comme ça

Toutes les aides lexicales données en 1., 2., 3. et 4. devraient favoriser la prise de parole des élèves pour déduire de l'image seule la situation. Les plans pris à l'usine au début du reportage permettent de faire des hypothèses de sens variées. Laisser les élèves faire des arrêts sur image. Distribuer les questions à des groupes différents, faire des équipes dans la classe pour que l'imagination de chacun soit respectée.

5. Nom : Mohammed – Nationalité : algérienne – Profession : directeur d'usine – Activités : aime se faire rencontrer les gens de son quartier en organisant de grandes fêtes, des méchouis…

6. Expression 1 : « Il est à la tête d'une fortune faite d'amitié et de partage. »
Expression 2 : « Il y a un proverbe qui dit "je m'enrichis depuis que je connais mon voisin". »
Expression 3 : « Il organise de généreux festins. »

7. par goût du partage – par amour des autres – par amitié – par altruisme – par désir de mieux connaître ses voisins – par bonté.

8. « Faire la tchatche » : b. – d. – e.
(cf. p. 232 du dictionnaire de Jean-Pierre Goudailler, Comment tu tchatches, dictionnaire du français contemporain des cités, éditions Maisonneuve et Larose, 1998)

9. « Sortir de sa routine » : a. – b.

Fiche vidéo p. 190-191

François : L'art au cœur des forêts

*Le travail de compréhension sera fait avec le son et l'image et on respectera une **écoute progressive** en faisant lire les questions avant de visionner et en proposant trois groupes de questions 1. a., 1. b. et 1. c. à trois groupes d'élèves.*

1. Les groupes donnent leurs réponses en fonction de leur compréhension.

2. Procéder de même en faisant lire les questions par les élèves avant de visionner pour une deuxième fois le reportage.
a. Oui, j'aime courir la campagne.
b. Devenir le chef d'orchestre d'un spectacle grandeur nature.
c. J'invite des artistes du monde entier.
d. J'aime se faire rencontrer des gens qui n'ont rien en commun : des agriculteurs, des artistes, et de cette rencontre naît une poésie que j'aime.
e. Utile non, mais ce sont des moments heureux.

3. Correction avec la transcription.

4. « C'est un truc qui pour moi est extraordinaire ». On pourrait dire à la place de ce mot : « un événement », « une expérience », « un moment ».

Fiche vidéo p. 192-193

Hugues : Le jardin des invités

Ce reportage demande une écoute successive par étapes :
– première étape : pour découvrir le document filmique ;
– deuxième étape : pour chercher les mots de chaque « insecte ».

1. Insectes qui piquent l'homme : une abeille, un bourdon, une araignée ; les autres ne piquent pas.

2. Faire lire les questions avant de visionner le reportage, cela facilite la compréhension. Mettre les élèves par groupe de questions, cela dynamise la prise de parole.
a. Oui. On entend dans le reportage : « chercher la petite bête est un plaisir monstre », « son émerveillement est sans limites ».
b. 35 000 espèces d'insectes.
c. Non, car même s'il a vu cinquante fois une mante religieuse attraper une abeille, à chaque fois il est encore ébahi, c'est-à-dire émerveillé et étonné.

3. a. L'araignée tisse sa toile → Hugues *tisse un lien* avec ses chères araignées.
Le bourdon pique → Hugues *se pique* d'observer les araignées (a la prétention de…).
b. Sens métaphorique : b. ou d.

4. a. un plaisir monstre – **b.** son émerveillement – **c.** sa soif de connaissance – **d.** ce foisonnement – **e.** son savoir emporte l'adhésion – **f.** ses petites bestioles.

5. « J'ai beau voir cinquante fois une mante attraper une abeille, à chaque fois je suis ébahi. »

6. Réponse a. : « avoir le bourdon » signifie « s'ennuyer », « avoir le spleen », « avoir le cafard ». Il est amusant de remarquer que « cafard » est aussi un nom d'insecte !

Fiche vidéo p. 194-195

Christian : Le monde recomposé

1. On laissera les élèves lire les mots proposés **avant de visionner**, car il y a des mots ou des lieux comme la butte Montmartre qui demandent à être expliqués.

2. De même avec le choix des verbes proposés. Profiter de l'image pour expliquer le sens des verbes.

3. des photos-montages.
Le surréalisme aimait rendre compte des rêves qui mettent en relation les choses et les êtres de manière insolite : le photographe Man Ray est célèbre pour cela.

4. Explication du choix personnel de chacun avec arrêt sur image.

5. a. Il a un regard particulier sur les choses, une âme de poète et un bon coup de ciseaux.
b. Il expose ses images.

c. Oui, il dit qu'il aimerait vivre dans des endroits comme ceux qu'il crée dans ses photos-montages.

6. a.(4) – b.(1) – c.(2) – d.(3).

7. Réponse personnelle en fonction du sentiment de chacun.

8. Réponses c. et d.

• **Fiche vidéo p. 196-197**
Lucie et Vincent : Le salon de l'amitié

1. Le reportage se passe en plein air. Pour les autres réponses, laisser les élèves donner leurs hypothèses avec retour à l'image. Nous avons proposé avec un clin d'œil **en Bretagne** à cause des alignements de Carnac : le reportage montre des pierres dressées ; **dans un village de Gaulois** à cause de la palissade qui semble encercler l'espace ; **dans une carrière de pierres** parce que les blocs de pierres sont impressionnants ; **dans une communauté de hippies** parce que certains garçons ont des cheveux longs ; **chez des artistes alternatifs** parce que l'allure vestimentaire et comportementale des garçons et des filles filmés laisse reconnaître un style qui se rapproche de celui des jeunes Allemands, en particulier à Berlin, qui se disent « alternatifs » : être « alternatif », c'est vouloir vivre autrement, différemment par rapport à ce que la société capitaliste matérialiste occidentale propose ou impose.

2. La réponse libre des élèves sera mise en valeur par leur argumentation.

3. Tout est correct sauf : le chien – le cheval – des enfants – un escalier en plâtre.

4. Réponse : le cercle.

5. Correction avec la transcription.

6. Réponse libre en fonction de l'interprétation du lieu et des protagonistes du reportage par les étudiants.

7. « Rester de pierre » : a. et d.

• **Fiche vidéo p. 198-199**
Josiane : Le potager d'une curieuse

1. dans un jardin – dans un verger – dans un potager – dans un paradis de verdure.

2. Plusieurs réponses sont possibles : laisser chaque élève argumenter selon ses hypothèses.

3. Avant d'écouter les réponses, on expliquera les mots non connus comme sans doute « des primeurs » (fruits et légumes consommables avant la saison normale).

4. a. Josiane.
b. Non, elle est végétarienne.
c. 600 variétés.
d. Elle découvre des plantes potagères inconnues ou oubliées.

5. Correction : a.(4) – b.(5) – c.(2) – d.(1) – e.(3).

6. Correction avec la transcription.

7. Explications de cette expression familière données sur la fiche de l'élève.

• **Fiche vidéo p. 200-201**
Sandrine : L'Afrique en peinture

Ce reportage comporte beaucoup d'images d'Afrique, c'est pourquoi, lors du premier visionnage du reportage sans le son, il serait intéressant de laisser les élèves imaginer qui peut être ce personnage. Elle est assez étonnante, cette jeune femme qui peint des scènes africaines alors qu'elle n'y a jamais vécu.
Essayer de préserver la surprise à la classe : laisser se faire les hypothèses sur l'image sans le son ajoute du plaisir au travail avec la vidéo.

1. Laisser les élèves faire leurs hypothèses.

2. Faire de même.

3. Faire de même.

4. Faire de même.

5. Demander aux élèves de justifier leur avis en faisant des arrêts sur image avec la télécommande : cela devrait favoriser leur expression orale et susciter des discussions en classe.

6. Avant d'écouter les réponses, faire entendre **deux fois** le texte et dire aux élèves de prendre des notes, cela les aidera à répondre le plus justement aux questions. C'est **un jeu**, mais il faut leur laisser le temps d'écouter plusieurs fois le texte dit par la journaliste.
a. Non, je ne connais pas ce beau fleuve africain.
b. Non, je n'y suis jamais allée.
c. Oui, dans ma tête, en rêve, dans mon imagination…
d. Parfois oui, parfois non… Maintenant j'ai des amis africains qui aiment poser pour moi, mais pas au début, quand j'ai peint mes premières toiles…
e. C'est avant de faire la toile, quand je ferme les yeux et que je m'imagine en Afrique.
f. Non, moi, pas du tout, mais mes amis en jouent très bien. Vous l'avez entendu…

7. À des femmes qui se sont regroupées en association. Avec l'argent obtenu par la vente des tableaux de Sandrine, elles aident des familles en Afrique (informations données dans le synopsis de « Talents de vie » par Sacha Production, mais impossible à comprendre à l'écoute seule du document).

8. Réponse b. (*cf.* informations données précédemment).

• **Fiche vidéo p. 202-203**
Dominique : La lecture prend l'air

1. des BD – des chaises – des enfants – des livres d'images –

un homme au chapeau de cow-boy – des tables – des adoles-cents – des romans (peut-être).

2. Réponses libres avec justification de chacun et discussions.

3. L'avis des élèves est très libre puisque rien à l'image ne per-met de savoir dans quel type de ville ou de village est tourné ce reportage. Cette question a pour but de faire référence à des expériences vécues par les élèves et de solliciter leur prise de parole libre et pourquoi pas fantaisiste !

4. Le visage très expressif de Dominique se prête à un travail de déduction qui nous semble évident : elle a l'air heureuse puisqu'elle est très souriante et dynamique.

5. Discussion sur le plaisir de la lecture qui peut être prolongée par un travail rédactionnel sur le plaisir de lire ou non.

6. On mettra en valeur les choix des élèves en leur demandant de justifier.

7. « Ce sont les livres qui sortent dans la rue et qui vont vers les passants. »

8. Non, puisque la journaliste dit : « elle n'est pas prête de s'ar-rêter en si bon chemin » et Dominique dit, de manière humo-ristique, qu'elle s'arrêtera quand il y aura dans sa bibliothèque des palmiers, du sable et des chaises longues… Une manière de dire qu'elle ne s'arrêtera jamais.

9. a. « Elle sait guider dans sa lecture ceux qui s'en remettent à ses précieux conseils ».
b. « Enthousiaste ».
c. « Dominique ne sait pas vivre *ses engouements* sans en faire profiter tous ceux qui l'entourent ».

10. Réponses a. et c.

• Fiche vidéo p. 204-205
Christophe : La balade en calèche

1. une calèche.
Un char à banc est une charrette de paysan sur laquelle on a placé des bancs. C'est beaucoup plus rustique que les calèches de Christophe.
Le fiacre était fermé et était présent dans les grandes villes comme Paris ou Lyon.
La charrette (ou le char à foin) servait pour ramener le foin et les récoltes à la ferme.
Le mode de suspension faisait la différence entre ces différents véhicules auxquels on attelait les chevaux. La calèche était munie d'une capote que l'on pouvait relever à l'arrière et avait un système de suspension très souple qui rendait le trajet plus confortable.

2. Tout sauf : une barque – un chien – un chat.
Faire des arrêts sur image pour donner le mot correspondant à la chose car ce lexique du cheval et de son harnachement est spécialisé et non connu des élèves.

3. a. Tous les verbes sont corrects.
Expliquer les différences d'allure : il marche au pas, il trotte au trot, il galope au galop et court quand il participe à une course de chevaux comme celles pour le tiercé à Longchamp ou ailleurs.
b. Tous les mots sont corrects, sauf les cheveux. La robe du cheval indique sa couleur.
c. On l'harnache avec un mors placé dans la bouche qui per-met de le guider, des œillères pour qu'il n'ait pas peur et regarde devant lui, le harnais pour attacher la calèche et les rênes pour le conduire.
d. C'est un cocher quand il s'agit d'une voiture tirée par le cheval, et un cavalier quand l'homme est sur le cheval ; un cow-boy est aussi sur le cheval : il garde les troupeaux de vaches en Amérique du Nord, dans les ranchs, ou en Argentine ; le conducteur conduit une voiture mais pas à cheval !

4. Réponses : a.(5) – b.(1) – c.(4) – d.(2) – e.(3).
Correction avec la transcription.

5. a. « son cheval de bataille, c'est le bonheur qui trotte à l'an-cienne… »
b. « il partage son "dada" en promenant toute sa famille ».

6. un tour de village – un tour d'attelage – un tour de calè-che – une balade en calèche.
Mauvaises réponses : « un tour de manège » parce que le manège est fermé soit à l'extérieur soit à l'intérieur ; « une randonnée à cheval » qui se fait avec des chevaux montés et non en calèche !

7. un cheval en langage enfantin ou un hobby.
En anglais, le mot « père » est *dad*, appellation familière de *daddy*.
Le mouvement surréaliste appelé le mouvement « dada » et illustré par Salvador Dali ou Man Ray est bien connu. On dit aussi le « dadaïsme ».

• Fiche vidéo p. 206-207
Françoise : La mère Bouillon

1. a. oui – **b.** oui.

2. une cruche – un fichu – des paniers en osier – une robe longue en gros drap – un cor – un pot dans un feu de bois – une grande scie à main.
Remarque : Les autres mots ont été proposés soit pour faire sourire, comme Astérix, mais aussi pour vous aider à cerner la période historique. Apporter un album d'Astérix en classe serait une bonne manière de sensibiliser la classe à cette période du passé lointain de la France avant de visionner le document.

3. cuisinière – jardinière – grand-mère.

4. Les mots entendus sont : de la potion magique – de la soupe – son breuvage. On l'appelle la mère « Bouillon » mais on ne dit pas qu'elle prépare un bouillon.

5. Sans doute une bonne fée.
Il serait intéressant de faire remarquer aux élèves que cette

expression métaphorique s'applique parfois à des personnes talentueuses et généreuses. Par exemple : une amie qui aide à préparer un repas ou quelque autre tâche ménagère (couture, gâteau…).

6. XIIIe siècle.

7. a. les saveurs d'antan – b. un chantier médiéval – c. « la mère bouillon » – d. son breuvage – e. aux gentes dames – f. aux gentilshommes.

8. Correction du texte avec la transcription.

9. Le mot « pot » possède différents sens :
a. le pot = le verre (on va prendre un verre)
b. le pot = la chance (manque de chance !)
c. le pot = la chance (j'ai eu de la chance !)
d. le pot = le sujet de la conversation (viens-en au fait !)
e. le pot = les conséquences (je dois en accepter les conséquences !)
f. le pot = le pot (tu n'entends rien !) ; en effet un pot n'a pas d'oreilles.
g. le pot = une personne âgée (un vieux pot est meilleur qu'un jeune pot car « il a de l'expérience » !) Cela veut dire que les choses anciennes ou les personnes âgées sont souvent meilleures, ont des qualités précieuses car elles ont vécu ou ont été beaucoup utilisées et ont résisté à l'usure du temps.

• Fiche vidéo p. 208-209
Patrick : La tête dans le sable

1. En fonction des réponses fournies par les élèves, les faire argumenter avec l'image.

2. Idem.
Noms des pays vus à l'écran : Afrique, Maroc, Sénégal, Tunisie, Jordanie, Libye.

3. du sable.
Faire deviner aux étudiants le sens de « manipuler ». Toujours se servir de l'image en priorité pour faire deviner le sens. C'est un des plaisirs pédagogiques du travail avec l'image sans le son et, à ce niveau, c'est possible. Jouer avec les synonymes que connaissent déjà les étudiants ou avec leurs paraphrases.

4. La présentation en paires antinomiques est donnée pour aider les élèves. Laisser faire le travail sur la nuance énonciative et sur l'observation par l'élève de l'image donnée par le reportage.

5. un collectionneur.

6. Correction avec la transcription.

7. non : a. – c. – d. – e. ; oui : b.
Ce test devrait favoriser la prise de parole des élèves pour justifier leur réponse avec la compréhension auditive du texte. Si leur niveau est plus faible, le faire avec la transcription, mais l'objectif de l'écoute d'un document vidéo authentique est de conforter l'élève dans sa capacité à comprendre le sens à l'oral. Faire réécouter le document par séquence plusieurs foi plutôt que de donner la transcription trop vite !

8. a. « ses coins de paradis » – b. « toutes les contrées ».

9. Réponses a. et b.

10. Réponses a. et c.

11. a.(2) – b.(4) – c.(1) – d.(3).

• Fiche vidéo p. 210-211
Adeline : La vie comme sur des roulettes

1. Paris (on aperçoit à un moment du reportage la tour Eiffel)

2. une mère et son fils, une femme pressée, peut-être une championne de ski, une grande sœur et son petit frère ou une championne de patinage artistique… On laissera les élèves justifier leur lecture de l'image.

3. Plan 1 : e. – Plan 2 : b. – Plan 3 : d. – Plan 4 : f. – Plan 5 g. – Plan 6 : a. – Plan 7 : h. – Plan 8 : c.

4. Réponse libre.

5. a. Une mère et son fils.
b. Adeline et Stanislas.
c. Non, ils aiment faire du roller, c'est tout.
d. Oui, ils aiment en faire ensemble parce qu'ils partagent le même plaisir de se déplacer vite dans la ville, à Paris.

6. La ville est comparée **à l'océan** puisque la journaliste compare Adeline à **un dauphin**.

7. La jeune-femme se déplace en roller parce qu'elle aime être en harmonie avec son environnement.

8. Stanislas aime faire les courses avec sa mère parce que c'est comme une danse, « un pas de deux » qu'il fait avec elle.

9. Les deux mots-clés donnés par Adeline sont : « redécouvrir et partage ».

10. Mots positifs : se mouvoir à la manière fluide et joyeuse des dauphins / être en harmonie avec son environnement / des sources de bien-être / nous redécouvrir / un espace de partage.
Mots négatifs : les contraintes du quotidien / une corvée.

11. Réponse libre argumentée sur la question posée. Débat avec toute la classe.
Rappel méthodologique : un débat est réussi lorsque l'on donne suffisamment de temps de réflexion et de préparation aux élèves.

Activités conseillées pour la préparation du Delf (unité A3)

En plus de leurs contenus communicatifs et grammaticaux, les activités suivantes préparent les étudiants aux épreuves de l'Unité A3 du Delf : « Lecture et expression écrite ».

Objectifs :
– Capacité à comprendre le fonctionnement de textes simples
– Rédiger une lettre formelle

• **Épreuve orale** : Analyse d'un texte
• **Épreuve écrite :**
– Écrit 1 : Analyse d'un texte
– Écrit 2 : Rédaction de lettres dans des situations de la vie courante (invitation, demande d'information...)

• Unité 1	1(1), p. 8	Document « France : combien de langues ? »	Oral
	1(4), p. 14	Document « Les falaises repeintes en noir »	Oral
	1(5), p. 16	Document « Pourquoi lit-on des romans policiers ? »	Écrit 1
• Unité 2	2(2), p. 22	**Écrivez**	Écrit 2
	2(3), p. 24	Document « Madeleine Rebérioux »	Oral
	2(4), p. 26	Document « L'accueil du stagiaire »	Écrit 1
• Unité 3	3(1), p. 32	Document « Découvreurs et inventeurs »	Oral
	3(3), p. 36	Document « Comment Cupidon clique »	Oral ou Écrit 1
	3(5), p. 40	Découvrez les documents, Donnez votre point de vue	Écrit 1
• Unité 4	4(1), p. 44	Document « Un nouveau départ »	Oral ou Écrit 1
	4(2), p. 46	Document « Un destin de carte postale »	Oral ou Écrit 1
	4(3), p. 48	Document « le jeu des 7 familles »	Écrit 1
• Unité 5	5(1), p. 56	Document « L'économie à l'épreuve de la morale »	Oral ou Écrit 1
	5(3), p. 60	Document « Le populaire est élégant »	Écrit 1
	5(4), p. 62	Document « L'école »	Oral
• Unité 6	6(1), p. 68	**Découvrez**	Écrit 1
	6(2), p. 70	**Découvrez les documents**	Oral
	6(3), p. 72	Document « Alice, un clown solidaire »	Écrit 1
	6(4), p. 74	Document « Un monde coupé en deux »	Oral
• Unité 7	7(2), p. 82	Document « Alexandra Verga »	Oral ou Écrit 1
	7(3), p. 84	Document « Jeunes et engagés »	Oral ou Écrit 1
	7(4), p. 86	Texte d'Amin Maalouf	Oral
	7(5), p. 88	Document « C'est de la part ? »	Écrit 1
• Unité 8	8(2), p. 94	Document « Tout va bien pour la BD »	Écrit 1
	8(3), p. 96,	Document « Les rois du rire »	Écrit 1
	p. 97	Document « Jamel, le petit prince du rire »	Oral

N° d'éditeur : 10097502-LO-janvier 2004
Imprimé en France par l'Imprimerie Hérissey, Évreux (Eure) · N° 96037